中国历代谜案

上

古山月◎编著

中国书籍出版社
China Book Press

图书在版编目（CIP）数据

中国历代谜案 : 全 2 册 / 古山月编著 . — 北京 : 中国书籍出版社 , 2016.8
ISBN 978-7-5068-5731-4

Ⅰ . ①中… Ⅱ . ①古… Ⅲ . ①中国历史—通俗读物 Ⅳ . ① K209

中国版本图书馆 CIP 数据核字 (2016) 第 178114 号

中国历代谜案

古山月　编著

图书策划　牛　超　崔付建
责任编辑　卢安然
责任印制　孙马飞　马　芝
出版发行　中国书籍出版社
地　　址　北京市丰台区三路居路 97 号（邮编：100073）
电　　话　（010）52257143（总编室）（010）52257140（发行部）
电子邮箱　eo@chinabp.com.cn
经　　销　全国新华书店
印　　刷　三河市华东印刷有限公司
开　　本　787 毫米 ×1092 毫米　1/16
字　　数　576 千字
印　　张　34.5
版　　次　2016 年 10 月第 1 版　　2021 年 1 月第 2 次印刷
书　　号　ISBN 978-7-5068-5731-4
定　　价　60.00 元（上、下）

序　言

人常言“继往开来”，意思是说通晓以往的历史，才能展望未来，因为正是历史造就了今天，所以我们必须熟悉历史，看透历史。但每次翻开史籍回眸历史，总不免让人感慨万千，那些意义重大的历史事件，常常产生于偶然的小事之中，而某些看似平常的事件的表相之下，却可能隐藏着惊天的秘密。

我国史书典籍浩如烟海，可称为世界上历史文字资料最为丰富的国家，丰富的史料中记载了历朝历代大大小小各种各样的事件和人物，其中有被称为“正史”的官修史书，也有人私自写就的被称为“野史”的非官方史料。这些都能让我们从中认识历史，了解过往；但是却有很多历史事件，正史和野史记载的完全不同，不同的正史记载的有时也有差异，野史更是说法种种；正史虽为历朝官方所修，但却可能因皇权的干预而故意掩盖了历史的真相，而有些正史中，一些非常重要的事件由于涉及皇家隐私，常常被一笔带过，野史虽为个人修订，却又难免对某事的起因和结果形成一家之言，那么，面对种种“历史”，我们该信谁的？

对此，人们常常不得不面临一种说法不一、难以取舍抉择的情况，于是，历史之“谜”产生了。这些历史中的“谜”常被称作“谜案”“疑案”或“悬案”，这些谜案犹如历史长河中有独特风景的小岛，远观云雾迷蒙，近看山重水复，耐人寻味又百思不得其解。

我国历朝历代都有不少的历史疑案，其扑朔迷离的事件疑云，离奇莫测的幕后真相，匪夷所思的谜案因由，常常能颠覆人们固有的信念，让人不知该不该相信，或者该信哪种解释。但这恰恰也许正是谜案的魅力，一千个人看历史谜案，或许会有一千种解释，因为每个人对谜案的认识和分析，都是与自身的知识丰富程度、人生阅历，以及世界观和价值观紧密联系的，对这些有什么样的认知，便会对谜案有什么样的见解。

不过，历史事实终归是历史事实，很多历史事件已飘然离我们远去，也许我们已无法查知真相，但我们能更靠近历史真相，因为我们有见微知著的能力，能以较少的证据和史料，结合某方面科学道理以及心理学理论等，对当时情况进行推理评判，从而得出较为正确的决断，由此认识真正的历史。

本书甄选了我国历史上有重大影响的近二十件历史谜案，依据各种正史野史等史料、考古证据和前人推论等，对各谜案作了新颖、深入、多角度的分析评判，力争最大程度地揭开这些历史谜案之上的层层面纱，还谜案以历史真相，给读者朋友一个真实的历史，同时也求同存异，让大家了解关于某谜案事件的百家之言，同时结合各方面的认知，做出自己的评判。

目 录

第一章 秦始皇生死之谜

第二章 秦始皇陵墓之谜

第三章　徐福东渡之谜

第四章　曹操疑冢之谜

第五章 武则天无字碑之谜

第六章 杨贵妃自缢马嵬坡之谜

第七章　宋太祖暴亡之谜

第一章　秦始皇生死之谜

嬴政吕政，千古难定

秦始皇是我国封建王朝中第一位皇帝，他本名嬴政，公元前259年出生在赵国邯郸（今河北省邯郸市），所以又称赵政，但也有史籍称他为吕政，这一称呼直接点明了秦始皇的身世问题，即秦始皇是该姓嬴，还是该姓吕？姓嬴是说他是秦国王室后裔，是根红苗正的秦室王族；姓吕，则是说他可能是秦国宰相吕不韦的孩子。那么他到底该姓什么呢？两千多年来，这一直是个谜。

嬴政出生时，正值诸侯争霸，战火连年的战国时代。他13岁继承王位，22岁亲理朝政，公元前230年至公元前221年，他挥大军灭六国，结束了七雄并立的战国时代，开创中国历史上第一个大一统的中央集权式封建王朝。39岁时，他于国都咸阳称帝，不仅成为秦朝的开国皇帝，也是中国历史上第一位皇帝，世称“始皇帝”。公元前210年，秦始皇病死于巡游的途中。

秦始皇嬴政画像

作为秦国的皇室，嬴政为什么会出生于赵国的国都邯郸呢？这是因为在他出生前，秦国与周边的赵国、楚国等关系紧张，为了搞好与邻国的关系，取得邻国的信任，嬴政的父亲嬴异人，即后来的秦庄襄王子楚，从小就被派到了赵国做人质。但谁也没想到的是，既无才能又无德行的他，却在这个时时面临着危险的地方，幸运地开始了自己人生辉煌的发迹史。

之所以说秦国公子异人是幸运的，是

因为他在这里遇到了一个人，这个人就是吕不韦，因为二人的特殊关系及中间一些巧妙发生的事情，使后世很多人认为，吕不韦才是秦始皇的真正父亲。

那么秦始皇的身世到底是什么样的呢？他的父亲到底是谁呢？我们还必须先从吕不韦说起。

欲解秦皇身世，先观吕氏生平

吕不韦像

先秦的著名人物之中，吕不韦是一个不朽的传奇，他经商成巨富大贾，从政成权势显赫的相国，为我国历史上少有的商人从政且业绩卓著者，另外他还带兵打过仗，编过《吕氏春秋》一书，是杂家思想的代表人物，也是秦完成最后统一的大功臣，能耐之大，让人为之惊叹。

吕不韦生于何年不为人知，史学家认为大致在公元前 290 年至公元前 280 年（赵惠文王九年至十九年）之间，卒于公元前 235 年秦国统一中原前夕，《史记》中记载说：“吕不韦者，阳翟大贾人（今河南省濮阳）也。”是说他是卫国阳翟的大商人。纵观他的一生经历，完全可以誉其为“中国风险投资始祖”或“先秦第一明星经纪人”。

吕不韦是商人出身，但在最初，他并没有想成为一个纯粹的商人，出生在那个年代，他也是一心向仕。但在科举制度出现之前，能否入仕的关键在于其出身如何，春秋战国时期尤为如此。出身卑微之人要想跻身高堂，只能依附权贵，屈身为其门客以待时机。

据史载，吕不韦的父亲吕鑫是卫国王宫守门人，他送吕不韦去私家讲学堂苦读十年，期望吕不韦学而优则仕，并且托人在卫国大夫卫横的麾下为儿子谋求到一个门客的职位，期望吕不韦能得到国君的青睐，以便有封侯拜相的机会。但人算不如天算，不知因为什么，吕不韦没有成为卫横的门客，而是走上了从商的道路。

初时，吕不韦在濮阳一家绸缎店铺干活，也许是看到绸缎店老板因为有钱，竟然能与达官贵人一起出入游玩，这使他认识到金钱是唯一可以使他尊贵与显达的方式，他决定弃仕从商谋取财富，再结交权贵，以达到曲线入仕的目的。

吕不韦生财有道，善投机终成大贾

吕不韦的经商过程并非一帆风顺，开始时，他也像所有初学者一样交纳了“学费”。据说，最初吕不韦很看好“投机”生意，决定从鲁国的曲阜购进水蜜桃到濮阳贩卖，以赚取差价。但天有不测风云，吕不韦的贩桃生意因为遭遇滂沱大雨，耽误了时机，桃子又不能长期贮放，于是鲜桃还在路上时便溃烂成泥。吕不韦的第一单生意就这样以失败告终。

万事开头难，初入门做生意得有一定的抗风险能力，包括心理承受能力。倒买倒卖赚取差价，这看似简单的生意也隐藏着难以预测的风险。正如不可抗的自然灾害所造成的意外风险也使得很多现代生意人难以维系过关一样。不过，也许吕不韦天生就有赌博意识，他并没有因此而消沉，而是很快开始了第二次生意。

这次吕不韦在卫国国都濮阳开了家绸缎庄，因当过学徒，绸缎生意于他也算是熟门熟路，但由于同行低价挤压，小本经营的吕不韦有些抵挡不住。但吕不韦没有改弦更张做别的买卖，而是选择了流动销售——挑着绸缎到临时集市上去卖，这种生意利微而辛苦，常年在外，风吹雨淋，霜欺雪染。但吕不韦背着绸缎到处招揽生意，见利就网罗。经过这种辛苦的“贱买贵卖”阶段，吕不韦也挣了点小钱，但他觉得这样下去是挣不了大钱的，便想着如何突破，以赚取更大的财富。

在做流动生意时，吕不韦结识了一个去过匈奴的耍蛇人，了解到中原地区的绸缎在北方草原地区价格贵得惊人，而那里的马匹却非常便宜，于是他又有了个想法，便带人携一批绸缎进入匈奴地区换取马匹，然后他又将马匹运到邯郸贩卖，两相买进卖出，从中获利丰厚，这可说是他淘得的第一桶金。

而在他往返中原与匈奴做倒卖生意时，吕不韦又发现了另一个更大的商机，就是做玉器生意。在当时，玉器非常珍贵，不但用于祭祀、外交和社交等场合，而且还用于服饰，人们认为“君子必佩玉”“君子无故，玉不去身”，而贵族礼服之上还会有两套相同的佩玉，腰的左右两侧各佩一套，这样才能显得这个人高雅而富贵。所以人们对珠玉的需求量是很大的，更有利的是那时经营玉器生意的人还不多，也没有形成垄断。这无疑又是个赚大钱的冷门。于是，吕不韦抓住了这个新兴的热门行当，给自己的生意重新进行了定位，开始了“珠玉之赢”的营生。

改为经营珠玉生意后，吕不韦的生意做得更大了。他一面由玉石产地进货，卖些大众化的廉价玉器，又一面寻找有价值的货物加以倒卖，从中渔利。吕不韦利用珠玉商人精益求精的心理，贱价收购有瑕疵的被一些商人低价抛售的处理类玉器。吕不韦认为，有时候顾客并不会注意那么多细枝末节，而经过他独到的眼光淘到的玉器，往往能实现“贱买贵卖”。

玉器生意做大后，吕不韦觉得小小的卫国已经不合适他发展更大的事业了，便又从濮阳举家迁往韩国都城阳翟。

战国玉器双尾龙

阳翟在当时是个较大的城市，在这里，吕不韦的珠玉生意也越做越大，其分号遍布七国，但吕不韦的野心并未因此满足，在赚取到丰厚利润后，他再次下决心搬迁，这次他选择了赵国的都城邯郸。

邯郸偶遇秦王孙，奇货可居下赌注

邯郸位于秦、赵、韩、魏、齐、燕六国之间的中心位置，在战国末期，邯郸是全天下数一数二的大都市，各种信息都会第一时间在这里汇集。这样一个“情报信息市场”对于一个有野心的商人来说，无疑蕴涵了大量的机会。

在这里，吕不韦作了一个影响其一生的决定，也彻底改变了自己的命运。公元前265年，他在邯郸结识了秦国留在赵国的人质秦王孙异人，他知道自己遇到了一个极有发展前途的“潜力股”，自己从小做大官的梦想，发大财的志向，恐怕都要在这个人身上实现了。于是他决定在异人身上进行投资，扶助他回到秦国并登上王位。

做生意的人都知道这样一个道理，即最有投资前景的事物一定要看它的“未来成长性”。而在两千多年前，这种理念其实只有些精明的商人才明白，而吕不韦无疑是深谙此道的。

秦国王孙嬴异人是秦国太子安国君的儿子，秦昭王的孙子，而安国君有20多个儿子，嬴异人排行居中，异人的生母夏姬又不受宠爱，所以他在秦国备受冷遇，小时候就被送往赵国当人质。身处异国，又为秦赵两国关系牵系，因此他的处境很是危险，其间秦国多次进攻赵国，每次进攻，赵国都曾扬言要将他杀掉，所以赵国人对嬴异人很冷淡，异人的生活很拮据。

而吕不韦在了解到异人的境况后却说，“异人就像一件奇货，可以囤积居奇，以待高价售出”，这就是成语“奇货可居”的出处。在古代没有风险投资这个词，不过“奇货可居”这个成语应该说是风险投资的最早最形象的解说了。吕不韦在秦国王孙异人身上的投资，更是很好地体现了“奇货可居”的经商理念，甚至说这是一种投机理念。

关于做这件事的原因，《战国策》中有一段很详细的记载：吕不韦自认识异人后非常兴奋，就跑回家问其父亲：“种田能获利几倍啊？”

他的父亲回答说十倍。

吕不韦又问：“经营珠宝生意能获利几倍？”

他的父亲回答说一百倍。

吕不韦又问：“那么，帮一个国王登上王位、安定一个国家呢？”

他的父亲听了儿子的话非常惊讶，停顿了一下说：“那就获利无数了。”

吕不韦便对父亲说：“您看那些脸朝黄土背朝天的务农者，累死累活而不得丰衣足食。如果建国立君，不仅我们可以享用不尽，还可以泽被后世。我现在想做这件事了。”

认识到异人的增长潜力后，吕不韦就前去拜访异人，对他说道："我能使你飞黄腾达。"异人看了看他笑着说："你姑且先自己飞黄腾达了，然后再来帮我飞黄腾达吧！"吕不韦说："你不懂啊，我的飞黄腾达是要等到你飞黄腾达了才能达到啊。"

异人心知吕不韦所言之意，就拉他坐在一起深谈。吕不韦说："你很贫困，又客居在此，也拿不出什么来献给故国的亲人长辈，结交有才能的宾客。我吕不韦虽然不富有，但愿意拿出千金来为你西去秦国游说，侍奉安国君和他宠爱的华阳夫人，让他们立你为太子，时候一到，你就可以当上秦国国君了。"异人听言又惊又喜，他从未想过自己能当上秦国国君，今听吕不韦之言，只觉如拨云见日，赶紧叩头拜谢道："如果实现了您的计划，我愿意分秦国的土地和您共享。"

吕不韦于是拿出五百金送给异人，作为日常生活和交结宾客之用，又拿出五百金买珍奇异宝去秦国游说。

吕不韦巧妙筹划，嬴异人终成太子

吕不韦到了秦国，先拜见华阳夫人的弟弟阳泉君和其姐姐，又通过他们见到了华阳夫人，说自己是受异人之托来拜见夫人，吕不韦顺便又夸赞异人的贤能，还说他所结交的宾客遍及天下，并且非常想念父亲和华阳夫人。华阳夫人当然非常高兴。

华阳夫人因自己无子，便想在安国君的众多儿子中找个对自己好的人当太子，但她看来看去都不顺眼，现下听说异人很贤能，又对自己印象不错，还派人来孝敬自己，便有立他为太子之意。吕不韦心知其意，便乘机让华阳夫人的姐姐劝说道："我听说用美色来侍奉别人的，一旦色衰，宠爱也就随之减少。现在夫人您侍奉太子，甚被宠爱，却没有儿子，不趁这时早一点在太子的儿子中结交一个有才能而孝顺的人，立他为继承人而又像亲生儿子一样对待他，丈夫在世时受到尊重，丈夫死后，自己立的儿子继位为王，那么你最终也不会失势，这就是人们所说的一句话能得到万世的好处啊。现在异人贤能，他自己知道排行居中，按次序是不能被立为继承人的，而他的生母又不受宠爱，自己就会主动依附于夫人，夫人若真能在此时提拔他为继承人，那么以后就不用愁了，后半生在秦国会一直受到尊宠。”

华阳夫人听言也认为的确是这样，之后就常常在安国君面前夸赞在赵国做人质的异人非常有才能，有时又哭着说：“我有幸能主管后宫，但非常遗憾的是没有儿子，我希望能立异人为继承人，以便我日后有个依靠。”

安国君这人耳朵根子软，熬不过华阳夫人的软磨硬泡，便答应了他的请求，并刻下玉符，决定立异人为继承人。

大功初告成，吕不韦喜不自胜，他将这一成功的消息带回赵国邯郸告诉了异人。异人听了，自然十二分的高兴，更是万分地感谢吕不韦。于是，二人自然成了形影不离的好朋友。

因为成了太子，安国君和华阳夫人又送好多礼物给异人，并请吕不韦当他的老师，因此异人和吕不韦的名声在诸侯中越来越大。

秦国咸阳宫殿高台遗址

赵姬怀孕嫁异人，异人回国继王位

吕不韦把异人扶上了未来的太子之位，自己的投资初见成效，不但如此，他还为自己做了更长远的投资。回到邯郸后，吕不韦选了一位姿色上佳而又善于跳舞的邯郸女子赵姬一起同居，不久这女子怀了孕。有一次吕不韦和嬴异人一起饮酒，吕不韦便让赵姬出来助兴，异人看到此女后非常喜欢，就向吕不韦请求把赵姬赐给他。吕不韦本来很生气，但转念一想，自己已经为异人破费了大量家产，为的是什么，现在可不能因为一个女人而毁了原先的投资啊，况且这个女人已经怀孕，她若生个男孩，那么在异人当上秦国国君后，这个男孩将被立为太子，将来是要继承王位的，那自己还不成了秦国国君的亲爹了？于是就献出了这个女子。异人就立赵姬为夫人。赵姬也隐瞒了自己怀孕的事，后来她生下一个儿子，即后来的秦始皇嬴政。

秦始皇的身世之谜，其问题根源便出在这里，即这个被吕不韦赠给嬴异人的女子，到底是在吕不韦相赠前怀了孕，还是在相赠之后怀了孕，如果是在之前，那么她后来所生的孩子嬴政，便应该是吕不韦的孩子。

公元前 257 年，秦昭襄王派王龁围攻赵国首都邯郸，这时嬴异人和吕不韦还在赵国，作为报复，赵孝成王想杀死异人泄愤。吕不韦就和异人密谋，拿出六百金贿赂守城官吏，二人终于逃出赵国，通过出征的秦军返回了秦国。但赵姬和其子嬴政却被留在了赵国。

因华阳夫人是楚国人，吕不韦事先叫回国后的异人穿楚国服装面见夫人。华阳夫人果然大为感动，便收异人为义子，并改名子楚。

公元前 251 年，秦昭襄王去世，安国君继位，即秦孝文王，华阳夫人为王后，子楚被立为太子。有一次子楚趁安国君空闲时向他进言道："父亲也曾羁留在赵国，赵国的豪杰之士知道父亲大名的不在少数。如今父亲返回秦国，他们都惦记着您，可是父亲却连一个使臣都未曾派遣去抚慰他们。孩儿担心他们会心生怨恨，希望父亲将边境城门迟开早闭，防患于未然。"孝文王认为异人说的话极有道理，为他的奇谋感到惊讶，当然这些话也是吕不韦教的。

秦孝文王在位约一年时间突然去世，子楚继位，即秦庄襄王，赵国听说后，害怕秦国发兵报复，赶紧将赵姬和嬴政送到了秦国。

秦庄襄王即位后任命吕不韦为丞相，封为文信侯，赐河南洛阳十万户作为他的食邑，而嬴政则被他立为太子。这样，吕不韦的投资，已帮他赚得了难以估量的回报，但这还只是个开始。

吕不韦盛极而衰，赵太后宠幸嫪毐

吕不韦任秦国国相时，也是帮助秦国做了不少大手笔的实事的。秦庄襄王治国能力不行，吕不韦便替他决断谋划，渐渐功高盖主，庄襄王知道他精明异常，渐渐对他警惕起来。而吕不韦也有所察觉，他怎可束手待毙？于是与赵姬密议，要除掉庄襄王，立嬴政为王，让赵姬当上太后。

于是赵姬夜夜献宠，使尽妖媚之能事，逼的异人贪欢成瘾，不久便衰弱不堪，36 岁时一命归西。

庄襄王驾崩，嬴政顺理成章地登上国君的宝座，此时他仅十三岁，因他年纪还小，便尊奉手握大权的吕不韦为相国，称他为“仲父”，国事全部委任于他，而原本是吕不韦小妾的赵姬则成了太后，此时吕不韦家资和权力达到极盛，光奴仆就有上万人。

因嬴政还小，秦国王孙便想发动政变，吕不韦辅孤理政，很快便打击了反叛者，稳定了秦国政局。公元前 249 年，吕不韦还亲自率军灭亡了东周，到此历时 800 余年的周朝才算走到了尽头，而秦的天下开始了。接着，吕不韦又积极进攻各诸侯国，不长时间，秦国便占有了太行山以西地区，进出太行山的要道也控制在秦的手中。

秦庄襄王之墓

公元前 244 年，吕不韦代理朝政后，又派兵向东进攻，渐渐使秦国的领土和齐国相接，这就截断了赵国与韩、魏两国之间的联系，造成了秦分割三晋，并且可以各个击破的有利形势，为秦始皇灭掉韩、赵、燕、楚、齐打下坚实的基础。

在文化方面，吕不韦还组织有才学的宾客三千人，令其著书立说，于公元前239年编写成《吕氏春秋》一书。《吕氏春秋》分为十二纪、八览、六论，共二十六卷，一百六十篇，二十余万言，“以备天地万物古今之事”，故而《吕氏春秋》被人称为“杂家”。但它庞而不杂，融汇儒、道、墨、法、兵、农、名等诸子各家学说，有取有合，兼容并包，形成了自己独特风格的思想体系，至今仍为考察先秦社会文化的主要典籍之一。

但吕不韦的辉煌也就此而止，原因是嬴政这个孩子有着过人的智慧与城府，但直接的导火索却是出在太后赵姬身上。

庄襄王死后，太后赵姬也就成了孤家寡人，而她因难耐寂寞，便又召吕不韦来宫中，赵姬此时不过三十岁左右，正值欲望高涨的年龄，吕不韦有些吃不消，因为他还要治国理政，又怕被人发现，成为政敌扳倒他的借口，便想摆脱赵姬的纠缠。于是他将一个名叫嫪毐的市井无赖送入宫中，并很快得到赵姬的宠爱。

因秦王嬴政年幼，秦国大权旁落至权臣吕不韦之手，嬴政称之为“仲父”，权倾朝野，但随着太后对嫪毐的日渐宠信和重视，吕不韦开始受到嫪毐的制衡，且嫪毐日益嚣张，更在太后赵姬的主持下被封为长信侯。

不久太后怀孕在身，这对寡居的她来说当然是耻辱的事，为了不使嬴政知道，她与嫪毐躲到距咸阳西北二十里处一座幽静而华丽的雍宫居住，并先后产下了两个男孩。

嫪毐封侯之后，以山阳（今河南焦作东南）为其住地，以河西、太原郡为其封地，所得赏赐丰厚异常，雍城的一应事务悉决于嫪毐，宫中事无大小也均决于他，家中童仆宾客多至数千人，投奔嫪毐求官求仕的宾客舍人也有千余人，一时门庭若市，成为咸阳豪门。至此，嫪毐已经迅速发展成了能与吕不韦抗衡的势力，同时嫪毐也与吕不韦闹起矛盾，双方势同水火。

秦王政诛灭嫪毐，吕不韦饮鸩自杀

秦王政九年（公元前238年），吕不韦因为嫉妒嫪毐能力过人，且深受太后赏识威胁到了自己的地位，筹划扳倒嫪毐。后来嫪毐与权臣作乐，酒后失言，说出自己乃始皇帝假父，引起了秦国贵族的不满，吕不韦又派人向秦王告嫪毐与太后淫乱。

嫪毐知道事情不妙，便与太后赵姬决定趁秦王不在咸阳的时机铲除吕不韦。在秦王嬴政去雍城举行冠礼时，嫪毐按计划用秦王与太后印信，引导其僮仆门客和军队发动政变，要诛杀吕不韦。想不到吕不韦早有准备，他勾结楚系势力昌平君、昌文君领咸阳士卒与嫪毐争斗，两军战于咸阳。吕不韦又假冒秦王下令："凡有战功的均拜爵厚赏，宦官参战的也拜爵一级。"嫪毐军数百人很快被杀死，嫪毐也深受重创，仓皇逃亡。

秦王嬴政也早已对这位母亲的情人恨之入骨，令谕全国："生擒嫪毐者赐钱百万，杀死嫪毐者赐钱五十万。"不久后，嫪毐及其死党被一网打尽，嫪毐被车裂，三族被诛灭，嫪毐与太后的两个私生子在逮捕时被当场扑杀，嫪毐的死党卫尉竭、内史肆、佐戈竭、中大夫令齐等二十人枭首，追随嫪毐的宾客舍人，罪轻者为供役宗庙的取薪者——鬼薪；罪重者四千余人夺爵迁蜀，徙役三年。

因吕不韦影响太大，一年之后，各诸侯国的宾客使者络绎不绝地前来问候吕不韦。

这时的秦王嬴政年龄虽幼，却有统治天下的野心和斗志，他知道吕不韦是他最大的障碍，而吕不韦也知道嬴政非等闲之辈，两人都在暗暗较量。嬴政为了巩固自己的权力，也是因为这件事，他趁机向吕不韦下手了，他以吕不韦涉嫌向太后推荐嫪毐，以及其他一些不法事情，于第二年免去了他的相国职务，把他遣出京城，前往河南的封地。他还写信给吕不韦说："你对秦国有何功劳？秦国封你在河南，食邑十万户。你与秦王有什么关系？而号称仲父？你与家属都一概迁到蜀地去居住！”

吕不韦墓地

吕不韦看后矛盾万分，也许是他不忍与秦王嬴政相斗，因为他本是相国之尊，极有权势，小小的秦王恐怕还不是他的对手，也许他认为秦王是他的儿子，老子何必与儿子相争呢？于是他选择了退让，他可能也想向嬴政说出实情，但他知道秦王嬴政虽小，却生性暴戾高傲，就怕嬴政为灭口而将他杀害。这样他在矛盾中来到封地，却又天天担心被诛，眼看自己费尽心机经营几十年的功绩宣告破产，一想到嫪毐的下场，又见自己已经被逼迫至此，便很害怕日后被杀，后来他索性喝下毒酒，自杀而死。

始皇帝身世成谜，两千年难以评判

那么秦始皇到底是不是吕不韦的孩子呢？此事实在让人费解，正如前面所说，关键还是在赵姬身上，要看她是和异人在一起之前怀的孕，还是之后怀的孕。按理说，嬴异人虽不算聪明人，但也不至于傻到嬴政是不是自己的孩子也不知道吧？但事实却是连中国历史上最知名的史学家司马迁和班固都相信嬴政不是嬴异人的孩子，而是吕不韦的。

《汉书》的作者班固对嬴政的身世说得十分干脆，他直接在《汉书》中称嬴政为吕政，表明秦始皇就是吕不韦的孩子，此事毫无疑问。而比班固更早，影响更大的司马迁，则在《史记·吕不韦传》记载说：“吕不韦取邯郸诸姬绝好善舞者与居，知有身。子楚从不韦饮，见而说（悦）之，因起为寿，请之。吕不韦怒，念业已破家为子楚，欲以钓奇，乃遂献其姬。姬自匿有身，至大期时，生子政。子楚遂立姬为夫人。”

司马迁画像

再后来，东汉的学问家高诱为《吕氏春秋》作注，他的序记载的情形跟司马迁的记载基本一致，他说："不韦（吕不韦）取（娶）邯郸姬（赵姬），已有身，楚（子楚，原名嬴异人）见说（悦）之，遂献其姬，至楚所，生男，名之曰正（嬴政），楚立之为夫人。"唐代的史学家司马贞《史记索隐》这样解释："吕政者，始皇名政，是吕不韦幸姬有娠，献庄襄王而生始皇，故云吕政。"

不仅是如上几位史学家这样认为，可以说从两汉到宋元时期，史学家们大都信奉秦始皇私生子之说，很少有人有异议。

直到明代，才开始有人对《史记》中涉及秦始皇身世的事提出异议。明人汤聘尹以秦皇乃吕不韦之子之说，是"战国好事者为之"。清代学者梁玉绳也提出异议，认为《史记》系从传闻得来，非从考实得来，并从行文剖析，以为司马迁在记述中有所保留。

明朝的王世贞则更进一步，他在《读书后记》提出两条理由：一是吕不韦为使自己长保富贵，故意编造自己是秦始皇的父亲的故事；二是秦灭六国后，原六国的贵族或失去他们的食邑，或家破人亡，但他们除了进行言论攻击外别无办法对秦朝进行报复，于是在极端的愤恨中，他们开始散播对秦始皇的身世进行攻击的这一言论："秦始皇是吕不韦的私生子。秦宗室的香火到了这里也就熄灭了。六国虽亡，但秦国也同样灭亡。"

另外，还有人对"大期"的解释提出疑问。期，一年也，所谓"大期"，是指过十二个足月之后分娩（一说十个足月）。按照常情，女子发现"有身"，一般在孕后一二个月，既然吕不韦在"献其姬"前已经"知有身"，据生育规律，赵姬何以能在归子楚后十二个月方分娩生嬴政？怀孕超期分娩的情况也有，但赵姬的超期未免超得过于异常。所以他们认为《史记·吕不韦传》所述值得怀疑。

由于年代久远，秦始皇是不是吕不韦私生子的事实已无法查实。然而有人从动机上开始怀疑《史记》记录的真实性，由于司马迁因祸遭到残酷的宫刑，在他的笔下，历代酷吏、暴君多少被涂上不良的墨迹，所以也不能排除司马迁在记录秦始皇时，因反感而夸大其词。

近代的郭沫若在《十批判书》中也怀疑吕不韦为秦王政生父之事，他指出三个疑点：

其一，仅见《史记》而为《国策》所不载，没有其他的旁证，这未免不让人产生怀疑。《战国策》是研究战国时期的重要史料，而秦国是战国时期重要的国家之一，为什么对于吕不韦偷天换日，有关秦朝血脉的事情只字不提，一直等到西汉时期的《史记》才来记载？

其二，关于秦始皇故事的情节与春申君与女环的故事如同一个刻版印出的文章，情节大类小说。春申君与女环的故事大致梗概是这样的：赵国有个人叫李园，他想把自己的妹妹环献给楚王，但是听说楚王不能生育，唯恐妹妹进宫由于没有子嗣而得宠爱不长久。于是他跟妹妹商量，先将她献给春申君，等到怀孕的时候再献给楚王。事情果真如愿，春申君果真使李园的妹妹怀上了孩子。事情至此也就到了关键时刻，这时李园的妹妹引诱春申君说：“今妾自知有身矣，而旁人莫知。妾之幸君未久，诚以君之重而进妾于楚王，王必幸妾。妾赖天而有男，则是君之子为王也，楚国封尽可得，孰与其临不测之罪乎？”春申君被说服，遂将女环献于楚王，生了个儿子，即后来的楚幽王。这段故事与吕不韦与赵姬的故事如此之相似，郭老据其推断，吕不韦与赵姬的故事可能流行于西汉初年吕后执政时期，是吕氏集团成员仿春申君与女环的故事编造的，目的是为吕氏称制制造舆论。

其三，《史记·吕不韦传》记载秦始皇的母亲是邯郸的歌姬，但是记载子楚回到秦国时候又说，“子楚夫人，赵豪家女也”，歌姬和豪家女，这二者之间的差距实在是太大了，难于自圆其说。

但《史记》的历史地位还是让许多学者不肯轻易怀疑它记载事件的真实性，他们认为，明清学者以及郭沫若先生的论断都只是对于史实的一种臆测，论据不足。司马迁的记述虽然在表面上看有矛盾之处，但他的著书风格一向以严谨、直笔而不是猎奇而著称，所以他对于吕不韦和赵姬的记述不可能是空穴来风。

当代也有学者对郭沫若的三点质疑作了针锋相对的批评，认为郭沫若的观点不

郭沫若像

足为凭：第一，《史记》的记载有不少是《战国策》没有载过的，这正是《史记》流传千古、受人称颂的原因之一。没有旁证，照样能保持《史记》的真实性。例如，司马迁的《史记》详细地描述了夏朝的世系，然而司马迁距商代已有千年之遥，以后也基本没有实证。所以二十世纪之前许多学者尤其是西方学者对夏代的有无产生怀疑，但是二十世纪初发现的殷墟甲骨文献，却雄辩地证明了司马迁记录的高度准确性。

第二，吕不韦与赵姬的故事跟春申君与女环的故事类似，只能说明这种斗争手段，在当时是被不少政治上的风云人物所运用。

第三，关于《史记》记载矛盾的地方，其实并不矛盾，二者还是有相通之处。假如子楚果真看上了吕不韦的小妾，这无疑给吕不韦提供了另外一个机会，因为一旦子楚回国即位，他和歌姬肚子里的孩子就有可能成为皇帝，这一想法符合吕不韦的野心。吕不韦是一个冷静的人，他善于处理各方面关系，也知道如何利用这种关系。他能想到异人看上了歌姬，也就想到歌姬肚子里的孩子能够有承国的希望。所以他会尽一切能力掩饰歌姬的真实身份，为歌姬营造一个良好的家庭背景，所以会出现《史记》记载的那样“赵豪家女也”。

另外，根据常理分析，当时的子楚作为一名王孙，娶妻纳妾总要有一定的排场的，否则又怎能名誉盛于诸侯？这也会要求歌姬有一定背景，不可能会说出赵姬的歌姬身份，所以这种称谓前后矛盾的地方，其实并不矛盾。

再者，不论《史记》也好，《战国策》也好，都记载了秦王政当上皇帝之后，吕不韦与太后私通的事。如果吕不韦以前和太后没有任何关系的话，吕不韦自然不能轻易地去和太后成功私通。因为这是极为冒险的行为，不然吕不韦也不至于去找一个自己的替身进献给太后赵姬。再者，作为秦国的相国，吕不韦是不愁女人的，何必去招惹身份极为敏感的太后呢？所以，赵姬原为吕不韦小妾是确凿无疑的，秦始皇也有极大的可能是吕不韦的孩子。

两千多年过去了，有关秦始皇身世的争论仍未取得一致看法，我们无法回到当年一窥究竟，只能根据古人的记载和一些证据去分析猜测，所以如今只能说秦始皇有极大的可能是吕不韦的孩子，这种可能性要比嬴异人的可能性高一些。但不论赵姬是和吕不韦有孕在先，还是嬴政真为秦室血脉，这些訾议均无法掩映他在中国历史上的重要地位及作用。也许正是由于秦始皇的雄才大略和扑朔迷离的身世，才更激起人们认识和研究他的兴趣。

秦皇扫六合，虎视何雄哉

吕不韦一死，秦国便完全是嬴政的天下了，公元前 247 年，嬴政即秦国王位，这时的他才 22 岁，正是意气风发做番大事的时候，他胸怀大志，看到天下各诸侯国连年纷争，决心一统天下，做一番亘古未有的大事业。

这时的秦国，经过商鞅变法以及秦国历代国君的数世经营，已具备战国七雄中最强的国力。在发动并吞六国、一统天下的战争之前，嬴政也准备和筹划了数年，他承袭先辈治国理念，尊崇法家思想，重用贤能人才，大力发展农耕经济，扩充军事力量，使秦国迅速成为军事强国。

秦王政掌权后，任用尉缭和李斯等人，积极推行统一战略。在发动战争之前，他先肃清了身边的障碍，安定了国内的局面。之后便开始了吞并六国的宏图伟业。

统一六国的战争是从公元前 230 年灭韩开始的，但在此之前的公元前 236 年，秦国就发动了战争，为统一六国做准备。这一年，赵燕两国发生战争。赵国出兵攻燕，而秦国以救燕为名派王翦等将出兵夹攻赵国，先后攻取了赵的阏与、轑阳邑（今河南南阳西北）、河间邑（今河北省献县东南）、安阳邑（今河北阳原县东南）等地，漳水流域也为秦所占。前 234 年，秦又大举向赵进攻，以所取的赵地建立雁门郡和云中郡。在秦国强大的军事压力下，公元前 231 年，魏国被迫把部分土地献给秦，韩国亦被迫把南阳地献给了秦。秦派内史腾做南阳假守。

到了公元前230年，秦国真正一统天下的战争开始了，这一年秦王政派内史腾攻韩，俘虏了韩王安，以韩地建置颍川郡，韩国灭亡。

这时赵国发生大旱灾。秦将王翦又率领士兵直下赵国井陉（今河北省井陉县西），秦将杨端和则率领河内兵进围赵都邯郸。赵派名将李牧、司马尚带领大军抵御。因赵王宠臣郭开受了秦国贿赂，散布流言说李牧、司马尚谋反。赵王因此改用赵葱和颜聚替李牧、司马尚，并且杀死了李牧。前229年，王翦大破赵军，杀了赵葱，俘虏了赵王。赵公子嘉率领其宗族数百人逃到赵的代郡，自立为代王。秦就在赵都邯郸一带建立邯郸郡。

公元前227年，秦派王翦、辛胜攻燕。燕、代两国发兵抵抗，被秦军败于易水以西。次年秦军攻下燕都蓟城。燕王喜迁都到辽东。秦将李信带兵追击，燕王喜听从代王嘉的计策，杀了燕太子丹，把太子丹的人头献给秦求和。

前225年，秦派将军王贲攻魏，包围了魏都大梁（在今河南开封市），引黄河水灌城，三个月大梁城坏，魏王出降，魏国灭亡。秦就在魏的东部地区建立砀郡。同年，秦派李信、蒙武带20万大军攻楚。李信攻楚的平舆（今河南省平舆县北），蒙武攻楚的寝（今安徽临泉县），取得初步胜利。秦楚两军在城父邑（今安徽省亳县东南城父集）相遇，楚乘秦军不备发起反攻，大败秦军。秦王政派王翦带60万大军出征，大破楚军于蕲（今安徽宿县东南），迫使楚将项燕自杀。接着秦军攻入楚都寿春，俘虏了楚王负刍。秦于楚地设九江郡（在今安徽寿县）、长沙郡（在今湖南长沙市）。前222年，王翦平定了楚的江南地，降服了越君，设置会稽郡，楚国灭亡。

王翦像

秦在灭楚的同时，不断地向东扩展，陆续设郡，并攻取齐地，设置薛郡（在今山东曲阜县）。前222年，秦派王贲攻燕的辽东，虏燕王喜，灭亡了燕国。接着又回师攻代，虏代王嘉，建立代郡（在今河北蔚县西南）和辽东郡（在今辽宁省辽阳市老城区）。

公元前221年，秦将王贲从燕国南下攻齐，俘虏齐王建，灭了齐国，在齐旧地建立了齐郡（在今山东淄博市东北）和琅琊郡（在今山东胶南县西南夏河城）。

秦国从公元前230年起，到前221年灭齐时止，首尾10年，嬴政横扫六合，终于吞并了六国，完成了统一中国的大业，建立了一个空前庞大的中央集权的封建帝国——秦王朝。

秦国在占领的区域设置郡县，直属于秦王，从此结束了贵族王侯专政的王国时代，进入了君主专制的帝国时代。

汉代的贾谊在《过秦论》一文中赞嬴政："奋六世之余烈，振长策而御宇内，吞二周而亡诸侯，履至尊而制六合，执敲扑而鞭笞天下，威振四海。"唐代诗人李白也写诗赞嬴政说："秦王扫六合，虎视何雄哉！挥剑决浮云，诸侯尽西来。"

明断自天启，大略驾群才

嬴政在历史上的功绩，除统一全国之外，重要的还在于他在诸多方面进行了有利于统一的改革。首先，他建立起了一套中央集权的政治体制，制定了一套尊君抑臣的朝堂礼仪和文书制度，体现了皇帝在国家中的无上权威和最高意志。

秦王政二十六年（称帝以后，改元为始皇帝元年），也就是灭齐的公元前221年，嬴政改王称为皇帝，史称其为秦始皇。秦始皇在中央设立了三公九卿的统治机构，三公是丞相、太尉和御史大夫。三公之下设九卿，分别掌管各项具体政务。秦始皇通过这套三公九卿的政治制度，把行政、军事和经济大权都集中到皇帝手里来了，自此，他建立了一统天下、强干弱枝式的君主专制大帝国。

在中央对地方的管理制度上，秦始皇废除了分封制，在全国实行郡县制。他把全国分为36个郡，由中央直接管辖。在各郡设郡守，为一郡最高长官；郡守下设郡尉掌管军务，监御史负责监察。郡下设县，万户以上设县令，万户以下设县长，受郡守节制。秦始皇设立的这套行政制度，使分散的权力逐层向上集中，最后都集中到皇帝手里，这项制度大大加强了中央集权。这一套中央集权的封建政体制度，对后世影响很大。此后两千年间，各个朝代的政治制度几乎都是秦朝制度的延续和发展。

虽然有了更新的制度，但刚刚统一的秦朝面临着诸多的问题，500余年的分裂割据造成了巨大的地区差异，非常不利于国家的统一和发展。对此，秦始皇也采取了很多开创性的措施。

首先是“书同文，车同轨”。秦始皇统一天下之后，采用李斯的建议，通令全国，废除原来使用的大篆和六国古文，一律改用标准文字小篆。文字的统一，大大减少了不同方言语音对地区之间文化交流的影响，促进了民族共同心理和共同文化的形成，确实是一件利国利民的大好事。

之后，秦始皇又统一规定车轨一律为六尺宽，这样，车辆就可以在全国各地通行无碍了。当时列国都在边境和交通要道修建城郭，用来征收税金、防御敌国。秦始皇把妨碍交通的城郭一概夷平。又以咸阳为中心，修筑了通往全国各地的“驰道”，以及通到北部边境九原的“直道”。还在岭南修筑了“新道”，在西南开凿了“五尺道”，建起了四通八达的陆路交通网。在水路方面，秦始皇拆除了许多堵塞航线的堤防，疏浚了鸿沟，还开凿了灵渠，沟通了湘江和漓江，进而连接了长江水系和珠江水系。交通便利了以后，各地的经济、文化交流更方便了，而中央政府对全国各地的控制也自然大大加强了。

战国货币

秦始皇还统一了货币和度量衡。秦始皇规定全国都统一使用两种货币，一种是黄金铸造的上币，重二十两；另一种是铜铸的下币圆形方孔钱，半两一枚。其他货币一律不许流通。又颁布诏书，废除六国旧制，把商鞅变法时订立的秦国度量衡标准推向全国。秦始皇还统一了地亩、衣冠建制以及历法，这都促进了经济文化的发展，加强和维护了全国的统一。

稳定了中原地区以后，秦始皇还进行了北伐和南征，即对匈奴和南越作战，这一行动巩固了北部和南部的边防。公元前 215 年，秦始皇派蒙恬统领 30 万大军北击匈奴。蒙恬节节胜利，收复了河套地区，解除了北部边境的威胁。随后，秦始皇连接以前秦、赵、燕三国修筑的长城，建成了西起临洮，东至辽东的万里长城。长城虽然耗费了许多的人力物力，但对巩固北部边防却起到了极大的作用。秦始皇还在收复地区设置九原郡，移民实边，北部边防更稳固了。

在南方，秦始皇在灭楚的第二年就征服了于越，设立了会稽郡。公元前 214 年，又发兵 50 万攻占南越，设立桂林、象郡、南海三郡，并从中原移民 50 万前去驻守。中原的先进文化和生产技术由此传播到南方，大大推动了南方经济文化的发展。

秦皇之死，死因若何

秦始皇热爱巡游，秦朝建立后，他曾多次在全国巡游，始皇帝三十七年（前 210 年），秦始皇到东南一带去巡视。丞相李斯、宦官赵高和秦始皇的第十八个儿子胡亥等人一同随行。这是他的最后一次巡行，路线是：从咸阳出发，出武关，沿丹水、汉水流域到云梦，再沿长江东下直至会稽（今浙江绍兴市南）。登会稽山，祭大禹，并刻石留念。

秦始皇在归途中，来到平原津（今山东德州南）时患病，迁移至沙丘（今河北广宗县平台村南）行宫颐养。随后他的病情越来越严重，在病中勉强支撑写下遗书，赐公子扶苏，要他立刻赶回咸阳主持治丧葬礼。遗书写好后，却被赵高封存起来，还没有来得及交给使者传送，始皇就死在沙丘平台，但也有说秦始皇病重不假，但他却是被胡亥和赵高下手杀死的。

丞相李斯害怕国家发生变乱，于是严密封锁消息。但这却给了赵高机会。赵高从小就入宫作了宦官，深得始皇宠信，因为他精通狱法，被任命为中车文府令。始皇在世时曾让他教胡亥断案，因此他与胡亥交情很深。他曾经犯法，蒙恬之弟蒙毅依法判他死罪，后来被秦始皇赦免，从此，赵高就与蒙氏兄弟结仇。秦始皇死后，赵高找到李斯密谋，擅自开启密封的玺书，篡改始皇遗令，另立胡亥为太子，并作书赐死扶苏和蒙恬。史称此事为“沙丘政变”。扶苏见到假诏后自杀，蒙恬疑心有诈，不肯自杀，下狱后被迫服毒而死。此后，太子胡亥在咸阳继位，他就是秦二世。

那么秦始皇是怎么死的呢？这其实也是一个有着重重谜雾的谜案。目前史学界有两种截然不同的观点，一说死于疾病，一说死于非命。

持病亡观点的人认为，关于秦始皇之死，《史记》记述很多，分别见于《秦始皇本纪》《李斯列传》《蒙恬列传》等处，死因已明，无可置疑。其情形与上述相类，即第五次巡游时，由于一路劳顿，秦始皇到平原津（今山东平原附近）就病倒了。赵高奉命写遗书，给受命监军河套的秦始皇长子扶苏：“与丧命咸阳而葬。”信还未发出，秦始皇就死在沙丘行宫（今河北省广宗县）。

《史记》还记载说秦始皇自幼常患疾病，所以体质较弱。他为人又刚愎自用，事无巨细都要亲自裁决；每日批阅文书一百二十斤，工作极度劳累；加以巡游中又逢七月高温，以上诸因素并发，促使他在途中病发身亡。至于他死于何病，有人认为他死于癫痫。

癫痫病发作时一般分四个时期：起初头晕、胃部不适，继而突然意识丧失，膈肌痉挛，面色青紫、瞳孔散大、呼吸暂停，然后全身肌肉抽动、口吐白沫，数十分钟才能清醒。郭沫若根据《史记·秦始皇本纪》记载“秦王为人蜂准，长目，鸷鸟膺，豺声，少恩而虎狼心……”推测秦始皇幼时患有软骨症，时常患着支气管炎，所以他长大后胸部和鸷鸟一样，声音似豺狼，后来由于政务繁重，引发了脑膜炎和癫痫等病症。

秦始皇雕像

后来秦始皇渡黄河，癫痫病发作，后脑壳撞在青铜冰鉴上，加重了脑膜炎的病情，人处于昏迷状态，当车赶到沙丘的第二天，赵高、李斯探视秦始皇时，发现他已死去多时。

持非正常死亡观点的人则从几篇有关秦始皇死亡情况的史书推敲，发现了可疑之处，并列出了致秦始皇于死地的嫌凶，其中赵高嫌疑最大。

宦官赵高，嫌疑难逃

很多人认为，赵高之所以成为宦官侍奉秦始皇，根本就是为报仇而来的，赵高的父母都是秦国的罪人，他的父亲因罪遭受秦国宫刑，他的母亲则是一名官家奴婢。赵母在秦宫中生下赵高兄弟几人，都是生而为奴。后来秦始皇听说赵高身强力壮，懂点“狱法”，提拔他为中车府令，由此开始了他为祸秦朝的过程。

赵高在秦始皇病重和死后的种种表现，使人不得不怀疑秦始皇的死与赵高有关。秦始皇的最后一次出巡，其随从人员主要有赵高、李斯、胡亥等人，上卿蒙毅也在随行之列。蒙毅是蒙恬的亲弟弟，扶苏的亲信，可是当秦始皇在途中病重时，蒙毅却被遣返回边关。从突然的人事变动来看，这似乎是赵高等人的计谋。因为蒙恬领兵三十万随公子扶苏驻防上郡，从秦始皇的身边遣走蒙毅，也就是去掉了扶苏的耳目；加之赵高曾被蒙毅治罪而判过死刑，后因秦始皇赦免，赵高才恢复官爵，赵高从此对蒙毅恨之入骨，发誓要灭掉蒙氏一族。赵高在秦始皇病重时遣走蒙毅，也为自己后来计谋的实施清掉了一块绊脚石。

赵高为什么要谋害秦始皇，只是为了报仇吗？其实主要原因还是他有称帝的野心。赵高唯恐扶苏继承王位，他曾对李斯讲：“长子（即扶苏）刚毅而武勇，信人而奋士，即位必用蒙恬为丞相。”如前所述，由于赵高跟蒙恬的关系很僵，他对蒙恬、蒙毅恨之入骨，所以他不希望蒙氏受到重用，就全力阻止扶苏即帝位。

但是，秦始皇宠爱长子扶苏，只有伺机杀掉秦始皇，才可拥诏立十八子胡亥。秦始皇平时居于深宫，戒备森严，赵高根本无法下手，现在他在旅途中病倒，这真是天赐良机，正如赵高劝胡亥时所说：“狐疑犹豫，后必有悔，断而敢行，鬼神避之，后有成功。”所以他果敢地对重病中的秦始皇下毒手，提前结束其生命，这完全有可能。

郭沫若曾写过一篇历史小说《秦始皇之死》，曾这样描述秦始皇死时的症状：

右耳流出黑血，右耳孔内有一根寸长的铁钉。郭沫若此文认为是胡亥杀了其父秦始皇，因为他害怕夜长梦多，担心赵高、李斯发生动摇而下的毒手，这事李斯和赵高事先也不知道。

但实际上赵高对秦始皇进行谋害的可能性比胡亥要大得多。因为当时诏书、玉玺都在赵高手中，继承王位的决定权也掌握在他与李斯手中。而胡亥即使弑父，如果得不到赵高、李斯的配合，不仅得不到王位，反而有杀身之祸。而赵高常随侍在皇帝左右，趁机行事不露痕迹，所以比胡亥方便得多。

那么，赵高是否敢冒着弑君的罪名，去做这风险极大的勾当呢？事实上，赵高的言行已作出了最好的解释。他对胡亥说："臣闻汤武杀其主，天下称义焉，不为不忠。卫君杀其父，而卫国载其往，孔子著之，不为不孝。"赵高不仅有以上弑君议论，而且后来应该还有弑君的公开行动。

秦始皇第五次出巡途中病重，对赵高来说无疑是天赐良机，因为只有在秦始皇死后，他才能假传遗诏，一步一步实施他的计谋，所以赵高是非常盼望秦始皇早死的，但秦始皇虽病，却未必能死，赵高等不及，便会有下手结果其性命的举动，如果秦始皇是被赵高所害，那么赵高又是如何致秦始皇于死地的呢？史载赵高力气很大，一般人与他相斗都不是他的对手，秦始皇也未必能胜他，何况是病重时的秦始皇呢？他只需有单独与秦始皇相处的机会，便可轻易杀死他，而由于他是宦官，可以自由出入秦始皇的寝宫，所以他有的是机会，致死的手段则有很多，无须多说。

指鹿为马，欲当皇帝

秦始皇死后，赵高采取了说服胡亥威胁李斯的手法，三人经过一番密谋，假造秦始皇发布诏书，由胡亥继承皇位。同时，还以秦始皇的名义指责扶苏为子不孝、蒙恬为臣不忠，让他们自杀，不得违抗。在得到扶苏自杀的确切消息后，胡亥、赵高、李斯这才命令车队日夜兼程，迅速返回咸阳。

为了继续欺骗臣民，车队不敢走捷径回咸阳，而是摆出继续出巡的架势，绕道回咸阳。由于暑天高温，秦始皇的尸体已经腐烂发臭。为遮人耳目，他们命人买了许多鱼装在车上，迷惑大家。到了咸阳后，胡亥继位，是为秦二世，赵高任郎中令，李斯依旧做丞相，但是朝廷的大权实际上落到了赵高手中。

赵高阴谋得逞以后，开始对身边的人下毒手。他布下陷阱，把李斯逐步逼上死路，李斯发觉赵高阴谋后，就上书告发赵高。但秦二世胡亥不仅偏袒赵高，还将李斯治罪，最后将李斯腰斩于咸阳。接着赵高升任丞相，由于他是宦官，可以出入宫禁，特称“中丞相”。

至此，赵高已是权倾天下，但他仍不满足，因为他的最终目的是要做皇帝，当秦二世拜赵高为中丞相后不久，著名的大泽乡起义爆发，陈胜、吴广振臂一呼，天下人揭竿而起，燃起农民起义之火，这时，赵高认为天下已乱，就准备篡位称帝。可朝中大臣有多少人能听他摆布，有多少人反对他，他心中还没底。于是导演出一出“指鹿为马”的闹剧，以此来试自己的威信，同时也从中摸清敢于反对他的人，对他们进行迫害。

有一天上朝时，赵高让人牵来一只鹿进入咸阳皇宫，把它献给秦二世，对秦二世说：“陛下，我献给您一匹好马。”

秦二世一看，那根本不是马，分明是一只鹿！便笑着对赵高说：“丞相搞错了，怎么把鹿说成是马呢？”

赵高面不改色心不跳地说：“请陛下看清楚，这的确是一匹千里马。”

秦二世又看了看那只鹿，将信将疑地说：“马的头上怎么会长角？”

赵高一转身，用手指着众大臣，大声说：“陛下如果不信我的话，可以问问众位大臣。”

大臣们都被赵高的一派胡言搞得不知所措，当看到赵高脸上露出阴险的笑容，大臣们忽然明白了他的用意。他们当中，有的人怕得罪赵高，不敢说实话，只好默默不语；有的讨好赵高，跟着说假话，硬说是马；有的尊重事实，直言为鹿。

这就是成语“指鹿为马”的故事。这件事后，赵高认为直言为鹿的都是反对他的人，便将他们一一暗害。而对那些在事实面前表示沉默的人，特别是对那些存心说假话而巧于阿谀奉承的小丑，则成了赵高拉拢的对象，对说是马的人，则给予了奖励。

秦始皇《千古一帝》雕塑群

赵高摸清了底细，不久后就派他的女婿咸阳令阎乐率士兵千余人，乔装谎称为盗，闯入胡亥所在的望夷宫，逼胡亥自杀，胡亥苦苦求免，阎乐骄横地说：“臣受命于丞相，为天下诛足下，足下虽多言，臣不敢报！”派兵要捉杀胡亥，胡亥无奈，只好自杀身亡。

事后，赵高觉得自己可以代替胡亥继承皇位了，就把玉玺佩在自己的身上上了朝堂，表示要继承皇位做皇帝，不想虽然群臣中很多人虽曾附和他指鹿为马的荒唐举动，现下却一致反对他继承皇位，他无可奈何，只好立胡亥的侄子子婴为王。从赵高如此狼子野心的行径就可以看出，像他这种心狠手辣、野心勃勃的人，弑君对他而言并不是多难的事。

如果真是这样的话，那么秦始皇之死，实质上就是一场宫廷政变，这场政变的导演是赵高，而扶苏、蒙恬、蒙毅、李斯、胡亥等就是被他支配的牺牲品。

秦始皇到底是病故还是被害？这两种观点至今尚无定论。不过，人们对解开此谜充满信心。据考察，秦始皇陵没受破坏，秦始皇遗体可能尚在，而且据说墓中有大量的水银，这种东西形成的水银蒸气对遗体有冷凝防腐作用。也许待到秦始皇陵发掘之时，秦始皇的死亡之谜才能解开。

第二章　秦始皇陵墓之谜

始皇骊山陵，两千年的谜

秦始皇死后，其子秦二世胡亥将其葬入位于骊山的陵墓中，因此秦始皇陵又常被称作骊山陵。而关于埋葬着秦始皇的这座规模宠大的骊山陵，则又是一个回响了两千余年的谜。

秦始皇还在世时，他便穷尽天下财富和民力，为自己修建了一座巨大的陵墓，即始皇帝骊山陵墓，妄图死后继续享受生前一般的荣华富贵。李白也写诗形容说："刑徒七十万，起土骊山隈。"

现在的秦始皇陵兵马俑博物馆是我国西安最著名的观光胜地之一，也是世界上闻名遐迩的一大奇观，其规模之雄伟壮观，令人叹为观止。但其实这也只不过是秦始皇陵的冰山一角，更大的景观和秘密，还埋在骊山的地面之下，由此我们也可以想见秦始皇陵墓的豪华和宏伟。

据《史记》记载，秦始皇陵宏大的宫殿建筑于三层水深的地下，底层的构造以全国领土的形状作为模型，并加以人工河流，用水银灌注其中，使其流动不息；上层以天体为蓝图，以闪闪发亮、价值连城的宝石作为闪烁的繁星。陵中设文武百官之席，鱼油灯火长年不灭。倘有盗墓者进入其中，其机关必令侵入者万箭穿心而

秦始皇骊山陵

亡。秦始皇陵的北侧有寝殿等建筑群，封土外有两道长十千米的内外城垣，封土周围及东、西、南、北侧分布着数百座地下陪葬坑。

骊山陵在始皇帝生前即开始建造，前后共达数十年之久，于秦始皇死后才完成。此陵园封土、地宫、内外城垣形制及其礼仪建筑和布局都不同于先秦任何一座国君陵园。这座帝陵陵寝规模恢宏、设计奇特。陵园工程之大、用工人数之多、持续时间之久都是前所未有的。

第一位记录秦始皇陵的是史学大家司马迁。他在《史记·秦始皇本纪》中留下160个字的记录。其中说：始皇初即位，穿治郦山，及并天下，天下徒送诣七十余万人，穿三泉，下铜而致椁，宫观百官奇器珍怪徙臧满之。令匠作机弩矢，有所穿近者辄射之。以水银为百川江河大海，机相灌输，上具天文，下具地理。以人鱼膏为烛，度不灭者久之。二世曰："先帝后宫非有子者，出焉不宜。"皆令从死，死者甚众。葬既已下，或言工匠为机，臧皆知之，臧重即泄。大事毕，已臧，闭中羡，下外羡门，尽闭工匠臧者，无复出者。树草木以象山。

《史记》还记载始皇陵"坟高五十余丈"，以当时的尺值折算其高度在115米左右。如今为人所知的秦始皇陵地宫位置，正是坐落在骊山脚下的高大土丘，1961年当地文管本测量的高度为43米，后有人测得结果是坟高55.05米，再后来通过航空测量的海拔高度也与之相近。可见因两千余年来的风吹雨冲水土流失，封土高度比原来下降了二分之一多。封土底边为长方形。南北长515米，东西宽485米，占地面积近25万平方米。在里面，便是那幽深而神秘的秦陵地宫。

风水宝地建皇陵，匠心独具造墓园

秦始皇陵所在的骊山，又称"郦山"，位于西安临潼区城南，是秦岭北侧的一个支脉，东西绵延20余公里，最高峰九龙顶海拔1301.9米，远望山势如同一匹苍黛色的骏马，故名骊山。骊山温泉喷涌，风景秀丽多姿，因景色翠秀，美如锦绣，故又名"绣岭"。自3000多年前的西周起，就成为帝王游乐的宝地。周、秦、汉、唐以来，这里一直是游览胜地，曾营建过许多离宫别墅，吸引着各代游人。

秦始皇陵位于骊山北麓，这里北面是渭河，南麓盛产玉石，北麓蕴藏金矿，符合古人所谓的风水宝地。

古人把墓地的选择看作是一件造福子孙后代的大事，尤其像秦始皇这个企图传之于万世的封建帝王自然对墓地的位置更加重视。秦始皇之所以要选择安葬在骊山之阿，据北魏时期的郦道元解释："秦始皇大兴厚葬，营建冢圹于骊戎之山，一名蓝田，其阴多金，其阳多美玉，始皇贪其美名，因而葬焉。"郦道元的观点受到学术界多数学者的肯定。不过也有学者提出过异议，持否定意见的一方认为，秦始皇陵选在骊山之阿一是取决于当时的礼制，二是受"依山造陵"传统观念的影响。早在春秋战国时期已兴起了依山造陵的观念。后来人们选择墓地又特别重视依山傍水的地理环境。"立冢安坟，须藉来山去水。"依山傍水被古人视作最佳风水宝地。至于这个观念始于何时，无从考起。应该说秦始皇陵是"依山傍水"造陵的典范，它南依骊山的层峦叠嶂之中，山林葱郁；北临逶迤曲转、似银蛇横卧的渭水之滨。高大的坟冢在巍巍峰峦环抱之中与骊山浑然一体，景色优美，环境独秀。陵墓规模宏大，气势雄伟。

据说在秦始皇陵的东侧还有一道人工改造的鱼池水。按《水经注》记载："水出骊山东北，本导源北流，后秦始皇葬于山北，水过而曲行，东注北转，始皇造陵取土，其地于深，水积成池，谓之鱼池也……池水西北流途经始皇冢北。"可见鱼池水原来是出自骊山东北，水由南向北流。后来修建秦始皇陵时，在陵园西南侧修筑了一条东西向的大坝，坝长千余米，一般宽 40 多米，最宽处达 70 余米，它就是人们通常所说的五岭遗址。正是这条大坝将原来出自骊东北的鱼池水改为西北流，

秦始皇陵的巨大人工封土丘

绕秦始皇陵东北而过。

此外，在陵园东侧，有川流不息的温泉水经过。据《水经注》记载：“在鱼池水西南有温泉水，世以疗疾。”《三秦记》曰：“郦山西北有温泉。”可见当年的温泉与西北的鱼池水相对应。由此不难发现秦始皇陵的风水特点是，南面背山，东西两侧和北面形成三面环水之势，整体“依山环水”，可说是古人心中理想的风水宝地。

秦陵工程设计者不仅精心选择了一处风水宝地建造皇陵，布置了神秘莫测的秦陵地宫，对陵园总体布局的设计更是颇具匠心。

秦始皇陵园以高大的封冢为中心，封冢外有两道回字形夯土城垣，外城垣四面各置一门。东门位于封土正中的东西轴线上，门阙规模最大。内城除北墙开两门外，其余三面各开一门。尤其内城南门的阙门遗址至今仍屹立于封冢之南，蔚为大观。

几千年过去了，秦陵那座高大如山的封冢仍然屹立于骊山脚下，当年那长达十千米的内外夯土城垣早已残缺不全。现在能看到的只有内城西墙残存的一段城墙。那一座座宏伟的地面建筑早在两千多年前就遭到项羽的焚毁，在残存的废墟上，考古工作者发现了陵寝建筑群遗址，规模宏大，集中分布于封土北侧、内城西半部。在封土西北的内外城垣之间还发现一处地面建筑群。据清理的三组房屋建筑基址来看似为饲官建筑。饲官建筑遗址的南北两侧还有几组尚未发掘的地面建筑，其规模也相当可观。

数十万人建一陵，三十八年未完工

那么在这座规模巨大，曾引起人们无限遐思的骊山陵中，到底埋藏着什么样的秘密呢？千百年来，围绕着这座中国历史第一的皇帝陵，引发了许多神奇的传说故事。

据《三辅故事》记载，楚霸王项羽入关，曾以30万人盗掘秦陵。在挖掘过程中，突然一只金雁从墓中飞出，这只神奇的飞雁一直朝南飞去。过了几百年，到了三国时期，有人送只金雁给名曰张善的官吏，他立即从金雁上的文字判断此物出自始皇陵……这类神奇的传说更是给秦始皇陵蒙上了一层神秘的色彩。

古代帝王生前造陵并非秦始皇的首创。早在战国时期诸侯国王生前造陵已蔚然成风。如赵肃侯“十五年起寿陵”（《史记·赵世家》），还有平山县中山国王陵墓也是生前营造的，但他们的陵墓与秦始皇陵相比是不能同日而语的。始皇陵工程的修建伴随着秦始皇一生的政治生涯。当他 13 岁刚刚登上秦王宝座时，陵园工程也随之开始了，直至秦始皇临死时还未竣工。二世皇帝继位，接着又修建了一年多才基本完工。

纵观陵园工程，前后可分为三个施工阶段。自秦王即位开始到统一全国的 26 年间为陵园工程的初期阶段。这一阶段先后展开了陵园工程的设计和主体工程的施工。初步奠定了陵园的规模和基本格局。从统一全国到秦始皇三十五年，这 9 年当为陵园工程的大规模修建时期。《史记》记载：“及并天下，天下徒送诣七十余万。”经过数十万人长达九年多大规模的修建，基本完成了陵园主体工程。自秦始皇三十五年到秦二世二年冬，历时三年多是工程的最后阶段。这一阶段主要从事陵园的收尾工程与覆土工作。

尽管秦始皇陵墓工程历时 38 年之久，但整个工程最后仍然没有竣工。陈胜、吴广大泽乡起义后，天下开始动荡，陈胜部下周文率兵打到了距陵园不足数千米的戏水附近（今临潼县新丰镇附近）。面临大军压境、威逼咸阳之势，秦二世这位未经风雨考验的新皇帝惊惶失措，情急之下召来群臣商讨对策，他一副失魂落魄的样子，向群臣发出了“为之奈何”的哀求。少府令章邯建议：“盗已至，众疆，今发兵近县不及矣，骊山徒多，请赦之，授兵以击之。”说要解燃眉之急，可将修骊山陵的人武装起来和起义军战斗。秦二世皇帝当即迎合，拍板决定由章邯直接率领修陵大军回击周文起义军。至此尚未完全竣工的陵

骊山陵古式建筑

园工程不得不中止。

因为工程中止，秦始皇陵就无法建成其预计的规模和形制了，所以至于秦始皇陵到底要建成什么样子，谁也不知道，但即便如此，秦始皇陵仍是中国规模最大，耗费人力物力最多的皇陵。

秦陵地宫，玄机重重

深藏地下的始皇帝陵到底有多大？其中又埋藏着什么样的秘密呢？ 20 世纪 60 年代之前，所有关于秦始皇陵的推测只能停留在文献记载与传闻的基础上。1974 年 3 月 29 日，陕西省西安市下河大队西杨村生产队的几位农民想在村庄附近挖井抗旱，结果却挖出了沉睡两千年的兵马俑，它们立刻震惊了世界。这一惊人的发现，也撩起了秦始皇陵神秘面纱的一角。

当年无论是打井的农民还是随之而来进行勘探试掘的考古人员，谁也想不到兵马俑坑会有那么大的规模。当一号俑坑全面勘探试掘不久，又在一号坑北侧 20 米处发现二号兵马俑坑、三号兵马俑坑和一座甲字形大墓。单就兵马俑陪葬坑而言，它占地达两万多平方米，有真人真马相仿的陶俑马八千余件，青铜兵器数十万件。这件规模宏大的陪葬坑不仅在中国，甚至在世界陵寝史上也是前所未有的。

兵马俑被发现后，秦始皇陵园考古发现接连不断，陵园东侧发现了百余座马厩陪葬坑，17 座陪葬墓。陵园西侧发现了 31 座珍禽异兽陪葬坑，一座曲尺形马厩陪葬坑和 61 座小型墓坑。 10 乘大型彩绘铜车马、木车马则位于地宫之西，原封土之下。近年来又在始皇陵北发现了一座较大的动物陪葬坑，在东内外城垣之间发现了铠甲坑、百戏俑坑……

综合这些出土文物来看，秦始皇在陵园地上地下精心设计、安置的这一切，可说正是一个地下王国，而这个地下王国中，最神秘，最重要的，无疑是秦陵地宫。

始皇陵地宫神秘幽深、谜团重重，地宫是什么样的结构？地宫内藏匿了多少奇器珍宝？地宫内有没有防盗机关？地宫挖了多深？始皇帝是铜棺石棺还是木棺木

秦陵地宫中的兵马俑

椁？始皇帝的尸骨是否完好无损？……这一系列的悬念无不困扰着专家学者，地宫形制及内部结构至今尚不完全清楚，千百年来引发了多少文人墨客的猜测与遐想。目前只能根据现有考古材料结合有关历史文献做初步的探讨和推测。

在司马迁笔下，神秘莫测的秦陵地宫仅留下极为简略的记载：“穿三泉，下铜而致椁，宫观、百官、奇器珍怪徙臧满之。令匠作机弩矢，有所穿近者辄射之。以水银为百川、江河大海，机相灌输，上具天文，下具地理。以人鱼膏为烛，度不灭者久之。”考古专家们以此为线索，努力寻找着能揭开秦陵地宫之谜的种种蛛丝马迹。

秦陵地宫的面积有多大呢？据最新考古勘探资料表明：秦陵地宫东西实际长260米，南北实际长160米，总面积41600平方米，其规模相当于5个国际足球场，是秦汉时期规模最大的地宫。

那么地宫又有多深呢？后通过考古钻探进一步证实，幽深而宏大的地宫为竖穴式。司马迁说“穿三泉”，《汉旧仪》则言“已深已极”。说明深度挖至不能再挖的地步，至深至极的深度，到底是多少米呢？

秦陵地宫里面有没有较大的空间呢？目前考古勘探表明，秦陵地宫为竖穴式。墓内可能有“黄肠题凑”的大型木椁。如果是竖穴木椁墓，墓道及木椁上部都以夯土密封。这样一来，墓室内外严严实实，不会再有空间。然而，陵墓主持者之一李斯则说：“凿之不入，烧之不燃，叩之空空，如下无状。”

李斯这段话如果记载无误，那地宫明显有个外壳。按理这段话不会有假。因为李斯曾以左丞相身份亲自主持过陵墓工程，对地宫的构造了如指掌。加之这段话是当面向圣上汇报的，应该说不会有搀假嫌疑。如果按李斯所言推断，那么秦陵当是一座密封的大地堡式地宫。不然怎么会“叩之空空”？又怎么会“烧之不燃”？

所以秦陵地宫内部应该是空的，而因为设计时地宫中又进行了“上具天文，下具地理”的布置，既然有天文地理，那么中间就应该有空间，且是较大的空间。但由于考古勘探尚未深入到地宫的主要部位，所以地宫内部究竟是虚是实目前还是个谜。

秦始皇深怕有人破坏他的陵墓，所以在防止盗墓方面也苦费心机。《史记》记载：秦陵地宫“令匠作机弩矢，有所穿近者辄射之”。所指的应该是这里安装着一套自动发射的暗弩。如果记载属实的话，就恐怕将是中国古代最早的自动防盗器。

秦代时，军事方面曾生产过连发三箭的弓弩，但是安放在地宫的暗弩应当是一套自动发射的弓弩。当外界物体碰到弓弩，它便会自动发射，这是一种非常巧妙的机关，2200 多年前的秦代，人们何以能发明如此高超的自动发射器，也是一个谜。

地宫深深深几许，三泉之下有天地

神秘的秦陵地宫曾引起了华裔物理学家丁肇中先生的兴趣。他利用现代高科技与陈明等三位科学家研究撰文，推测秦陵地宫深度为 500 至 1500 米，这一推测虽然依赖科学测定，但无论如何都太过夸张。经那时候的生产条件，人力是不可能挖到地表以下 500 米的，一百米都极难实现。若再假定地宫挖至 1000 米，它超过了陵墓位置与北侧渭河之间的落差。那样不仅地宫之水难以排出，甚至会造成渭河之水倒灌秦陵地宫的危险。尽管这一推断悬殊太大，但却首开了利用现代科技手段探索秦始皇陵奥秘的先河。

国内文物考古、地质学界专家学者对秦陵地宫深度也作了多方面的研究探索。根据最新钻探资料，秦陵地宫并没有人们想象的那么深。实际深度应与芷阳一号秦公陵园墓室深度接近。这样推算下来，地宫坑口至底部实际深度约为 26 米，至秦代地表最深约为 37 米。这个数据应当符合常理，也是依据目前勘探结果推算的。但是否如此，尚有赖于考古勘探进一步验证。

埃及金字塔一直吸引着世人的目光，考古学家为了探测金字塔的内部构造和空间，曾从第一道石门洞口将一台机器人放了进去，想不到机器人又碰上了一道石门，机器人探测也只好暂停。金字塔地宫不只两道门，那么，秦陵地宫当年建造了几道墓门呢？《史记》一书曾给有答案，其中清楚地记载："大事毕，已藏，闭中羡，下外羡门，尽闭工匠藏，无复出者。"

这段话意思是说，棺椁及随葬品全部安置放在中门以内。工匠正在中门以内忙活，突然间"闭中羡门，下外羡门"。工匠"无复出者"，便也成了陪葬品。

这里涉及既有中羡门，又有外羡门，其中内羡门不言自明。地宫三道门似乎无可辩驳。值得注意的是司马迁中羡门用了个"闭"字，外羡门则用了个"下"字，说明中羡门是可以开合的活动门，外羡门则是由上向下放置的。中羡门可能是横向镶嵌在两壁的夹槽中，是一道无法开启的大石门。内羡门可能与中羡门相似。三道羡门很可能在一条直线上。但这三门之外是不是还有其他的门，现在无可查考。

史籍中还说秦陵地宫"上具天文，下具地理"，这是什么意思呢？著名考古学家夏鼐先生曾推断："'上具天文，下具地理'应当是在墓室顶绘画或线刻日、月、星象图，可能仍保存在今日临潼始皇陵中。"近年来，西安交大汉墓发现了类似于"天文""地理"的壁画。上部是象征天空的日、月、星象，下部则是代表山川的壁画。由此推断，秦陵地宫上部可能绘有更为完整的二十八星宿图，下部则是以水银代表的山川地理。在这座有着象征天、地的地下"王国"里，秦始皇的灵魂照样可以"仰观天文，俯察地理"，统治着这里的一切。

始皇陵以水银为江河湖海的记载见于《史记》,《汉书》中也有类似的文字。然而，陵墓中究竟有没有水银始终是一个谜。但现代科技的发展为验证秦陵地宫埋水银这一千古悬案提供了必要的前提条件。地质学专家常勇、李同先生先后两次来始皇陵采样。经过反复测试，发现始皇陵封土土壤样品中果然出现"汞异常"。相反其他地方的土壤样品几乎没有汞含量。科学家由此得出初步结论：《史记》中关于始皇陵中埋藏大量汞的记载是可靠的。这样，现代科技终于解开了地宫埋"水银"的千古谜案。至于秦陵地宫中为何要埋入大量水银？北魏学者郦道元的解释是"以水银为江河大海在于

秦陵地宫模拟图

以水银为四渎、百川、五岳九州，具地理之势”。原来是以水银象征山川地理，与“上具天文”相对应。

秦陵珍宝多，金棺葬寒灰

对于秦陵中所藏的珍宝，西汉大学者刘向曾发出过这样的感叹：“自古至今，葬未有如始皇者也。”司马迁更说“奇器珍怪徙臧满之”那么，这座神奇的地宫中都有多少珍宝，又珍藏了哪些迷人的珍宝呢？《史记》明文记载的有“金雁”“珠玉”“翡翠”等，其他还有什么稀世之宝谁也不清楚。不过 20 世纪 80 年代末时，考古工作者在地宫西侧发掘出土了一组大型彩绘铜车马。车马造型之准确，装饰之精美举世罕见。之前，考古工作者还发掘出土了一组木车马，除车马、御官俑为木质外，其余车马饰件均为金、银、铜铸造而成。地宫外侧居然珍藏了如此之精美的随葬品，那么地宫之内，随葬品之丰富、藏品之精致应该让人叹为观止了。

关于秦始皇使用什么样的棺椁《史记》《汉书》均未明确记载。司马迁只留下一句“下铜而致椁”的含糊记录，于是有学者据此得出秦始皇使用的是铜棺。但从文献记载而言，秦始皇未必使用的是铜棺。《史记》《汉书》明文记载：“冶铜锢其内，漆涂其外。”“披以珠玉，饰以翡翠”，棺椁之华丽，语言难以形容。这里“漆涂其外”“饰以翡翠”的棺椁恐怕只能是木质的了。如果是铜棺或石棺肯定用不着“漆涂其外”，而只有木棺才可能使用涂漆。

再者，从先秦及西汉的棺椁制度考察，使用“黄肠题凑”的大型木椁是当时天子的特权。自命功劳大过三皇五帝的秦始皇，不可能放弃“黄肠题凑”的木椁而改用其他棺椁。

20 世纪 70 年代中期，长沙马王堆汉墓考古成为整个七十年代最重要的考古发现，特别是墓中“女尸”的发现震惊中外。因为其尸骨保存之完好举世罕见。当时便有人推测秦始皇的遗体也会完好地保存下来。因为秦陵墓中有水银，水银所形成的蒸汽具有极好的防腐作用。

虽然秦陵地宫客观上具备保护遗体的条件，但秦始皇遗体是否完好地保存下来呢？还很难说，如果单从遗体保护技术而言，相距秦代不足百年的西汉女尸能很好地保护下来，秦代也应具备保护遗体的防腐技术。但问题是秦始皇死在出巡途中，而且更糟的是正值酷暑时节，“尸体”未运多远，便发出了熏人的臭味，为了防止臭味扩散，走漏“风声”，赵高、胡亥立即派人买了些鱼与秦始皇尸体放在一起以乱其臭。这样，经过 50 余天的长途颠簸，九月，尸骨终于运回咸阳发丧。那时候没有处理尸体的防腐技术，如果真是这么长时间的话，秦始皇的尸体恐怕早就只剩一堆骨头了。

再由时间上看，秦始皇由死到下葬间隔近两个月。根据当代遗体保护经验，一般遗体保护须在死者死后即刻着手处理。如若稍有延误，尸体本身已开始变化，恐怕再先进的技术也无能为力。秦始皇遗体途中就开始腐败，尸体运回咸阳等不到处理恐怕早已面目全非了。据此推测秦始皇遗体保存完好的可能性很小。正如李白诗言 :“但见三泉下，金棺葬寒灰。”

兵马俑重见天日，秦陵地宫露一角

以上谜团只是秦陵地宫众多谜团之冰山一角。随着我国考古研究工作的深入和高科技探测技术的实际运用，秦陵地宫终有一天将再次震惊全世界。而为人所了解的秦始皇陵墓之谜中，已广为世人所知的，当属秦始皇陵兵马俑，其以宏大的规模，磅礴的气势，多种多样的雕塑，栩栩如生的造型，引得世界瞩目，被誉为“世界第八大奇迹”，早在 1987 年，联合国教科文组织就将其列入“世界人类文化遗产”名录。

但是秦始皇陵兵马俑同样有很多未解之谜。比如，秦朝为什么要造这么多的兵马俑，只为秦始皇守陵吗？用兵马俑守陵是出于什么原因？建造兵马俑到底有什么样的作用？秦始皇真的就是兵马俑的主人吗？

秦始皇陵兵马俑发现于 1974 年，正如前面所述，是陕西省西安市临潼县下河大队西杨村生产队的几位农民想在村庄附近挖井抗旱，结果却挖出了沉睡两千年的兵马俑，它虽然只是秦始皇陵的冰山一角，但也足以令世人震惊。

规模庞大的兵马俑阵列

此事经媒体报道后，经过专家们的仔细勘探和研究，均认定俑坑是秦始皇陵墓的陪葬，而俑坑中这些按照真人大小塑造的陶俑，正是当年跟随秦始皇征战四方、统一六国的神勇之军。但这些秦兵马俑给人们带来震撼的同时，也带给人们众多的疑问。

比如，秦兵马俑虽然众多，但没有找到统帅俑。这些兵马陶俑无论是步兵、弩兵、骑兵、车兵，都属武士俑，并不见统帅俑。有人认为其原因可能是按秦制每次出征前由秦王指令，一名将帅任统帅。还有人认为，也可能是因为秦始皇是秦军最高统帅，为维护皇帝的绝对权威和神圣尊严，不能把秦始皇的形象塑在兵马俑坑之中。然而这两种说法，都是猜测而已。

发掘兵马俑时，考古工作者发现，一、二号俑坑的木结构几乎全部被烧成炭迹或灰烬。俑坑经火焚后全部塌陷。陶俑和陶马被砸，有的东倒西歪，有的身首异处，有的头破腹裂，有的臂断腿折，有的断成数段，有的成为碎片，完整的很少。那么这把烧掉俑坑的火，究竟是谁放的呢？

专家分析后认为有三种情况：第一，是秦人自己点的火，以烧毁祭墓物品及墓周的某些建筑，使死者灵魂将此带去阴间享用，即所谓“燎祭”。但是，如果真的是出于古代的丧葬制度和民间风俗习惯而焚毁掉，为什么只烧一、二号坑而不烧三号坑呢？所以此说多不被接受。

第二，被项羽率领的军队焚毁的。据《汉书》《史记》《水经注》等史籍记载，项羽曾派兵放火烧秦宫室，火三月不灭。但上述史书中并没有一个字明确记述项羽军队焚毁秦兵马俑之事，甚至连秦兵马俑的字样都没提到，所以此说也难让人信服。

第三，因为坑内的陪葬物等有机物腐败产生沼气，自燃造成的。但是，同样的俑坑，同样的环境条件为什么只烧了一、二号坑而三号坑却没有起火呢？因此此说也难解释清楚。

秦兵马俑在暗无天日的地下掩埋了两千二百多年，出土后仍然保持了色泽纯、密度大、硬度高等特点，以手敲击，能听出金声玉韵，炼制工艺可说是达到了“炉火纯青”的境界。当代的制陶工艺大师经过十多年的努力，至今仅能仿造一些简单的陶人，要复制陶马却鲜有成功的。秦代这种杰出的泥塑工艺和制陶工艺，让后人为之叹服，但它的技术、配方失传，成了千古之谜。

不但是制陶工艺，秦兵马俑出土的青铜剑也显示出秦代不同凡响的铸剑工艺。从二号坑出土的青铜剑，长 86 厘米的剑身上有 8 个棱面，左右极为对称均衡。尤为值得称道的是，这些青铜剑的韧性异常惊人。有一口剑，被一具 150 公斤重的陶俑压弯了，弯曲度超过 45 度。当陶俑被移开的一瞬间，奇迹发生了，青铜剑反弹平直，自然还原。秦代时便有这样精湛的铸剑技艺，令人瞠目结舌。

这些青铜剑从地下出土时，历经两千二百年却无蚀无锈，光洁如新。用现代科学方法检测分析，这些青铜剑表面竟涂有一层厚约 10 微米的氧化膜，其中含铬 2%。这一发现立即震动了世界，因为这种铬盐氧化处理是近代才掌握的先进工

秦兵马俑像

艺。据说德国在 1937 年发现，美国在 1950 年才发明并申请专利，而且只有在一套比较复杂的设备和工艺流程下才能实现，但我国两千多年前的秦朝铸剑师们却掌握了这种技术，其铸剑工艺水平之高，真是不可思议。

除了这些未解之谜外，也有人提出了一个更大的谜，即秦陵兵马俑的真正主人是谁，有人认为其主人或许并非秦始皇，但很多证据表明兵马俑是秦始皇时期所建，主人就是秦始皇。

截至目前，对于兵马俑的争议还一直在持续，出土文物带给世人许多千古之谜。但兵马俑坑的考古工作至今还没结束，随着秦始皇陵周边的考古勘探工作不断推进，考古专家的深入研究，笼罩在秦始皇陵上面的迷雾将逐渐散去，呈现在大家眼前的将是一段真实的秦国历史，一个恢宏的地下王国。

第三章　徐福东渡之谜

方士徐福，东渡扶桑

徐福东渡也是发生在秦朝的千古之谜。是说徐福在秦始皇的支持下，带三千童男童女，以及各种工匠、技师和一些物质资源，乘船东赴日本的事迹。

徐福，即徐市（fú），字君房，齐地琅琊人，按当时的行政区划，琅琊应该在今山东东南部和江苏东北部一带，其故里据考证在江苏省赣榆县金山乡徐阜村，根据当地地方志，徐阜村在明清两代均称徐福村，至今这里还流传着徐福率童男童女浮海东渡之事。但还有一种说法认为徐福故里为今山东省龙口市。

最早记载徐福史事的是司马迁。在司马迁的《史记·秦始皇本纪》中有这样一段记载，始皇二十八年："齐人徐市（徐福）等上书，言海中有三神山，名曰蓬莱、方丈、瀛洲，仙人居之。请得斋戒，与童男女求之。于是遣徐福发童男女数千人，入海求仙人。"后在《太平广记·徐福》和《十洲记》中都记载有："徐福，又写作徐靰，字君房，齐人。"关于他的生卒年月却毫无记载，也没有讲明徐福浮海到了何处。后人以为是台湾或琉球，也有说是美洲，但大多数认为是日本。

《史记》中称徐福为"方士"。方士就是方术士，或称为有方之士，即遵崇神仙思想而推奉方术之士。用现在的话说，就是持有方术的人。一般简称为方士或术士，后来则叫做道士。其出现不晚于周，至秦汉大盛，并逐渐形成了专门的方士集团，即所谓方仙道或神仙家。又以所主方术不同而有行气吐纳、服食仙药、祠灶炼金、召神劾鬼等不同派别。神仙思想及其方术，成为后世道教的核心内容与精神支柱。宋玉《高唐赋》以羡门、高溪、上成、郁林、公乐、聚谷等人为"有方之士"。《史记·始皇本纪》秦始皇说，"吾悉召文学、方术士甚众""方士欲炼以求奇药"。以上有方之士及方术士指的都是方士。道士之称始于汉代，《汉书·五行志》中说："道士始去，兹为伤。"《许曼传》也说："行遇道士张君巨。"东汉以来，始将方士叫做道士。晋代以后，方士之称渐不通行，而道士之称渐多。

传说徐福是鬼谷子的关门弟子，曾学辟谷、气功、修仙，兼通武术。他出山的时候，是秦始皇登基前后，他博学多才，通晓医学、天文、航海等知识，且同情百姓，乐于助人，故在沿海一带民众中名望颇高。

徐福生于齐地，自周朝开始时将姜太公封于齐地，齐国“辟草莱而居焉，地薄人少”。姜太公筚路蓝缕，经几代奋斗，迨至桓公“设轻重以富国，合诸侯成自功”，终成霸业，使齐国成为“以守则固、以征则强”“冠带履天下，海岱之间敛袂而往朝焉”的东方强盛之国。

齐威王时代是战国时齐国最强盛的时期。齐威王励精图治，创办了稷下学宫，广揽天下名士来学宫著书立说，宣讲治国之道。名士之中，有一位阴阳五行家，名叫邹衍，他创立了“五行相胜”“五德始终”之说，并以自己所掌握的地理知识，详述了中国九州的名山、大川、道路、物产、奇珍，称之为赤县九州。又用“先验小物，推而大之，至于无边”的推论方法，提出海外九州之说。他说：赤县九州乃大禹治水所序之州，不得为州数。中国外如赤县神州者有九，乃所谓九州也，其外有小海环绕之，称为一州。如此州者又有九州，外有小瀛海环绕之，人民禽兽莫能相通，再往外，则是天地之边际。这就是邹衍的“大九州”说，这个“大九州”说在先秦思想界中，实属标新立异、振聋发聩之论，它启迪人们扩展时空观念，去研究世界乃至无限之宇宙，从而对崇尚海上神仙说的方士的形成，以及徐福东渡瀛洲产生了重大的影响。

此时，因受邹衍“大九州”说的影响，燕赵之间方士大兴。徐福也许是目睹百姓苦于灾异病死，而不能长生永年的情景，便加入到方士之列，学研长生之术想借此术拯黎庶于灾异，救百姓于病痛，养生命，而享永年。此术在今日看来，纯属迷信怪诞，然于科学不发达的两千余年前，它却反映了人们乞求生存与长寿之强烈愿望，对我国养生学、医药学发展，起了一定的推动作用，而我国道教的一些思想也由此而出。

徐福凭其聪颖多才，不久便成为著名方士，其求仙采药的事迹遍及齐、赵之地。因常往来于大海上，也成为精通航海知识并具有丰富航海经验的人。他依照邹衍的“大九州”说，及渤海上经常出现的海市蜃楼的奇观，敷衍出渤海之中有蓬莱、方丈、瀛洲三座神山的神话，他说：“诸仙人及不死之药在焉，其物禽兽尽白，而黄金白银为宫阙。”他曾几次渡海探求，“及到，三神山反居水下”，再往前开进，

徐福雕像

船就被风引而去，无法到达近前。后来徐福遇到了东巡齐地的秦始皇，得到了他的支持，开始率人向东横渡大海。

徐福东渡，在2000多年前的世界上，应当说是空前的壮举。但由于徐福第二次扬帆东渡一去不归，致使这个真实的航海事件，一度蒙上了传奇色彩而几被风传成了神话，如今，关于这一事件其本身是真是假，徐福东渡的真正目的，他的船队到底到达了什么地方，徐福带去的三千童男童女是不是日本人的祖先？徐福是不是日本古代的神武天皇，徐福东渡对日本的历史和文化有着什么样的影响等等，这些问题至今未有定论，都成了千古谜案。

秦皇求长生，徐福求仙人

那么徐福为什么要东渡呢？这还得从秦始皇希求长生不老说起。

俗语道："做了皇帝想成仙。"秦始皇正是这样的人物。秦始皇做了皇帝之后，虽然希望皇位能万世万代地传下去，但他自己还是想长生不老，于是就千方百计地寻求仙丹妙药，因此，在统一全国之后，秦始皇经常出巡，这样也能向天下人炫耀自己的文治武功。清人丘琼山《纲鉴合编》曾云："始皇既平六国，凡平生志欲无不遂，唯不可必得志者，寿耳。"一些方士投其所好，编织神仙之说，声称海上有仙人仙药，吃了仙药便可长生不死。徐福就是在这种情况下航行出海的。

秦始皇全国性的出巡一共有四次，在统一的第二年，秦始皇曾经出巡过中国北方地区，当时主要是为了抵御匈奴，鼓舞士气，后来的出巡便有求长生之药的目的，但在第四次，秦始皇却死在了出巡回来的路上。现在，许多地方还存有秦始皇出巡时留下的石刻，如著名的泰山上的石刻，这些石刻主要是为秦始皇歌功颂德，宣传自己统一国家、进行各项改革的历史功绩。李白诗中说秦始皇："铭功会稽岭，骋望琅琊台。"

也许是秦始皇听说神仙总是在海边出现。为了找到神仙，求得仙药，秦始皇的出巡总是喜欢到海边去，他曾到碣石（现在的河北昌黎）一次，到成山（现在山东成山角）两次，到琅琊一带三次，就是因为这些地方传说是神仙常来登陆的地点。每到一个地方，秦始皇都要派很多的方士去求仙找药。

公元前 218 年，秦始皇车队驰行至河南阳武博浪沙时，埋伏于道旁的刺客抛掷出一个巨大的铁锥，砸向秦始皇的车队。这是韩国人张良策划的一次刺杀行动，秦始皇在刺客砸错车的情况下才幸免于难。假设秦始皇被博浪沙狙刺吓得从此呆在宫里，他也许能活到 60 岁甚至更高，但如同荆柯的刺杀并没有阻止嬴政统一的步伐一样，博浪沙刺杀也没能使始皇取消巡视天下的计划，可见他并非怕死之人，但史上对他的刺杀均没有成功，不过诅咒秦将亡和嬴政将死的各类谶语却带着极大的杀伤力，这些话在秦始皇心底掀起阵阵波澜，他知道这是六国的复国者精心炮制出来的，所以必须要能与他们作斗争，并且比他们活得更长久。

在战国时代，社会生产力低下，贫穷、疾病和战争困扰着人们的生活，人的平均寿命在 30 岁左右。作为一国之君，秦始皇的爷爷秦孝公活了 44 岁，父亲庄襄王 34 岁去世。秦始皇完成统一后，面对庞大的国家，至高无上的权力，如何将其延续下去，是其思考最多的事，但创业容易守业难，坐稳江山并不是那么容易的，于是巨大的危机感从他心底升起。而环顾诸子，谁堪帝国二代君主这一大任？谁又能像周公一样帮助他的孩子坐稳皇位？这个关系到王朝命运的问题，不仅秦始皇在思考，臣子们也在思考着。

秦皇东巡群雕

尚采不死药，茫然使心哀

大将蒙恬曾对秦始皇言：“昔周成王初立，未离襁褓，周公旦负王以朝，卒定天下。”扶苏与蒙恬搭档，依稀可见成王与周公的影子。然而，从周到秦，社会形态发生了巨变，周公辅政，虽为后世君主一再效仿，但在秦末却没有上演的环境和条件，情形完全相反的皇权转移过程，将秦始皇心中的成王和周公政权交替形势扼杀了。

行封建制的周朝天子靠诸侯拱卫，行郡县制的秦始皇靠法度立国。周的分封虽然演变成列国并存争战，但名义上的周王朝仍存在了数百年。而嬴政却想建立一个以法度为治国准则的国家，六国后人对此是不同意的，这个时候秦始皇个人的执政力和威慑力成了维持秦帝国存在的关键因素，那么他要死了怎么办呢？他的子孙能统治好国家吗？他心里没底，再者，既然已成天下共主，权力无限大，那么秦始皇当然也想追求别人不能追求的，因此，秦始皇追求一己生命延长的努力，看起来却是他必须要做的了。

依靠现代科技，尚不能大幅度延长人的生命，在秦朝那个科技落后的时代，追求长生不老无疑是愚昧的。但社会上有这样一种现象，越是落后的时代或地方，就越迷信不切实际的东西，所以科技和文明越是落后，人反倒越相信荒诞不经的东西，人在追求长生方面更是如此，秦始皇就深深陷入了此等迷信之中。

据司马迁《史记》记载，从公元前 219 到公元前 210 年，秦始皇在四次东巡中始终伴随着一项寻找“长生仙药”的活动。秦始皇最后一次东巡“至平原津而病。始皇恶言死，群臣莫敢言死事”。这一记载反映了嬴政不愿在知天命之际死去的心理状态。东巡以来的十年中，始皇的身边经常闪现着为他寻找长生药的术士或方士的身影，从秦始皇虽一次次被骗仍坚持求药来看，他希望自己活到一个较高年岁上的愿望非常强烈，始皇追求长寿除了能更长久享受帝王才能享受的特权生活，还带着强烈的家族政权所负载的政治理想和诉求。类似的现象还发生在如汉武帝、唐太宗和清世宗这些杰出君主的身上。

秦始皇统一中国之后，称自己为始皇帝，梦想“后世以计数二世、三世、至千万世”，一心想使自己的帝业传之无穷。他推行郡县制，分天下为三十六郡；他统一法令、度量衡、车同轨书同文；为了独裁统治，他又收天下兵器于咸阳，销毁后铸金人十二座；令天下只留医药、卜筮、种树之书，“凡诗书百家语者皆烧毁之”；为了满足其享受的私欲，他又于骊山之上建造了离宫别馆，特别是阿房宫富丽堂皇。他想长生不老，所以乞求长生之念日炽，从而对方士求仙、采长生不死药的追求特别强烈。正如李白诗言：“尚采不死药，茫然使心哀。”

徐市载秦女，楼船几时回

始皇二十八年（前219年），秦始皇为显示统一天下的神威，礼祠齐地的八神主，他自咸阳出发，巡察齐郡东部沿海边陲之地，大队人马先在泰山封禅刻石，又浩浩荡荡前往渤海地区。此行，秦始皇上邹峄山，“与鲁诸生议封禅事，后封泰山，禅梁父”。“乃并渤海以东，过黄睡、穷成山、登之罘……南登琅琊。”待秦始皇来到黄县（今龙口市）之莱山上的“月主祠”时，召见了著名方士徐福，令其出海求仙采长生不老药。

《史记·封禅书》说：“天下名山八，而五在中国，三在夷蛮。”这里所说的“三在夷蛮”的名山，便是所谓的“三神山”。这是战国方士们都极其向往的地方，曾争言之于皇帝，这当然也是皇帝求之不得的好事。

徐福拜见秦始皇时，盛言渤海中三神山胜景，并称那里确实产有长生不死药，服之可保吾皇帝长生不死。秦始皇听罢，心中虽然欢喜，但还未全信，也就没有立即诏令徐福出海求仙采长生不死药，而是登山望渤海祈三神，并嘉奖徐福求仙有功，命徐福侍奉他，“穷成山，登之罘”“南登琅琊”。

待秦始皇至琅琊，他登上琅琊台，放眼眺望大海，只见云海之间，仙山楼阁时隐时现，蔚为大观，尤令秦始皇心驰神往。这种景象，本来是海市蜃楼，秦始皇却以为是仙人所住的地方，不觉心中大悦，决定要在琅琊台上多留几日，以尽游兴。

徐福见此情景，为迎合秦始皇企望长生的心理，将其说成传说中的海上仙境，上书言道："北海中有三神山名曰蓬莱、方丈、瀛洲，仙人居之，皆须斋戒，望与童男女求之。"秦始皇准了徐福所请，随后根据徐福的要求，派人随他出海求取仙药。他本人也在此流连忘返，等候徐福佳音。然而，等来的只是徐福空手而归。但徐福早已编好了怎么回答，他自称见到海中大神，大神却以礼物太薄，说其心不诚，拒绝给予仙药。秦始皇对此深信不疑，令徐福再度出海。秦始皇则不肯离开，一直等候 3 个月，不见徐福消息，才只得怅然而回。对此李白又说："徐市（徐福）载秦女，楼船几时回？"

始皇二十九年（公元前 218 年），秦始皇再次东巡。"至阳武博浪沙中，为盗所惊。求弗得，乃令天下大索十日。登之罘。"始皇这次东巡遇刺，从而求仙之心更切，欲再见徐福，责其效命，然至黄睡却未得见，心想徐福必定遵照命令，仍在琅琊筹划渡海，于是到琅琊，果然见到徐福。

徐福一年渡海求仙未成，深恐始皇见责，"乃诈曰：蓬莱药可得，然常为大鲛鱼所苦，故不得至，愿请善射与俱，见则以连弩射之"。秦始皇听了勃然大怒，心想竟有此妖鱼，胆敢逆朕龙心，阻我求仙，不射杀尔等，焉能显我祖龙神威！于是终日对大鲛鱼阻挠徐福渡海求仙之事耿耿于怀，怒不可遏。一日竟于梦中与海神战，遂对徐福为大鲛鱼所苦之言信而不疑，非但不谴徐福之怠，反令入海者赍捕巨渔具，自己则持连弩候大鱼出而射之。

秦始皇派徐福入海求仙群雕

秦始皇守候数日，却并未见大鱼出海，便与徐福乘舟北至荣成山，搜巡大鱼踪迹。只见波浪翻涌，海流急湍，却未见鲛鱼踪影，又西至之罘，忽见海浪翻滚处，一群大鲛鱼露于水上，忙令左右连弩齐发，射杀一鱼，众鱼逃遁。李白诗中形容说：“连弩射海鱼，长鲸正崔嵬。额鼻象五岳，扬波喷云雷。鬐鬣蔽青天，何由睹蓬莱？”

之后，秦始皇遂并海西（今莱州湾西岸）而返回咸阳。临行时嘱徐福言道：“朕射杀一鲛，余鲛皆惧，海路已平，速出海求仙，采取长生不死药，保联长生。”徐福顿首受命，并踏遍齐燕之地，招募童男童女，再筹出海。

碣石卢生，求仙不成

除徐福外，秦始皇还让一位叫卢生的方士出海求仙药，卢生是燕国人，名敖，也是第二批求仙访药的术士。前后多次入海求神仙不老药，反复编造荒诞言词蛊惑秦始皇，最后，竟是因为他诽谤秦始皇，导致秦始皇“坑儒”的举动。

据说，燕人卢生一直隐居在碣石山中，苦心修行。他有两个忘年之交，一个是羡门，一个是高誓。这两个人都是战国时燕国有名的方士，上通天文，下知地理，被人称为“圣贤”。后来，他俩不知所终，“圣贤”之名却留了下来，而且。传来传云，“圣贤”两字被传成了“神仙”，说是他俩已经得到长生不老之药，可以永远活在世上了。

后来，碣石山出了两个有长生不老之药的“神仙”消息，不知怎么传到了大臣李斯耳中。李斯忙去向秦始皇禀奏，一心向往长生不死的秦始皇，闻听大喜，忙令李斯起驾碣石山，去找羡门、高誓，求长生不老之药。

公元前 215 年，秦始皇东临碣石（今秦皇岛秦行宫附近），见碣石山高耸入云，山前的大海苍苍茫茫，问谁知道这儿有羡门、高誓这两位“神仙”，可谁也不知道这两位“神仙”到哪儿去了，有的人说，可能是在大海深处的蓬莱仙岛住着，可那岛谁也没见过，也没去过。秦始皇盼药心切，让人一定要找到这两位“神仙”，李斯忙令人在碣石山到处打听认识这两位“神仙”的人。不知谁说卢生认识这两位“神仙”，并有过交往。于是李斯忙把卢生找来，把他带到秦始皇的行宫。

秦始皇见了卢生，二话不说，立刻逼着卢生去给他找这两位“神仙”，把长生不老之药给他找来。史籍称秦始皇“使燕人卢生求羡门、高誓”。

卢生心想，这两位前辈哪是什么神仙，早就过世了，长生不老药不过是传说罢了，我上哪里去找他们！可秦始皇的旨意他又无法违抗，想来想去，只好答应去找。他对秦始皇说，蓬莱仙岛藏在大海深处，需要造大船，并带去一千童男、一千童女。秦始皇当即下令，让李斯制造大船，到处去选童男童女。卢生本想用缓兵之计，拖延时日，以借机逃身，不想秦始皇手下的人把他看得很紧。卢生无奈，只好今天搞这个仪式，明天搞那个典礼，把秦始皇弄了个迷迷糊糊，表示正在求仙。最后，实在拖不过去了，他只好硬着头皮带着秦始皇选招的童男、童女下了海。

碣石山风景

卢生本想带着童男童女一走了之，找一个远离秦始皇统治的地方住下来，过世外桃源般的日子。没想到，李斯怕他途中生变，派了不少军士紧紧地看着他。卢生他们在海中绕了不少日子，连个“蓬莱岛”的影儿也没看到。卢生见这样再绕下去不是个事儿，只好回来了。

“亡秦者胡”，焚书坑儒

为了蒙骗秦始皇，他就编造鬼神之言说见到了神仙，神仙箴言说“亡秦者胡也”。秦始皇参悟了半天，以为是“灭秦朝者是胡人”的意思，就派蒙恬发兵三十万北击“胡人”，由此引发了一场攻击匈奴的战争，名将蒙恬不负所托，一战击溃匈奴大军，之后十五年中，匈奴人不敢南下牧马。此举亦可见方士在秦始皇政治中占有重要地位。

之后卢生又骗秦始皇说要他“避鬼”。《史记·秦始皇本纪》载：始皇三十五年（前212年），卢生多年求仙而无所得，借口有鬼物为妨，劝始皇“微行避鬼”。他对秦始皇说：臣等求仙药而不能得到，是因为神仙说有恶鬼妨碍，皇上要藏起来，才能以避恶鬼，恶鬼避，真人才能到来。皇上所居住的宫室不能让任何人知道，然后长生不老之药就可得到。

秦始皇说：“吾慕真人，自谓‘真人’不称‘朕’。”这也是“真人”一词最早的根源，后来被道教引用，成为道士的专门称谓。

之后秦始皇真的按照卢生的说法将自己藏了起来，他“下令咸阳之旁二百里内宫观二百七十，复道、甬道相连，帷帐、钟鼓、美人充之”。凡是近臣、太监、嫔妃等，有敢说知道他处所者，一律死罪。

秦始皇驻跸在梁山宫时，从山上看见丞相李斯的车骑众多，就说了些不悦的话。有身边的近臣把他的话告诉了李斯，李斯急忙减少了车骑。秦始皇得知后大怒，认为将他“微行避鬼”、不许世人知道的话泄露出去，就是死罪，所以，不问青红皂白，把他说话时在身边的近臣统统杀掉。

就在卢生蛊惑秦始皇微行避鬼不久，秦始皇对徐福多年入海花费巨大没有得到神药表示生气。卢生和另一位叫侯生的方士意识到自己处境不妙，怕秦始皇治罪，于是在一起合谋之后，留下了诽谤秦始皇是暴君的议论，就偷偷跑掉了。

阿房宫遗址处的复古式建筑

秦始皇得知这两位非常得宠的方士逃亡，非常气愤，他说：“卢生等，吾尊赐甚厚，今乃诽谤我，指责我无德。”下令对凡在咸阳的诸生（方士、儒生等），一律进行审问，审查他们是否有妖言惑众的行为。诸生们相互转告，发泄不满。秦始皇大怒，将其中犯禁者四百六十余人“皆坑之咸阳”。这就是历史上著名的“坑儒”事件。

秦始皇活埋了460名诸生还不算完，他还诏告天下，说“坑儒”是为了惩戒后人，日后凡有类似诽谤皇上者，一律发配边境。

当时，秦始皇的长子扶苏谏阻说：“天下初定，远方黔首（百姓）未集，诸生皆诵法孔子，如今皇上用如此重法绳之，我怕天下不安。请皇上三思。”结果暴君脾气大发，一怒之下派扶苏到边境，去给蒙恬当监军。而且这一去，再也没有回到咸阳，直至秦始皇死后，扶苏被赵高、胡亥编造的伪诏赐死在北部边境。

徐福求仙为名，借力跨海东渡

虽然卢生和侯生跑掉了，但只要秦始皇求长生之心不死，方士就能在他眼里受到尊重。始皇三十七年（前210年），秦始皇三次出巡。先巡云梦泽、九嶷山，然后浮江而下，过丹阳、钱塘，上会稽、祭大禹，而后“还过吴，从江乘渡，并海上，北至琅琊”，又遇徐福。

徐福此时与秦始皇相遇，心中也已怀有二意，一则是因为在此之前，即秦始皇三十五年，因方士侯生、卢生求仙不成恐始皇见责逃亡而去，又因遣徐福入海求仙，终未得长生不死之药而花费却很多，心中愤怒，曾责骂过徐福。徐福也感到求仙采药未成功，身遭酷责，在所难免。

也许是徐福也相信大海中真的有神仙，他数年中为秦始皇出海探寻长生不死之药也确实卖命，但由于终无所获，他可能也打起了逃命的主意。

如何逃命呢，徐福与卢生和侯生可不一样，他想借求仙采药之事，取得秦始皇资助跨海东渡，去探寻邹衍“大九州”说中所描绘的由大瀛海环绕之那海外九州。

如果成功的话，一来九州之上可能有神仙药草，采之以济苍生，或者真有好药，采回来拿给秦始皇，也许真能免罪，如果采不到，那么索性住到那里不回来，就在那里繁衍生息也不错。

自秦朝建立，徐福目睹了秦始皇自称帝以来的暴政，秦始皇绝先王之道，杀术士，焚诗书，弃礼义，尚诈力，任刑罚。又筑长城，建阿房宫，修骊山墓，力役二十倍于古，致使男子疾耕不足粮饷，女子纺织不足衣服，这时秦朝内部已经形成了“上下不相宁，吏民不相憀”的紧张局面，天下时刻面临着发生战乱的可能，这些也使徐福产生了避暴秦的想法。

徐福这次与秦始皇琅琊相遇，当秦始皇问及他出海求仙采药之事时，他则伪辞道：“臣见海中大神言曰：‘汝西皇之使耶？’臣答曰‘然。’海神曰：‘汝何求？’臣曰：‘愿请延年益寿药。’神曰：‘汝秦皇之礼薄，得观而不得取。臣拜求献何资。’海神说：‘以令名男子、若振女（即童男童女）与百工之事，即得之矣。’”

秦始皇听后，心中大悦，心想徐福既然得见海神，求仙在即，何不从海神所求。立即下诏派给徐福三千童男、三千童女，并资以五谷种子、百工。令徐福依计出海，不得再误。

秦始皇死于沙丘，徐福“止王不来”

这次，秦始皇再也等不到徐福音讯了。时年秦始皇在返回时至平原津发病，七月丙寅日病死于沙丘（今河北世鹿东南）。

其实即便秦始皇不死，他也见不到徐福了，因为徐福已打定主意，此去将横渡大海，永不归来，后来他也是“得平原广泽，止王不来”，一去再也不回了。

徐福这次得到秦始皇的资助后，心中十分欢喜。他总结了几年来从琅琊出海求仙屡出屡败的教训，并做了充足的准备，他派人建造了巨大的龙船，备足了饮食、种子，找好了三千对童男、童女，招收了百工，并对船员水手加强了训练，待择吉日解缆启航，实现其东渡大海之愿。

吉日到时，千船齐发，开始了东向横渡大海的壮举。徐福凭其智勇与胆略，率领船队向东航行。一路之上，虽然也曾遇到一些不测之风云，然徐福率领船队皆一一战胜，一切还算顺利，有一日，大海上忽然阴云密布，飓风卷着惊涛向其袭来，船队帆破橹折，逐浪漂散。待至风过天晴，徐福结集所余船队登上一岛，即今之济州岛。岛上居民十分友善，协助搭救，周济食物。而徐福也将其从中国大陆上带来的文化种子撒于该岛，深得当地民众敬重。故在济州岛西归浦之山崖上刻下“徐福过之”等汉字，以此纪念。而济州岛则有人曰：“乃因徐福船队曾在此遇难，得到济州岛人民之救助。”而他又将中国大陆之文化传播于此，促进了当地人民生产力的发展，故称济州岛，此乃为中朝人民同舟共济之岛也。其“西归浦”之称，则是徐福因风浪在此歇脚，一时犹豫，曾怀有罢东渡而西归之念而得名。另据云：济州内之三姓穴，古时在其后穴内有三位神仙，其姓为高、良、夫，为徐福当年船队在此停留时走失滞留的人员。

在济州岛上，徐福经过一番休整，补齐了食物和物品，整集船队，继续向东进发，一路越过朝鲜海峡及对马海峡。一部乘海峡之左旋流对马暖流由日本的佐贺一带登上北九州；另一部乘太平洋黑潮右旋流抵达日本本州的纪伊半岛，在新宫、熊野一带上陆。此地大洋环绕，风光迥异，平原广泽。其民不识耕织，皆以渔猎为生，故虽然土质肥沃，却田地荒芜。徐福一行至此已粮殚力疲，便决计在此留驻，以图生计谋发展。

当地土著居民对徐福一行人心怀忌惮，然徐福却不以弓弩相问，而是莅之以道，施之以德，“言善信”“功善时”，与其和睦相处，教之以耕织；采药悬壶，治其病痛。将先进的中国科学文化播于岛上，从而使日本历史由绳纹时代而向弥生进代飞跃发展。

济州岛上的徐福纪念馆

徐福将所带去的童男童女进行婚配，让大家在这里繁衍生息，据考证，至今在日本岛上生活的秦姓、福姓、羽田姓，均为随徐福东渡之人的后裔。

“农神”“医神”皆徐福，三千童子拓“瀛洲”

有不少人认为，徐福即日本弥生时代的神武天皇，他是神话中日本第一代天皇，天照大神后裔，其在《日本书纪》中被称作为神日本磐余彦，在《古事记》中则名为神倭伊波礼毗古命。传说他建立最早的大和王权，为日本开国之祖与天皇之滥觞。经过他苦心经营，这里的人们开始从事耕稼劳作，步入了农耕文明的时代，徐福也因之被日本人尊为“农神”，因带去了中国先进的医学成果，医好了许多当地人，他还被日本人尊为“医神”。

但徐福也没有忘记自己是大秦的子民，更没有忘记秦始皇对他的资助，他以始皇帝姓氏之“嬴”字命名该地区，因在海外，便称之为“瀛洲”，表示这里也是秦朝的国土，是位于海外的秦朝国土。

之后，徐福让跟随来的人在此传播中国文化和生产技术，建立了最初的封建政治制度，徐福广施恩德，深得日本人民敬爱，他死后，这里的人们为他建祠纪念，香火至今犹盛。

明代日本诗人绝海中津与明太祖朱元璋有唱和诗作，绝海中津诗云：“熊野峰前涂福祠，满山药草雨余肥。只今海上波涛稳，万里好风须早归。”朱元璋和诗云：“熊野峰前血食祠，松根琥珀亦应肥。当年徐福求仙药，直到如今竟不归。”熊野文字岩上更有梅花仙子之五言绝句赞曰：“惊去徐仙子，深入前秦云。借问超逸趣，千古谁似君！”由此可见一斑。

徐福率千舸战飓风，登上瀛洲之岛，开创了中韩、中日文化交流的先河，实为世界上最早的探险家、航海家。

徐福东渡之事本无可怀疑，但由于此事已过去两千二百余年，且由于涉及日本人种构成这一话题，故日本有些人不承认有徐福东渡之举，但也有不少倾向于事实的历史学者认为此事是千真万确的，并认为徐福东渡对日本等东亚地区的历史和文化发展产生了难以估量的影响。

对日本的历史文化发展而言，徐福东渡日本，促成了“弥生文化”的诞生。那时，日本还没有文字，也没有农业耕作。徐福给日本带去了文字、农耕和医药技术。为此，徐福自然成了日本人民心目中的“农神”和“医神”。这是随着考古及两国人民之间的交往逐步被发现和发掘的。

近年来，在日本福冈县板付的考古遗址中，又发现了碳化米粒遗存，经碳十四测定，与在朝鲜半岛釜山金海地区发现的碳化米为同一类型。说明在同一个历史时期，日本人民开始了农业生产，尤其是水稻种植。无独有偶，恰在同一时期，日本也开始使用青铜器和铁制生产工具以及丝织品等，而且开始有了文字。所有这些，都与此前的日本绳纹文化没有任何传承关系。日本学界、考古界公认：弥生文化源于中国北方沿海文化。这也是日本文字为什么和汉字酷似的根本缘由。

所谓弥生文化，是指日本绳纹文化之后的一个重要历史时期，由于最先是在日本东京弥生町发现出土而定名。它起自公元前二百多年至公元三百多年之间，恰好相当于中国的战国末年及秦汉时期。在弥生文化遗址中，还出土了大量的铜剑、铜铎等。铜铎以中央日本为多，铜剑则大多在九州。日本学界认为，加工这些器物的原料和技术来自中国。日本学者八木奘三郎说，中国山东省有类似铜剑、铜铎的器物出现；梅原末治等学者说，“铜铎之见于日本，无疑意味着中国秦汉人的东渡”。此外，在弥生町遗址中，还出土了中国古钺、古镜、秦式匕首和汉字等。这都与中国入海赴日的人有关。

清代驻日使馆参赞黄遵宪写有“避秦男女渡三千，海外蓬莱别有天。镜玺永传笠缝殿，倘疑世系出神仙”一诗，并注有“日本传国重器三：曰剑、曰镜、曰玺，皆秦制也”。

日本学者村新太郎著文，盛赞中国稻米传入日本的重大意义。他说：“稻米拯救了日本列岛饥饿的人民。无论如何稻米要比其他一切都值得感谢。米与牲畜、贝类不同，可以长久贮藏。不久，村落形成了国家。”稻米的传入，结束了日本的渔猎生活，开始了农耕。那么稻米是何时传入的呢？应该就是徐福东渡时将稻米带了过去，还有就是日本人很喜欢葫芦，这可能与方士与行医者们喜欢用葫芦盛药有关。因此日本始终把徐福奉为“农神”和“医神”当在情理之中。

据近些年统计，在日本的徐福遗迹有五十多处。日本新宫有徐福墓，还有

日本九州徐福登陆纪念地

1071字的墓碑，上有言："盖徐生之避秦……"新宫市内更有制作和销售"徐福天台乌药""徐福寿司""徐福酒"等商品的。在速玉神社内，陈列着徐福所用过的鞍、蹬等物。新宫蓬莱山内还有"徐福神龛"，被称为"徐福之宫"。每年都有"御船祭""灯祭"等，都是祭祀徐福的活动。传说日本还有500年一度的"徐福大祭"。

中国文化对日本的影响几乎无处不在，徐福对中日文化的交流可谓贡献重大。当然，他的东渡还有许多未解之谜。比如"方丈""瀛洲"果为今之"济州岛"和"琉球岛"吗？徐福在此二处有何作为等等。为此，海内外已成立了徐福研究会，更有倡立"徐福学"者，以便对徐福航海、天文、地理、医药、宗教、冶炼、民族、人种、语言、哲学、民情、民俗等领域进行深入的研究与考证。

徐福东渡给日本所带去的一切文明，都是在中国造船技术和高超的航海技术基础上得以实现的。

徐福东渡出发地，至今纷纭争不休

关于徐福东渡的起航港，一直是国内外学者争论的热点，除了日本学者主张的"广东沿海说"与我国台湾有的学者主张的"浙江沿海说"之外，还有大陆学者主张的"江苏沿海说""山东沿海说"与"河北沿海说"。

"广东沿海说"是因为日本考察他们的人种基因构成，认为他们中有1%的基因来自于中国古代的百越人，所以认为是徐福在两广地区带百越人乘船到达了日本；"浙江沿海说"浙江省慈溪和舟山说，"江苏沿海说"是指江苏省海州一带（现在的连云港市赣榆县）说，"山东沿海说"是指山东省登州湾（龙口市黄县）及胶州湾徐山

（青岛）琅琊说，以及成山头说，“河北沿海说”包括秦皇岛和黄骅附近地区说。

虽然说法不一，但有学者认为，徐福东渡起航点的确定，起决定作用的是当地的物质条件，一是经济的发达，二是港口的自然状况。否则，聚集大批的人员，征调大量的物资，建造很多的船只等大规模的准备工作就无法进行。还有港湾也应宽广，并与腹地有便利的交通。

比较而言，具备上述优越条件的，据史书所记，只有当时的琅琊。战国时，楚国灭掉越国之前，越国在琅琊建都已经有一百余年。琅琊曾是一度强大的越国的政治、经济、文化中心。战国中期归属齐国后，它也是齐国都城临淄之外的又一重要的经济文化区域。秦统一后，琅琊作为琅琊郡的治所，其地位更加重要了。

琅琊不仅经济条件优越，而且也是战国及后来的秦国著名的海港之一。早在春秋时期，这一带的航海家们就从这里出海，抵达朝鲜半岛，而后顺半岛沿岸航行，经过对马岛到达日本九州。港口位于琅琊台下石河入海河段，附近属花岗岩侵蚀性海岸地貌，水深港阔，起航条件好。另外，徐山附近还有大小珠山，琅琊山等，山上有大量的优质木材，具备打造楼船的充足资源。

《史记·秦始皇本纪》明确记载，徐福第一次在琅琊上书后即被就地派遣出海求仙，秦始皇二十八年（公元前219年），这位一心想传位万世的皇帝在“南登琅琊”“留三月”的海上巡游时，接到了齐人徐福等方士的上书，说海中有“三神山”，于是，秦始皇便“发童男女数千，入海求仙道”。秦始皇派出这样一支多达数千人的庞大船队，去探求尚是扑朔迷离的“三神山”，不能不说是一次探险的壮举！

徐福第二次出海的始发港，由于尚没有找到史书详细记载而说法不一。徐福村人（连云港市赣榆县）传说是农历的十月十九日，从他的家乡赣榆下海。另一个说法是在山东崂山。还有一说是浙江的达蓬山，位于慈溪龙山、三北一带，山上有摩崖石刻、秦渡庵等历史遗迹。

还有一种说法认为徐福第二次出海走的仍是第一次的航线，也是在琅琊。这是根据《史记·淮南衡山列传》而得知的。因为在《史记·淮南衡山列传》中称，徐福第二次航海时，诈称仙人索取“百工之事”，遂“资之五谷种百工而行”。如据此推断，徐福有可能走的仍是上次的旧航路。不仅如此，也由此我们得知徐福二渡日本，带去了古代中国的“百工之事”，如汉字、中草药和水稻种植等许多文化和科学技术。

徐福东渡到达地，日本之外有美洲

徐福东渡日本是影响最大最广泛的说法，最初提出徐福东渡日本的是五代后周时的和尚义楚。他说："日本国亦名倭国，在东海中。秦时，徐福将五百童男、五百童女止此国，今人物一如长安。……又东北千余里，有山名'富士'亦名'蓬莱'……徐福至此，谓蓬莱，至今子孙皆曰秦氏。"义楚称这一说法来自日本和尚弘顺。宋代文学家、史学家欧阳修也认为徐福东渡到日本，明初，日本和尚空海到南京，向明太祖献诗，提到"熊野蜂前徐福祠"。清末驻日公使黎庶昌、黄遵宪等人都参观了徐福墓，并诗文题记。

21 世纪以来，中日学者对徐福浮海东渡之事进行了大量研究。马非百在《秦集史》中认为徐福远赴日本是有意义的，"其意初不在求仙，而实欲利用始皇求仙之私心，而借其力以自殖民于海外"。而徐松石在《日本民族的渊源》中说，战国先秦时期，中国东南沿海民众大量往日本移民，徐福率领的童男童女是其中一队，"徐福入海东行，必定真有其事"。

香港学者卫挺生著《徐福入日本建国考》，认为徐福就是日本的开国者神武天皇仲田玄，并认为他是颛顼之后徐驹王 29 世孙。台湾学者彭双松著《徐福即是神武天皇》一书，进一步充实卫挺生的观点。至今日本保存着不少徐福活动的遗迹，北到富士山所在的静冈，南到九州的熊野、鹿儿岛以及关西地区，至少有五十余处，如和歌山县徐福和他的船员七人墓、徐福宫，九州岛佐贺县"徐福上陆

日本熊野县徐福墓前的石碑

地”纪念碑、徐福的石家、徐福祠，另外又有奉祀徐福的金立神社；新宫市位于日本和歌山县东南海岸线上，面向大海，海水深而浪高。在新宫市海岸线附近，便是徐福梦寐以求的灵山“蓬莱山”。而在蓬莱山前数百米处，立着一座不高的塔式纪念碑，这儿就是徐福登陆的地方。

再如，徐福传说中的仙岛和九州说，倒并不全是虚妄，仙没有，岛是有的。按照日本的记载，徐福所说的就是日本的本州、四国、九州三岛。日本的文字史料中，对徐福的记载含糊不清。这也不能责怪日本人，因为徐福登陆的时代，日本还在蒙昧之中，还没有可靠的文字记载呢！但是按照部分日本史学界人士的观点，徐福，就是日本古代著名君主——神武天皇，他登陆日本的地点，便在日本的关西平原。“神武东征”横扫日本的传说就是基于徐福登陆日本、南征北战的事迹。

日本人的思维比较独特，因此他们在考证徐福问题的时候，想法也一样富有个性。他们根据考古发现，分析古代墓葬遗骨证明，徐福东渡时期，日本关西近畿地区的居民平均身高骤然升高了 5 厘米，由此推断，这很可能是徐福和他的部属登陆后造成的局部人种改良。

还有一个有趣的现象，就是日本科学家发现日本人的基因里，有 1% 来自中国云南地区，而日语训读发音（土语发音）也和云南纳西族的语音有很多相似之处。这是怎么回事呢？从徐福东渡，或许可以找到答案。根据中国方面的史籍记载，徐福要求的三千童男童女，秦始皇也没法一下子凑齐，这个时候，秦军刚巧征服了西南夷，于是秦始皇就下令这些被征服的部族提供所需要的童男童女。西南夷，就是现代云南各民族的共同祖先。因此，如果这些西南夷的后代借徐福东渡融入日本人种，带给日本人 1% 的云南基因便有据可循了。

日本歌山县新宫市徐福公园正门

2013 年 8 月 8 日，日本滋贺县文物保护协会发布消息称，在该县高岛市的上御殿遗址中，出土了日本国内首套具有鄂尔多斯式铜剑特征的双环剑柄短剑铸造模具。鄂尔多斯式铜剑存在于公元前 35—公元 300 年前后的中国华北及内蒙古地区。

同年8月9日，日本共同社报道说，此前，人们认为铜剑都是经过朝鲜半岛传入日本九州地区的，但朝鲜半岛至今未有鄂尔多斯式铜剑出土，因此它有可能是从中国经日本海传入日本的。这或许将成为改写青铜器传入日本历史的大发现。

该铸模雕刻的铜剑剑柄上有双环等，铸模为一套，由两块石板组成，长约29.5厘米，石材为粉砂岩，产地不详。与中国春秋战国时代（公元前770—前221年）的鄂尔多斯式极其相似。模型的雕刻很浅，即使用于铸剑，剑刃厚度也只有3毫米，因此不太可能是实用品。该铸模未被使用过，有可能是试验品或失败之作。铸模被发现时两块石板合在一起。据称，该铸模也有可能是祭祀时使用的。

该协会介绍称，鄂尔多斯式铜剑在朝鲜半岛与日本没有出土，而上御殿遗址距离日本海仅30公里左右，因此可能是当时日本人未经由九州地区，而是经日本海与大陆展开了交流。但也有专家认为，此模也许是徐福东渡日本时，跟随的百工中铸剑工匠带去或制作的，

除日本说外，也有学者认为徐福东渡不但是去了日本，还去了美洲，因为徐福东渡的时间与美洲玛雅文明的兴起相吻合。

暨南大学教授、南京古物保存所前所长卫聚贤在《中国人发现美洲》中考证，美洲特产四十多种动植物矿产为先秦人民所知。并说早在秦朝以前的商朝，便有人开始横渡大洋到美洲，如商朝被灭国后，部分殷商人逃到北美洲，回国观光时带回六只蜂鸟，齐桓公为纪念此次远征，特在旗上绘制“蜂鸟图”。卫聚贤认为哥伦布在发现美洲之前，已有众多中国人到过美洲，所以徐福后来东渡美洲也是很有可能的事。三国时吴人绘《外国图》指出“亶洲去琅琊万里”，根据距离分析根本不是日本，而是美洲。最早记述倭国的《后汉书》是把亶洲与日本区别开来的。“亶”字有大岛的涵义，美洲大陆像“亶”字，故以字形命名。现在檀香山还遗有带有中国篆书刻字的方形岩石，旧金山附近也有刻存中国篆文的古箭等文物出土，所有这些都是徐福东渡美洲的明证。

《史记·封禅书》载：“自威、宣、燕昭使人入海蓬莱、方丈、瀛州。此三神山者，其傅在渤海中，去人不远；患且至，则船风引而去。盖尝有至者，诸仙人及不死之药皆在焉。其物禽兽尽白，而黄金银为宫阙。未至，望之如云；及到，三神山反居水下。临之，风辄引去，终莫能至云。及至秦始皇并天下，至海上，则方士言之不可胜数。始皇自以为至海上而恐不及矣，使人乃赍童男女入海求之。船交海中，皆以风为解，曰未能至，望见之焉。”

这段宝贵的记载中，透露出许多信息。所谓的三神山，自齐威王以来便有人不断探索，并成功抵达，而太平洋对岸在古人概念中也是渤海外岸，因而“去人不远”。他们可以沿太平洋常年西风带及暖流顺风水而行，称为“船引风而去”。抵达彼岸之后，强大的海流受到北美西海岸大山阻挡而波浪涛天，浪高入云巅，船在浪尖，令人以为岸边的山在水下。这时登陆成为大问题，因为山岸陡峭，若不用缆绳固船，则会退回海中，这在日本是不可能见到的。如在北美北部登陆，气候寒冷，白雪覆盖，则“其物禽兽尽白”。至于“而黄金银为宫阙”，则是中美墨西哥玛雅人的城邦传统，此时日本尚在石器时代，居洞穴之中，不可能有如此巍峨的宫阙。至于神药，则是取其神秘之意。

博闻广记的秦始皇知道“扶桑东禺”曾有先人到达，殷人东渡及叛走的百越人，以及战国时代燕齐两国中自海外归来的方士，他们都广泛流传着“海外仙山”的传言。历史和传说中大量关于海外仙山的传说深深吸引着这位雄才大略的君主，因此才不遗余力，通过12年的海上活动，力求开辟通往另一大陆的海上航线，在另一大陆建扩帝国。况且徐福船人众多，三千余男女，数十艘大海船，“费用以巨万计”，若只寻求仙药，不必有如此规模和行动，而实质是大规模地探索新大陆新航道的大编队航行。何况从满载五谷种子及数千男女百匠诸工来看，如只是求仙问药不必如此，特别是没有必要带上不能干活的童男童女，他真正的目的是要去开拓一个大地区，是一个大规模有计划有组织的长远规划的行动。当然可能有部分人留在日本，若全在日本，一月间可往返数次，没有必要如此兴师动众，更大部分是抵达美洲，其登陆点应在北太平洋暖流的最东点，今墨西哥本海岸，时间上（前129年）大致与玛雅文明兴起相一致。

徐福东渡六十余年后的汉武帝时，淮南王刘安的谋士伍被，曾谈及徐福东渡的下落，“得平原广泽，止王不来”（《史记·淮南衡山列传》），即得到了一块水源充沛的广袤平原土地，自已当王不回来了。有人认为这应该不是多山的日本，而是与徐福同渡美洲而回国的少部分人的确切消息。同时这也说明，春秋战国及秦汉时代的燕齐等地出远海的人就已熟知了美洲情形，才敢向秦始皇提出寻访“三神山”的建言，即中国人早已发现并且开发的地方——美洲！

迄今为止，仍有众多有关徐福东渡的事情无法作出肯定或否定的结论，大海茫茫，波浪滔滔，徐福东渡之谜，已纷扰两千二百余年，也许随着科技和考古学的进步，不远的将来，这些谜案或能大白于天下。

第四章　曹操疑冢之谜

盗墓大王防盗墓，疑冢布下七十二

曹操是东汉末著名政治家、军事家，三国中曹魏政权的缔造者，字孟德，一名吉利，小字阿瞒，沛国谯县（今安徽亳州）人，生于公元155年，卒于公元220年，在世时以汉天子的名义征讨四方，对内消灭袁绍、袁术、吕布、张绣、刘表、韩遂等割据势力，降服南匈奴、乌桓、鲜卑等北方游牧民族的侵扰，统一了中国北方，并实行一系列政策恢复经济生产和社会秩序，奠定了曹魏立国的基础。曹操在世时，担任东汉丞相，后为魏王，去世后谥号为武王。其子曹丕称帝后，追尊其为武皇帝，庙号太祖。

曹操精兵法，善以诗歌抒发自己的政治抱负，并反映汉末人民的苦难生活，气魄雄伟，慷慨悲凉；散文亦清峻整洁，开启并繁荣了建安文学，给后人留下了宝贵的精神财富，史称建安风骨，鲁迅评价其为“改造文章的祖师”。同时曹操也擅长书法，尤工章草，唐朝张怀瓘在《书断》中评其为“妙品”。

曹操画像

曹操虽然挟天子以令诸侯，以丞相职位主天下事，却还有另外一个身份，既盗墓大王，为多筹钱财，他曾组织一个专门的军队进行盗墓活动，这应该是中国历史上公开允许、鼓励并组织盗墓活动的最高级领导者了，在他的策划和组织下，他的盗墓部队盗取了不少战国和两汉时期的诸侯大墓。也正因他的这些举动，让他对死后葬地的安全性产生了担忧，为免被他人盗墓，他想出了一条妙计，即设疑冢七十二个，以迷惑盗墓者，保其真墓之安全。于是史上便有了曹操七十二疑冢之谜。

清代小说《聊斋志异》中就有一个叫作“曹操冢”的故事。这个故事是这样写的：“许城外有河水汹涌，近崖深黯。盛夏时有人入浴，忽然若被刀斧，尸断浮出；后一人亦如之，转向惊怪。邑宰闻之，遣多人闸断上流，竭其水。见崖下有深洞，中置转轮，轮上排利刃如霜。去轮攻入，中有小碑，字皆汉篆。细视之，则曹孟德墓也。破棺散骨，所殉金宝尽取之。”

这段话的意思是许昌城外有一条河，河水十分湍急，有一处靠近岸边的地方尤其深邃幽暗。盛夏时有人到河里洗澡消暑，忽然从水里传来刀斧敲击的声音，下水的人就断为两截浮上水面，后来又有一人也下河洗澡，结果和第一个人一样遭到腰斩。这种现象在百姓中流传，引起百姓惊恐奇怪。地方官听说了这事，就派很多人到上流截断河流，让水流枯竭。于是人们发现岩崖之下有个幽深的洞穴，洞中安置了一个转轮，轮上安装着锋刃如霜的利刃。人们拆除了转轮进入洞穴，发现洞中有一座小石碑，上面的字体是汉朝的篆书。仔细阅读这些文章，得知原来这就是曹操的墓穴。于是人们打开曹操的棺材，抛散曹操的骨骸，把给他陪葬的金银珠宝全都拿走了。

作者蒲松龄最后总结说：“后贤诗云：‘尽掘七十二疑冢，必有一冢葬君尸。’宁知竟在七十二冢之外乎？奸哉瞒（指曹操，小名阿瞒）也！然千余年而朽骨不保，变诈亦复何益？呜呼，瞒之智正瞒之愚也！”

此故事出于志怪类小说集《聊斋志异》，人皆以为此小说都是虚妄故事，其实也不尽然。《聊斋志异》虽多为小说家虚构之作，但也不可全然以虚妄之作对待之，其中亦有当时社会习俗琐事为人所乐道者。“曹操冢”即其一也。

《终令》明说薄葬，遗嘱指出葬地

曹操为人疑虑多思，为迷惑人不去盗他的墓，还颁诏说要实行薄葬，以绝盗墓者贪财之心。在公元218年，曹操死前一年多，他颁布了一道《终令》，其中说：“古之葬者，必居瘠薄之地。其规西门祠西原上为寿陵，因高为基，不封不树。《周

曹操雕像

礼》冢人掌公墓之地，凡诸侯居左右以前，卿大夫居后，汉制亦谓之陪陵。其公卿大臣列将有功者，宜陪寿陵，其广为兆域，使足相容。”

一年后，曹操为自己准备了送终的四季衣服，分别盛放在四个箱子中，上面写明春夏秋冬，并留下一个遗嘱：“有不讳，随时以殓，金珥珠宝之物，一不得送。”意思是说，我如死了，请按当时季节所穿的衣服入殓。金玉珠宝铜器等物，一概不要随葬。又说“吾死之后，持大服如存者，勿遗”，及“敛以时服，葬之于邺之西冈上”，强调了薄葬和要葬的地点。

这一道《终令》和一条遗嘱的公布，是曹操提出他死后不要厚葬，要将自己埋葬在瘠薄的土地上，依照原有的高度作为圹墓，陵上不堆土，也不植树。分析来看，曹操此诏的颁布实在是高，一是向人表明他是薄葬，不但落了个好名声，也是明确告诉后世的盗墓贼他的墓中没有什么值钱东西，不用来盗了。另外就是说出埋葬的地点，真有想盗者，会去他说的地方盗，但曹操真的会埋在那里吗？恐怕是不可能的，曹操深谙兵法中无示之有，有示之无的道理，他故意说出在哪个地方，或正是他要迷惑人的做法。

曹操设官盗墓，能盗亦能防盗

历代帝王都把陵寝作为社稷江山的象征，因为这既代表了王朝的风水情况，也保证了帝王们死后继续享受荣华富贵，所以他们大多从登基日起，便下令建造陵墓，而且这些陵墓大多耗费惊人。曹操虽力主薄葬，但依曹操之为人，他心里未必真喜欢薄葬，他主薄葬的一个重要原因无疑是为了防盗。虽说中国历史上早有盗墓之戚，但没有一个领导者会明目张胆地设置刨坟掘墓的官吏，曹操却敢为天下先，不但大盗特盗，更设置“摸金校尉”和“发丘中郎将”的官职，专门做盗墓之勾当，此事最早见于《讨曹檄文》。

公元200年，袁绍发兵进攻许昌，欲讨伐曹操，“建安七子”之一的陈琳代袁绍所作讨伐曹操的《檄文》，其中有一段指责老奸巨滑的曹操专设盗墓官职“摸金校尉”和“发丘中郎将”。顾名思义，“摸金”和“发丘”就是盗墓，只是这种行当是以官家的身份出面而已，这种公开的盗掘，当是不折不扣的官盗。为了对这一行业表示重视，曹操于日理万机中，还曾亲自指挥发掘古代帝王陵墓，用出土金宝换取世俗的钱财，以养活自己日渐庞大的军队。《檄文》曾言及：“梁孝王，先帝母弟，坟陵尊显，松柏桑梓，犹宜恭肃。操率将吏士，亲临发掘，破棺裸尸，掠取金宝，至今圣朝流涕，士民伤怀。又署发丘中郎将，摸金校尉，所过毁突，无骸不露。”（《后汉书・袁绍传》）

尽管此事是曹操的敌人以叫骂的形式出现，自有夸大的成分，但曹氏所设立的盗墓官职当不是空穴来风。据说曹操见到此《檄文》后对说他设官盗墓之事没有辩解，应是默认了。

不过，既然是《讨曹檄文》，就不能像表扬信一样尽拣好听的说，主要的功能还是要历数曹操的罪状。所以后世有研究者认为，这段话很可能有夸大的成分。但也有其他史料记载曹操确实干过盗墓的勾当，因此曹操设盗墓部队当真有其事。

曹操不乏文采武略，但也不乏心计手段，他操纵天子，左右天下，本已为人所唾骂，而盗墓这一行为，更为后人所不齿，有人对此评论道：“曹操无道，置发丘中郎、摸金校尉数十员，天下冢墓，无问新旧，发掘时骸骨横暴草野，人皆悲伤。其凶酷残忍如此！”让人哀叹其无德之至。

也许正是亲眼目睹了许多坟墓被盗后尸骨纵横、一片狼藉的场面，曹操不愿重蹈覆辙，所以曹操下诏令说要薄葬，以轻盗墓贼贪婪之心。

曹操的这一做法后来也被他的儿子曹丕学会了。公元222年，曹丕在《终制》中也学了他的父亲，要求他的寿陵“因山为体，无为封树，无立寝殿，造园邑，通神道”，“无施苇炭，无藏金银铜铁，一以瓦器”，“棺但漆际会三过，饭含无以珠玉，无施珠襦玉匣”。为什么要这样做呢？曹丕认为：“自古及今，未有不亡之国，亦无不掘之墓也。丧乱以来，汉氏诸陵无不发掘，乃至烧取玉匣金缕，骸骨并尽，是焚如之刑，岂不重痛哉！祸由乎厚葬封树。”

曹丕此言，也说明曹操当年的确有盗墓之举，盗墓之后的陵墓狼藉情况也给他的感受带来了很大的冲击，推己及人，他当然也怕别人盗他的墓，于是便下诏说要薄葬。

曹操奸诈多疑，疑冢真假难辨

曹操设置疑冢，是他的创举吗？其实不是。有人考证，中国最早的疑冢出现于殷商时期，当时一些贵族死后制造几座假墓，虚虚实实，使后人难分真伪。春秋时期，随着盗墓风的盛行，疑冢术得到了进一步的发展。而到曹操所处的三国，则达到了一个高峰，但给自己设立七十二个疑冢的人，在中国历史上也只有曹操一人而已，所以可说设七十二疑冢，才是曹操的创举。

后世人传说曹操的疑冢在邺城附近。昔日的邺城在今河北省临漳县和河南省安阳市北郊一带，自古以来，曹操墓就引发了很多盗墓贼的极大兴趣，但却没有人声明自己找到过。

河北省临漳县的邺城遗址

在宋代以后，曹操墓七十二疑冢的说法进一步强化。宋代后期，中国大地上宋金对峙，宋朝出于政治需要，以类似蜀汉的正统而自居，谩骂金朝为夺权窃国的曹魏。金朝干脆就以曹魏为正统，推崇曹操，每年到陵上祭祀曹操。但因曹操陵在地面上已经难以辨认，于是，金人也就将错就错，以七十二冢为曹操的墓葬祭奠之。

到了元代，人们对软弱惨遭灭亡的宋王朝既同情又怀念，同时对元朝异族统治极度不满，于是借古讽今，更加丑化曹操的形象。元末明初的小说家罗贯中写《三国志通俗演义》时，也秉承了这种思想。

清代毛宗岗根据陶宗仪的《辍耕录》等数据，在《三国志通俗演义》中加入了“又遗命于彰德府讲武城外，设立疑冢七十二：‘勿令后人知吾葬处，恐为人所发掘故也’”的句子来，向世人表明曹操设置了疑冢。

曹操设置疑冢的主要目的，当然是为了防止盗墓，但这也与其生前一贯奸诈多疑的性格有关。史载曹操为怕别人伤害自己，告诉别人他睡觉时谁也不能近前，还说他有睡觉时杀人的习惯。为了杀鸡儆猴，有一天晚上，曹操佯装睡着，故意将被子挑落于地，一个在门口为曹操站岗的亲兵怕曹操受冻，就走过来拾起被子给曹操盖了上去，谁知这亲兵回转身还没走到门口，就被从床上跳下来的曹操拔剑刺死了，至此再也没有人敢在曹操睡觉时近前。

《魏书·张绣传》更记载，曹操为了扩大地盘去讨伐割据一方的张绣，但他的一个侄子在战斗时为张绣所杀，双方一度陷入僵持阶段，后来曹操为了打败袁绍，以摆脱军事上的劣势和被动地位，不得不与张绣释怨，曹操以汉献帝名义招徕张绣，张绣也不想再与曹操这样打下去，就答应了曹操归顺，曹操就封张绣为侯，食二千户，曹操得到了张绣的地盘和军队，实力大增。后来曹操在官渡击败了袁绍，地盘得到了数倍的扩大，实力已然雄霸天下，曹氏势力得到巩固。但这也代表曹操到了与曾经的仇人算账的时候了，于是曹操的儿子曹丕就出言逼迫张绣自杀。但除去了张绣还不算完，曹操怕张绣的后人再起来反对他，于是又在他临死之前把张绣的儿子张泉杀死，以绝后患。

在曹操眼里，凡是与他有宿怨的，他都猜忌，至死也不放过，即便是没有宿怨，他也不放心，甚至他的朋友和故人，但凡有一点与他意见不和，他都会痛下杀手，如曹操的谋士荀彧，一直对曹操尽忠尽职，官渡之战中曾帮助曹操战胜实力大其数倍的袁绍，既是曹操的得力部下，也是曹操的朋友，但由于荀彧不同意曹操不尊汉朝，便被曹操赐死。如是事件时有发生，所以《曹瞒传》中说，“故人旧怨”大都被曹操报复杀死。

曹操这种生性多疑的性格，正是其设立七十二疑冢的根源，不少史料认为七十二疑冢在邺城北面的漳河一带。在曹操安葬的那一天，邺城的所有城门全部打开，七十二具棺材从东西南北四个方向，同时从城门抬出。从此，一个千古之谜也随之悬设：七十二疑冢哪座为真呢？谁也不知道。

生前欺天绝汉统，死后遗诈到丘垄

为了怕人盗其墓，而设七十二疑冢，既建七十二疑冢，所耗费的人力物力当然会极为巨大，史上无人能过之，又何来薄葬之说呢？可见曹操不但要欺骗时人，他更想欺骗千古，由此更可知曹操之奸诈。

曹操的这种行径让人极为不齿。有古书讲到这样一件事：曹操设置“七十二疑冢”的几十年后，司马氏篡夺了曹魏的天下。朝中对曹操有宿怨的大臣们联合起来，四处寻找曹操的真坟，想把他的尸体找出来打碎掉，以谢天下。可这些人挖遍了七十二座曹公墓，也没有找到真正的曹操尸体，最后万般无奈之下，这些人发布公告称只要有人能找到曹操的真正坟墓，他就能得到宰相之职。

布告贴出去一个多月，仍没有人来应召。就在这些人几乎丧失信心时，一个白发老头揭了榜文来到京城洛阳，说自己有办法找到曹操的真墓。官员们一听半信半疑，派出了一百多名士兵跟着老头沿京城不远的洛河逆水而上。一路上，老头左看右看，终于在一个地方停下来，指着一处土丘说，就在这里。

士兵们开始挖，果然挖出了曹操的尸体。老头所指的地方位于洛阳以西，是从堤旁凿穴，深入洛水河床之下。士兵们进入墓室，将金银财宝一扫而空，又把曹操的尸体搬出，剁成碎块，甩入河中喂了乌龟。最后，官员们吩咐请出白头老人，准备给他官做，可是老头消失了，像是神仙一样无影无踪。

官员们后来经过多方打探，才知道老头之所以晓得曹操的墓地所在，是因为他是黄巾起义张角三兄弟的后人。

曹操是以镇压黄巾起义发的家，当年张角在广宗病死，黄巾起义失败。参加黄巾起义的将领们，为了保护自己领袖的尸骨，在邻近的县埋了许多假墓碑，欺骗官军。官兵们找遍了方圆三百里地面，挖遍了几十座立有“大贤良师”的张角坟，也没有找到张角的尸体。

只有曹操不肯善罢甘休，他用软硬兼施的办法，从叛徒的口中得知了张角真墓的秘密。于是，亲自带领兵马开赴张角的老家巨鹿郡内，在老漳河边凿穴探墓，终于在深深的河床下找到了张角的墓室。他吩咐把张角的脑袋割下来，带着人头回京城报功。曹操由此深受启发，他生前秘密派人在洛河水下秘造墓室，又把参与修墓的人全部杀掉，想躲过后人的惩罚。可是，善恶到头终有报，张角兄弟的后人就猜透了曹操的诡计，为自己的祖宗报了仇。

此事亦可见人们对曹操的憎恨，其实历代都有据此骂曹操诡计多端的。宋代诗人俞应符曾专门就七十二座疑冢之事写诗大骂曹操，在其《七十二座疑冢》一诗中，他以谴责和鞭笞的口气写曹操道：生前欺天绝汉统，死后欺人设疑冢。人生用智死即休，何有余机到丘垄。人言疑冢我不疑，我有一法告君知。直须发尽冢七二，必有一冢藏君尸。

其实，俞应符“发尽冢七二”之语，也未必能打到曹操之真墓。以曹操之奸诈和谋略，他又如何会将尸体埋在这七十二疑冢之内呢？对此，鲁迅先生在《花边文学·清明时节》中曾这样说道：“相传曹操怕死后被人掘坟，造了七十二疑冢，令人无从下手。于是后之诗人曰：‘遍掘七十二疑冢，必有一冢葬君尸。’于是后人论者又曰：‘阿瞒老奸巨滑，安知其尸实不在此七十二之内乎。真是没有法子想。’”

疑冢累累漳水头，如山七十二高丘

曹操虽然奸诈，但世人也不都是傻子，盗墓贼大都是机灵过人者，于是在曹操入葬后，盗墓者并没有被其“薄葬”的标榜所迷惑，也没有因为疑冢之多望而却步，至曹操死后入葬，盗墓贼便打起了曹操墓的主意。但是，尽管他们费尽了心机，付出了大量的劳动，却连曹操的一根毫毛也未见到。那么，曹操的尸骨到底埋于何处呢？

邺城遗址上的曹操雕像

按照曹操留下的《终令》来看，曹操墓应在古邺城西门豹祠以西的地方，相当于今天河北临漳县三台村以西直到磁县境内的漳河沿岸。这里为古墓地，其中坟墓星罗棋布，高者如山，低者如丘，这就是世人传说的曹操七十二疑冢所在之处。正如一首诗所写的那样："疑冢累累漳水头，如山七十二高丘。正平只有坟三尺，千古安眠鹦鹉洲。"

七十二疑冢的传说，使后人无所适从。史载，南宋诗人范成大于1170年曾在此下马，拜谒曹操陵。但是由于搞不清哪座是真正的曹操陵，只好在当地老百姓的指点下，对讲武城西侧的第一个疑冢进行了拜扫，但对于是否拜了真陵，他心里也没底。面对星罗棋布的坟堆，他只能感叹道："一棺何冈冢如林，诸复如公负此心。"

后人不断追寻，但总是毫无结果，给七十二疑冢蒙上了一层神秘的色彩。而当地老百姓有关疑冢的种种传说，使疑冢越发显得神秘莫测。历代以来，都有盗墓贼不断光顾曹操诏令中所讲的葬地，企图从曹操墓中发笔横财，但史上并没有发现曹操真墓的记载。可见，盗墓者终还是低估了曹操的智慧，曹操早想到了还是会有部分盗墓者向其墓下手，于是他做了一个七十二疑冢之外的疑局，即让人根本找不到他葬到了何处。正应了鲁迅所说的话："安知其尸实不在此七十二之内乎。真是没有法子想。"

曹操虽死于洛阳，但他从邺城起家，应该还是想葬在邺城附近。据河北临漳县文物保管所所长王福生说："邺城民间传说中，曹操墓有四种说法：在邺城以西（今河北磁县和河南省安阳市安丰境内）设七十二疑冢；在漳河河底；在许昌城外；在邺城的铜雀台等三台之下。这些传说都没有多少依据，七十二疑冢大体上处在曹操自己安排的墓葬方向，但真正的墓主是北朝皇家贵族。其他说法与史实不符，也没有考古发现的证据。文史界的许多专家学者虽怀疑七十二疑冢之类传说，但由于曹操墓千余年来无人知晓，河道、区划等地理因素变动很大，对曹操墓的具体位置也看法不一，认为在临漳、磁县和河南安阳的都有。"

但一直以来，都有更多的人认为曹操墓应该在古邺城一带。据这里的老百姓说，讲武城一带所谓的曹操疑冢，在雷雨天常常会冒紫光。还有的说，近代的军阀混战年代，曾有东印度公司一个名叫胡赛米的古董商人，从郑州雇了一批民工，把临漳河的疑冢一座座掘开，企图找到曹操真墓，掘取财宝。结果，民工挖了十几座墓，发现里面除了土陶、瓦罐之类的东西外，一无所获。当他们试图继续发掘时，关于洋人盗墓的消息传开了。愤怒的当地群众手持刀斧，将胡赛米及其雇佣的民工赶出了漳河。

邺城遗址上的复古式建筑

近人邓之诚《骨董琐记全编》中记载，1922 年磁县农民崔老荣发现过一个古墓，其刻石所叙为曹操，刻石由县署保存。邯郸市的考古工作者对这一线索进行了专门的核实，结果也没有找到可靠的依据能证明此为曹操墓。

北朝古墓解疑问，难解疑冢有没有

1988 年 3 月 8 日，《人民日报》第一版发表了一篇文章，题目为《“曹操七十二疑冢”之谜揭开》，该文说，“七十二疑冢”实际是北朝的大型古墓群，而墓的确切数量非 72 座，而是 134 座。这篇文章的部分文字如下：

闻名中外的河北省磁县古墓群最近被国务院列为第三批全国重点文物保护单位。过去在民间传说中被认为是“曹操七十二疑冢”的这片古墓，现已查明实际上是北朝的大型古墓群，确切数字也不是 72 座，而是 134 座。

磁县地处冀南地区，周围方圆 30 多公里的大地上分布着众多墓冢。《三国演义》中也记载，曹操“遗命于彰德府讲武城外，设立疑冢七十二个，勿令后人知其葬处，恐为人所发掘故也”。近年来，考古工作者对这些“曹操疑冢”进行了多次

磁县北朝古墓群出土的陶俑

调查，根据多处墓志铭和墓形建造结构以及壁画、陶俑、古币等器物考证表明，从 424 年到 578 年，先后有东魏、北齐在磁县、临漳邺镇一带建都，其间历代皇亲国戚、天子朝臣葬于此地，逐渐形成了大型古墓群。

另据磁县出土的墓志看，墓的主人也均为北魏、东魏、北齐时人，所以《磁县志》这样记道："民国以来，经人盗掘者多有墓志，都是北朝时的王公要人……疑冢之说不攻自破。"

但是，曹操在遗令中明说他的墓要"不封不树"，即不封土，不植木，不起坟头，并且不要做什么记号，那么这样的话，他的墓看上去和平地田野将没什么两样，而河北省磁县古墓群却是都有封土坟头的，且是 134 座，这些墓冢小的高数丈，大者则高数十丈，远远望去，宛如一座座小山。其中申庄乡一座号称天子冢的陵墓，其封土长九十米，宽八十米，高四十米。这些陵墓形制一看便是大墓，明显与曹操所要求的葬式不一样，因此，即便排除磁县古墓群非曹操疑冢，也并不能说明曹操没有设七十二疑冢。因为曹操既说了陵墓不封土不做记号，那么其七十二座陵墓必是一样的，并且这样的墓地看不出与周围土地有什么特殊，因此是难找的。

著名学者汪宏华也曾发表文章认为，不能否定《三国演义》中曹操指示建造七十二疑冢的说法。他认为："《三国演义》原是从历史而来，从《三国志》演义而

磁县申庄乡"天子冢"，实为东魏孝静皇帝元善见之"孝静陵"。

来。位于历史之前的只能是考古、考证、考据。不过，我这位书生也并非无话可说. 现在的历史学者、考古学家动则蔑称《三国演义》不过是评书，罗贯中不过是说书人。这次也不例外，又有权威人士开始斥责《三国演义》中的‘七十二疑冢’系子虚乌有。对此，我无法苟同。”汪宏华认为即便曹操设置疑冢，按他的诏令上说的也不可能在地面上大兴土木。

铜雀宫观委灰尘，魏主园陵漳水滨

除曹操七十二疑冢之说外，还有人提出了另一种说法，即曹操的真正陵寝不是建造于地上，而是造于漳河河底。

持这种观点的人的证据是，曹操之子曹丕废汉称帝后，曾写过一份题为《止临淄侯植术祭先王诏》的诏书，其中写道：“欲祭先王与河上，览省上下，悲伤感切。”后人多有赞同此说的。如清人刘廷琦曾作过一首《铜雀妓》诗，诗云：“铜雀宫观委灰尘，魏主园陵漳水滨。即令西望犹堪思，况复当年歌无人！”

此诗可对应这样一个传说：是说在清朝同治年间，当地有个自幼失去双亲的孤儿，名叫朱伢儿。由于无依无靠，他以给地主家牧羊为生。有一天，朱伢儿在讲武城东南的彭村打柴，发现了一件奇怪的事。这彭村也叫彭城村，古时曾是一个人工湖泊，即三国时曹操修建的玄武池，蓄漳水入内为湖，专门在此操练水兵。后来由于长年不疏浚，加上中原一带连年干旱，池水涸竭，玄武池便渐渐淤塞，长满芦苇，变成了陆地。

这日朱伢儿在这里打柴，突然在高高的蒿草丛中发现了一座大墓，墓前侧卧一块石碑。朱伢儿不识字，又觉好奇，所以就请了一位私塾先生来辨认。私塾先生一读碑文，原来这是魏武帝曹操陵墓。于是，他们便告知磁州县衙门。县令得知后，马上赶到彭村，但是奇怪的是，当他带人拨开杂草时，那座大冢已是无影无踪。县令十分生气，认为私塾先生欺骗了他，命士卒将他打了三百杖，而那个少年伢子，却从此再也没有下落。

盛夏时节的漳河水

清人沈松在其《金健笔录》一书中，引《坚瓠续集》，叙述了一段发生于漳河河底的轶闻来证明此说，这段故事是这样记的：清朝顺治年间，漳河发生干旱，河水枯竭，沙床裸露。一天，一个捕鱼人在河床的水洼内捕鱼。突然，他发现河床上露出了一块大石板，石板的旁边有一条裂缝，勉强可进一个人，捕鱼人向洞里一看，洞道很长，深不可测。他想，说不定这里面有鱼。于是，他先将两脚伸入洞隙，再紧缩身子，钻了下去。进去后，走了数十步，他被面前的一个大石门挡住了去路。他用力推门，但门纹丝不动，无奈之下，他返回了地面。这件蹊跷的事令渔夫很激动，他回去后就告诉了左邻右舍。大伙儿听了，认定这是个发财的机会，于是约定第二天一块去看看。

第二天，他们又来到大石门前，众人在费了九牛二虎之力后，大石门终被推开。大家拥进里面一看，立刻被眼前的景象惊呆了：只见石屋内全是衣着古装的美女，一个个姿色绝伦，倾国倾城。她们有的坐着，有的互相倚着，还有的躺卧着，分列两行，一个个栩栩如生。但是这种美景并没有持续太久。转瞬间，这些女尸都化为灰尘，委顿于地。石屋很大。走到里间，只见中间放有一张石床，床上躺着一个老年男子，头上戴着官帽，身上穿着朝服，像是一个王侯。在王侯的石床前面，立着一个石碑。渔人中有识字者上前一看，原来上面说的这个戴着官帽、穿着朝服的死尸就是魏武帝曹操。在他们看来，曹操是个白脸奸臣。于是捕鱼人拿起鱼叉、棍棒对着尸体乱打乱戳，以发泄心中之愤。

沈松还对故事中的一些现象进行了分析。他认为，漳河河底的墓室之中，那些美女是被活生生憋死以殉葬的。由于墓室内地气凝结，所以打开石门后，她们看上去像刚断气的人一样，但是等众人进了墓室，带去了氧气，瞬间产生氧化反应，所以她们就化为灰尘了。但只有曹操是用水银殓尸的，能与氧气隔绝，所以其肌肤并没有腐烂。

沈松所述之事虽在当地传得有鼻子有眼，但只能是一种传说，曹操的陵寝是否一定在漳河附近尚难定论。

曹操扒灰儿媳，曹丕收其父妾

关于曹操安葬的地点，清代至今有不同的见解。一种说法认为，曹操陵位于铜雀台正南5公里的灵芝村。乾隆五十二年（1787年）写成的《彰德府志》上就明确标着，魏武帝陵在灵芝村，而在其南，紧邻着甄后的朝阳陵。

甄后，即曹丕之妻甄氏。她原为袁绍二儿子袁熙之妻。曹操打败袁绍进入邺城后，曹丕捷足先登，入袁府，见其美貌绝伦，遂纳之为妻。后甄氏失宠，被曹丕赐死，葬于邺城。

曹操之墓为何与其儿媳墓连在一起呢？这中间还有些故事呢。原来，曹操在攻打袁绍之前，早已听说了甄氏的美貌，本想收为己有，但不想被其子曹丕捷足先登，作为父亲，怎能夺儿子之美呢？再说，曹操和袁绍同辈，若娶其儿媳为妻，岂不贻笑天下！

虽然甄氏被儿子娶走，但做父亲的还是念念不忘。曹操与甄氏的关系还真有些微妙，至于二人是否有私情，不敢妄加断语，但从一些现象分析，似乎能找出点线索来。

《后汉书·孔融传》中写道：孔融系名门出身，为孔子二十世孙，自少誉满清流，为人恃才傲物，最后被曹操所杀。这其中最重要的原因是因为孔融给曹操写了一封信。在信中，他嘲笑曹丕纳甄氏乃是“武王伐纣，以妲己赐周公”。曹操未解其意，询问之。孔融答曰：“以今度之，想当然耳。”这种“侮谩之辞”，正是揭了曹操扒灰于儿媳的家丑，因为曹操一向以周文公自诩。曹操听了这话，认为孔融是在讲自己，所以盛怒之下，就让人将孔融满门抄斩。

而曹丕的表现也很让人怀疑曹操染指了甄氏。因为曹丕娶甄氏时，对其是十分喜爱的，但曹操一死，马上就冷落了她。据《魏书》记载，甄氏对曹丕的新宠郭女王说了一些不满的话，曹丕知道了甚为震怒，对其百般虐待，最后又下诏书，赐之以毒酒，令她自杀。甄氏不喝毒酒，郭女王就用糠塞于其口，趁其喘息之时，强行灌下毒酒，将其害死。

甄氏之死，让曹丕的弟弟大才子曹植不胜伤感，因为曹植暗恋其嫂，两人是否有染，史上记载不详，但甄氏的死让曹植痛彻心扉，后来他作《感甄赋》一文，专门怀念甄氏当年之风采，后因曹丕之子反感，此文改名为《洛神赋》，其中描写甄氏之语言华丽非常，又写他与甄氏之感情，实在是依依不舍，缠绵悱恻，此文文采飞扬，乃千古奇文。

曹操父子不但都很奸诈，品德方面也有所继承，曹操死后，曹丕就将其父的妃嫔全部召来，供自己玩乐。一次曹丕生病了，其母卞太后前去看望。她掀起门帘一看，见曹丕床侧坐着的女子都是曹操生前的贴心宫妃。太后惊奇地问："这些人何时被召到你房中来的？"

曹丕轻描淡写地回答："父亲刚死，我就召她们来了。"说话时脸上毫无羞愧之色。卞太后见此情形，气不打一处来，大声责骂说："你这样做，死了连狗鼠都不吃你！"

东晋顾恺之《洛神赋图》，其中女神原型即甄氏

曹丕为什么行此乱伦之举呢？一是因其无德，再就是他在报复他的父亲，因其父染指他得到的女人甄氏，所以他便也霸占他父亲的小妾们，以此求得心理满足。

从这两点看，曹操似乎真与甄氏有暧昧之情，所以才导致了孔融之死和曹丕的报复。也许正是因为曹操的这段丑事，清朝的学究们才故意将两个人的坟墓绘制在了一起，但因为现实中并不能确定曹操和甄氏之墓，所以此说也无法解开曹操葬地之谜。

但是，若按曹操自己的说法，他的墓离铜雀台应该不远，因为在曹操遗令中，他提到了铜雀台，他吩咐妻妾们，逢到每月的初一、十五的上午，要在铜雀台的公堂上安放一张六尺大床，挂上灵帐，并供上干果祭品，向灵帐奏乐歌舞。同时，遗令还嘱咐他的群臣，“汝等时时登铜雀台，望吾西陵墓田”。这若不是曹操的惑人之举，便说明曹操墓应该就在铜雀台附近。

后来曾有人依据这篇遗令里所说的内容以铜雀台为中心寻找曹操的陵墓，但由于种种原因，始终未果。

曹墓不知何处去，生时欺天死欺人

在上述几种说法之外，还有一种说法认为，曹操陵墓在其故里谯县的“曹家孤堆”。

1991年第5期《风景名胜》杂志上刊载了一篇题为《魏武故里话曹操》的文章。文章认为，曹家孤堆即是曹操陵，其理由有三：

其一，《魏书·文帝纪》载：“甲午（220年），军治于谯，大飨六军及谯父老百姓于邑东。”《亳州志》载：“父帝幸谯，大飨父老，立坛于故宅前，树碑曰大飨之碑。”曹操死于该年正月，二日入葬，如果是葬于邺城的话，那曹丕（魏文帝）为何不去邺而返故里？说明曹丕此行目的是为了纪念其父曹操。

其二，《魏书》还说：“丙申，亲祠谯陵。”谯陵就是曹氏孤堆，位于城东20公里处。曹操31岁时曾返乡在此建筑了精舍，而曹丕也于187年生于此处。所以曹丕祠谯陵，其意有二,一不忘所生之地，二祭先王之陵。

其三，亳州有庞大的曹操宗族墓群，其中包括曹操祖父曹腾墓，其父曹嵩墓等，曹操长女曹宪墓也在此处发现，综上可知，曹操之陵亦当在此。

但是这种说法纰漏甚多。其中一个明显的错误是，把曹丕的几次祭祀作为证明曹操之陵在亳州的证据。其实，历代皇帝的祭祀，并不见得只是祭父，更多的是祭祖，如明太祖朱元璋做了皇帝后，派懂得风水的大官到其出生地泗州选址，为其高祖、曾祖、祖父造陵，所以曹丕之于祠谯，只是一种祭拜祖先的活动，并不能证明曹操墓即在此处。至于曹家祖坟在此，曹操之墓也必在此的说法就更显得苍白无力了。

因为曹操的奸诈，后人不得不发出“曹墓不知何处去”的慨叹，并大骂曹操“生前欺天，死后欺人”，从而也对曹操为人之奸诈有了更为深入的认识，那么曹操墓就真的找不到了吗？凡事无绝对，近年的一个有关曹操墓的重大考古发现，还是震惊了世人。

漳水河边西陵墓，魏武王号示其主

曹操像

2009 年年末，一个有关曹操墓的重大发现震惊了史学界，当年的 12 月 27 日，河南省文物局公布，经考古发掘，河南省安阳市安丰乡西高穴村南的一座大型古墓，被一些专家证实就是曹操墓高陵。之后，国家文物局也认定河南安阳东汉大墓墓主为曹操。

此墓位于安阳县安丰乡西高穴村南门外，是一座多墓室的大型砖室墓。墓平面呈甲字形，墓葬坐西向东，墓葬全长近 60 米。墓室墓圹平面呈前宽后窄的梯形，东面最宽处宽 22 米，西面较窄处宽 19.5 米，东西长 18 米，墓圹面积接近 400 平方米，整个墓葬占地面积 740 平方米左右。由墓道、墓门、封门墙、甬道、前后主室和四个侧室组成，结构复杂，规模宏大。

墓道为斜坡状，上宽下窄，两壁分别有七个台阶，逐级内收。墓道上口宽 9.8 米，底部宽 4.1 米。全长 39.5 米，最深处距地表 15 米左右。在墓道与墓门接合处，南北两侧各有一道长 5 米、高 4 米的护墙。每面墙的墙体内立有五根原木立柱，作为龙骨。原木关节纹理清晰可辨。墓道填土含有大量料礓石，经平夯夯实，夯土层厚 12 厘米—42 厘米不等，十分坚硬。

墓道两边有 9 对南北两两对称的磬形坑，每个磬形坑的内凹处各环抱一个不规则形坑，并各有一排东西向的柱洞。在墓道东端有一排南北方向排列的方坑，墓道东端右侧有一东西向长 3 米、宽 1.6 米的长方形坑。墓葬中部有一条南北向的夯土层带。

墓门为砖砌双券拱形门，外券宽 1.95 米、高 3.03 米，拱高 1.13 米；内券宽 1.68 米、高 2.58 米，拱高 0.8 米。内有墓门，外有三道封门墙封闭。外层封门墙为竖放立砖，中层封门墙为错缝横砌，内层封门墙为斜立砖。整个封门墙厚度达 1.45 米。内有门槽，宽 0.24 米。甬道为砖砌，券形顶，青石铺地，长 2.85 米、宽 1.68 米、拱高 0.8 米、通高 2.58 米。

墓室为砖砌，分前、后两室。前室平面近方形，东西长 3.85 米、南北宽 3.87 米。四角攒尖顶，墓顶距墓底高 6.4 米，青石铺地。

前室平面近似方形，东西长 3.85 米，南北宽 3.87 米。四角攒尖顶，墓顶距墓底 6.4 米。有南北两个侧室，其中南侧室平面为南北宽 3.6 米、东西长 2.4 米的长方形，圆券形顶；北侧室平面为南北宽 1.83 米、东西长 2.79 米的长方形，四角攒尖顶。主室与侧室之间由甬道相连，并有门相区隔，现仅存门槽，门槽宽 0.2 米。北侧室甬道长 1.1 米，宽 1.36 米；南侧室甬道长 1 米，宽 1.4 米。

后室东西长 3.82 米，南北宽 3.85 米，四角攒尖顶，墓顶距墓底通高 6.50 米。在墓室顶部靠后处发现两个盗洞，从盗洞断面看，墓壁厚达 1 米左右。有南北两个侧室，侧室南北长均为 3.60 米，东西宽 1.90 米—1.92 米，圆券形顶。主室与侧室之间由甬道相连，并有门相区隔，现仅存门槽，门槽宽 0.20 米。北侧室甬道长 0.97 米，宽 1.17 米；南侧室甬道长 0.97 米，宽 1.28 米。

高陵墓室内部

整个墓室所铺青石大小不一，其中前甬道铺地石长 1.75 米、宽 1.7 米；前室最大的长 1.67 米、宽 0.83 米，最小的长 0.76 米、宽 0.73 米；后室最大的长 1.05 米、宽 0.95 米，最小的长 0.94 米、宽 0.9 米。错缝平铺，地面平整。围绕墓壁四周地面均有宽 0.12 米的凹槽。

在曹操墓中发现三个棺椁残痕，其中后室一个，葬具疑为石棺床，后室南北侧室中各有一个，均为木棺。与墓葬中所出土的三具人骨相对应，说明在墓葬中除了曹操外，另外还有两个陪葬女人。

为什么说这座墓就是曹操墓呢？专家们认为根据史料记载，曹操葬在邺城西边西门豹祠以西丘陵中，没有封土建陵，没有多少随葬品。

昔日的邺城在今河北省邯郸市临漳县香菜营乡、习文乡和河南安阳市北一带。邯郸市历史学会会长刘心长多年潜心于曹操墓研究，在对历史文献进行研究和实地考察的基础上，认为曹操墓可能在磁县时村营乡中南部和讲武城乡西部约五平方公里的范围内。他认为，曹操生前对自己墓葬位置有明确安排，说在“葬于邺之西冈上，与西门豹祠相近”，这里方位与之相符；还说要其后人“时时登铜雀台，望吾西陵墓田”。经实地考察，这一带处在从铜雀台一带登高西望所见最好位置；这里地势较高，漳河不能灌溉，土质较差，至今这里不少土地仍难以耕作，符合曹操所说“古之葬者，必居瘠薄之地”的要求；《三国志》《晋书》等正史中都有曹操葬于这一带的有关记载。他还认为当地的地名如武吉、西曹庄、朝冠、东小屋、西小屋等也与守陵和祭祀有关。

临漳县文物保管所征集到后赵建武六年（公元 340 年）的勒柱石刻，上面刻有重建西门豹祠的一些情况，西门豹祠是曹操墓最重要的一个参照物。王福生说：“曹魏时期西门豹祠的资料目前尚未发现，这一石刻距曹操去世只有 120 年，其中提到的西门豹祠殿基应该是曹魏时西门豹祠的旧址。这一石刻是二十多年前在河南安阳市安丰乡出土的，由在当地打工的临漳时固村村民运回临漳村中放置，征集时才引起人们注意。由此推测西门豹祠位置应该在石刻出土的河南省安阳市安丰乡境内，曹操墓也应在安丰乡一带。”

河南省安阳市文物部门也在安丰乡出土了后赵十一年鲁潜墓志，其上记载鲁潜是葬在曹操墓的西北角，这也可说明曹操墓可能位于河南安丰乡。刘心长对鲁潜墓志进行了研究，认为鲁潜墓志反映的曹操墓位置，与他判断的曹操墓位置只隔一条漳河，属于一个方向，以漳河为界，时村营乡和讲武城乡可视为北区，安丰乡属于南区。他认为曹操主张“其公卿大臣列将有功者，宜陪寿陵”。而从这一带的情况看，南区北临漳河难以埋葬公卿大臣，且土壤肥沃不符合曹操要葬在瘠薄之地的要求，从多种情况分析曹操墓在北区的可能性较大，可对南、北两区都进行考古发掘。

根据西高穴村出土的“魏武王常所用挌虎大戟”等的石牌、鲁潜墓志，以及西门豹祠位置，经过多位专家充分论证，专家最终确定安阳市西高穴村就是曹操墓所在地。

曹操高陵终出现，七十二冢仍难解

但是，这座墓曾多次被盗，为了及时有效地予以保护，2008 年 12 月经报国家文物局批准，河南省文物局组织河南省文物考古研究所开始对这座墓葬进行抢救性的考古发掘，墓虽然多次被盗掘，但仍幸存一些重要的随葬品，出土了器物 200 多件，包括金、银、铜、铁、玉、石、古、漆、陶、云母等多种质地。器内主要有铜带钩、铁甲、铁剑、玉珠、水晶珠、玛瑙珠、石龟、石壁、石枕、刻名石牌等等。

高陵出土文物

最重要的随葬物品极为珍贵，一共有 8 件，分别刻有“魏武王常用格虎大戟”“魏武王常用格虎短矛”等铭文。在追缴该墓被盗出土的一件石枕上刻有“魏武王常用慰项石”铭文，这些出土的文字材料为研究确定墓主身份提供了重要的、最直接的历史依据。

在墓室清理当中发现有人头骨、肢骨等部分遗骨，专家初步鉴定为一男两女三个个体，其中墓主人为男性，专家认定年龄在60岁左右，与曹操终年66岁吻合，认为是曹操的遗骨。

但随着这座曹操墓的发现和发掘，历史和考古方面的专家学者也分成了两派，即“拥曹派”和“倒曹派”。拥曹派认为：根据墓葬形制、结构及随葬品时代特征，认为这座大墓年代为东汉晚期，结合文献记载，判定该墓的墓主人为我国历史上著名的政治家、军事家、文学家魏武王曹操，大墓即文献中记载的高陵。专家们给出了六个依据，认定这座东汉大墓为魏武王曹操高陵。

首先，这座墓葬规模巨大，总长度近60米，砖券墓室的形制和结构与已知的汉魏王侯级墓葬类似，与曹操魏王的身份相称；该墓未发现封土，也与文献记载曹操寿陵“因高为基，不封不树”的情况相符合。

其次，墓葬出土的器物、画像石等遗物具有汉魏特征，年代相符。

第三，墓葬位置与文献记载、出土鲁潜墓志等材料记载完全一致。据《三国志·魏书·武帝纪》等文献记载，曹操于建安二十五年（公元220年）正月病逝于洛阳，二月，灵柩运回邺城（今安阳），葬在了高陵，高陵在“西门豹祠西原上”。调查资料显示，当时的西门豹祠在今天的漳河大桥南行一公里处，地属安阳市的安丰乡丰乐镇。这座大墓就在西门豹祠以西。1998年，西高穴村西出土的后赵建武十一年（公元345年）大仆卿驸马都尉鲁潜墓志，也明确记载了魏武帝陵的具体位置就在这里。

第四，文献还明确记载，曹操主张薄葬，他临终前留下《遗令》：“殓以时服”“无藏金玉珍宝”，也在这座墓葬中得到了印证：墓葬虽规模不小，但墓内装饰简单，未见壁画，尽显朴实。兵器、石枕等有文字可证皆为曹操平时“常所用”之器，看似精美的一些玉器等装饰品也应是曹操日常佩带之物。

第五，最为确切的证据就是刻有“魏武王”铭文的石牌和石枕，证明墓主就是魏武王曹操。据文献记载，曹操生前先封为“魏公”，后进爵为“魏王”，死后谥号为“武王”，其子曹丕称帝后追尊为“武皇帝”，史称“魏武帝”。出土石牌、石枕刻铭称“魏武王”，正是曹操下葬时的称谓。

第六，墓室中发现的男性遗骨，专家鉴定年龄在60岁左右，与曹操终年66岁吻合，应为曹操遗骨。

但是也有专家表示，根据以上证据还没有办法下定论。因为根据曹操遗令去判断其墓，以曹操之品性，其遗令实难让人信服。而且这座墓葬经历过许多次盗窃破坏，剩下的也只是一些残余，不知道最终的考证价值如何。同时这也说明一个问题，就是曹操墓既然被人为盗掘过，那么其中有价值的东西，以及能代表是曹操之物的东西早就应该出现，并据此指证那里就是曹操墓，但却没有任何文物证明其出土于这座曹操墓。

另外关于曹操遗骨，仅凭“60多岁”判断也是不可能的，这只是推测的结果。再就是也有不少专家学者对墓中出土的石牌及上面所写文字，曹操封号等产生了怀疑，所以以现下证据并不能完全证明此乃曹操之墓，还有待进一步考证。而且即便这座被发掘的坟墓是曹操的高陵，也不能否认他曾设72疑冢，只是他的这座真墓最终被人发现罢了。

第五章　武则天无字碑之谜

乾陵无字碑，无言立千年

我国有许多皇家陵墓，其中以陕西省居多，除举世闻名的秦始皇陵之外，位于陕西省咸阳市乾县的乾陵也十分引人注目。

乾陵是唐高宗李显和皇后武则天的合葬墓，因为武则天生前也曾自立为皇帝，所以这座墓也是我国历史上唯一一座埋葬着两位皇帝的墓葬。

乾陵位于陕西咸阳市乾县城北 6 公里的梁山上，是陕西关中地区唐十八陵之一，因为唐高宗和武则天在位时间占去了大唐繁盛时代近一半的时间，仅高宗在位时此墓就修了 23 年，所以乾陵一直被后世历史和考古学家，以及一些盗墓贼投以最关注的目光。

此墓工程之浩繁，规模之宏大，都是让人叹为观止的，陵区仿京师长安城建制，气势雄伟壮观，从乾陵头道门踏上石阶路，走完 537 级台阶，是一条平宽的道路，又称“司马道”，穿过石刻群，在道路尽头的西面，便是唐高宗的陵墓，墓前耸立着一座高大古朴的石碑，即是“唐高宗陵墓”碑，该碑又称“述圣记碑”，是为了纪念李治的“功绩”而立的，碑文即《述圣记》，是由武则天撰文，唐中宗李显楷书上去的，碑高 6.3 米，宽 1.68 米，重 61.6 吨，上有庑殿式顶盖，下有线刻兽纹基座，中间为 5 段，共 7 节，也称“七节碑”。碑文约 8000 字，因字体“填以金屑”，至今部分文字仍是金光闪耀。

乾陵

此碑是中国历史上的重要碑刻，因为其上的文字和雕刻，此碑具有了丰富的文化价值、历史价值、书法价值和艺术价值。但此碑的名声和影响力相比于武则天墓前的石碑来就差得远了。

武则天的碑由一块巨大的整石雕成，是中国历代群碑中的巨制，比唐高宗“述圣记碑”还要高大些，高 7.53 米，宽 2.1 米，厚 1.49 米，重量达 98.9 吨，给人以凝重厚实，浑然一体的美感。碑头雕有 8 条互相缠绕的螭首，饰以天云龙纹。根据乾陵建筑对称布局的特点，这座碑很可能是由武则天在高宗去世时与“述圣记碑”同时主持竖立的，“述圣记碑”是唐高宗李显的功德碑，那么这座碑就应该是武则天预先为自己准备的“功德碑”。但是让人不解的是，此碑上竟然空无一字，这是为何呢？中国历史上唯一的女皇帝打的什么算盘？后世人为之已疑惑了千余年。

武则天无字碑

我国有很多无字碑，如泰山无字碑和布达拉宫无字碑等，但其他无字碑比起武则天无字碑的知名度来，全都是小巫见大巫了，以至于现在人们一说起无字碑，仿佛就是指的武则天的墓碑。武则天一生功过难评，是非难断，无字碑也给人们留下了巨大的想象空间。千余年来，人们对她的无字碑作出了各种各样的猜测，却都难下个定论。

无字碑，无论有字无字，它都是武则天的墓碑。那么是武则天真的不打算在墓碑上写字吗？应该不是，因为考古学家在它的正面发现了 3600 多个为镌刻文字而刻画的方框。为什么有碑有框而无字呢？这无疑又增加了后人去揭开谜底的渴望。

女皇武曌，天赋异禀

千余年来，虽然人们对无字碑的各种猜想和评论数不胜数，但于中也有公认的说法，那就是武则天无字碑与墓主人本身的争议有很大关系。那么关于武则天都有什么争议呢？她一生都有什么样的功过事迹呢？在那个时代的皇宫之中，她到底做了些什么样的事情呢？她是怎样成为了中国历史上唯一一位女皇帝的呢？为什么后世对她毁誉不一呢？下面我们从她的生平是非入手，通过深入的分析和评判，来解开这座最知名的神秘无字碑之谜。

武则天，名武媚娘、武曌，生于唐高祖武德七年（公元624年），卒于神龙元年（公元705年），她是中国历史正统王朝中唯一一个女皇帝，也是继位年龄最大的皇帝（67岁即位），又是寿命最长的皇帝之一（终年82岁）。唐高宗时为皇后（655—683）、唐中宗和唐睿宗时为皇太后（683—690），后自立为武周皇帝（690—705），改国号“唐”为“周”，并尊号“圣神皇帝”，定都洛阳，号其为“神都”，史称“武周”或“南周”。705年退位，之后唐中宗上尊号“则天大圣皇帝”。她一生既创建有煌煌赫赫的历史功绩，也犯下了罄竹难书的滔天罪恶，可说是功过难评，是非难断。

武则天本是唐高宗的皇后，她建立的武周政权继承的也是唐高宗的基业，在唐高宗较为短暂的独立执政生涯中，虽然也干出了很好的政绩，但由于他长期有病，正常处理朝政的时日有限，后期又有武则天的参政与掣肘，所以不论在当时还是在历史上，武则天的魄力和作为都在他之上。而在唐高宗死后，武则天为唐高宗而立的墓碑上亲自作了《述圣记》，上面八千雄文华彩照人。而本应正面评价武则天的同样高大的石碑却空无一字，两人在碑记上的反差之大，实在超乎人们的想象。

每个人出生时都像是一张白纸，将来他（她）要写成什么样的文章，与他（她）小时候的生长环境和所受的教育是密切相关的。那么武则天到底有什么样的童年和少年时代呢？下面就让我们从其家庭出身来详细了解一下。

武则天像

武则天为唐开国功臣武士彟次女，母亲杨氏。武士彟是并州文水县（今山西省文水县）人，原是个木材商人，后来做了小官，认识了李渊，便认定他必成大事，开始追随左右，所以两人的关系非比寻常，从李渊未反隋时，武士彟就完全和他站在一起，并建议他自创大业，李渊太原起兵时，武家曾资助过钱粮衣物，后李渊率军向长安进发，武士彟追随其后，忠心为之效力。

公元617年末，唐军攻破长安。次年四月，宇文化及在扬州缢死隋炀帝，隋朝灭亡。五月，李渊称帝建立唐朝，改元武德，于长安太极殿（即隋大兴殿）下诏书敕封14人为开国元勋，武士彟为14元勋之一，授光禄大夫，加封太原郡公，后又封为工部尚书、黄门侍郎、判六尚书事、扬州都督府长史、利州（今四川省广元市）都督、荆州都督等职。贞观中，又改封其为应国公。

武则天出生于武士彟来到长安后七年（一说出生于利州，有争议），其时是唐高祖武德七年（公元624年2月17日酉时，有争议）。

武则天的母亲并非武士彟的原配夫人，而是燧宁公杨达的女儿，武士彟的原配夫人相里氏死得较早，给武士彟生了三个儿子，最小的一个早夭，她伤心过度，也随之去了。李渊听说后，因感念武士彟的忠心，就指令女儿桂阳公主做媒，把杨达的女儿嫁给武士彟作续妻，杨达是前朝炀帝的堂弟，而桂阳公主又是杨达兄长之子杨师道的妻子。隋朝虽已灭亡，但旧王室的成员仍属名门望族，因李渊女儿桂阳公主下嫁杨达之侄，又成了唐朝皇室的姻亲。对于武士彟这么一位寒门将军来说，能与贵族联姻，自然求之不得。所以当李渊一提，他赶紧满口答应，却并没有去考察杨氏之为人。

此时的杨氏已四十有余，和武士彟的年龄差不多大，同这位武将军成亲，实有些不够般配。但皇帝开口，他又岂敢不遵？唐武德三年（620年），在桂阳公主的主持下，武士彟与杨氏举行了盛大的婚礼。

婚后二人感情上还过得去，两年后，杨氏生了一个女儿，就是后来被唐高宗所封的韩国夫人。又过两年，杨氏第二次怀孕。武士彟夫妇都盼着能生个儿子，杨氏自幼信佛，如今更加虔诚，吃斋念佛，求佛祖菩萨赏她一子。产期一天天接近，武德七年（624年）冬日的一个夜晚，杨氏临产。年近半百的武士彟心情焦急，在厅堂里来回踱走，突然“哇哇”的哭声传来，特别响亮的婴儿啼哭声响起，众人一看，还是一个女孩。此时的武士彟绝不会想到，他的这第二个女儿未来将以一己之力改写历史，篡得他一直在追随的人建立的天下。

起先，杨氏对武则天的降生并不高兴，因为她是很想生儿子的。武士彟倒没有太在意。关于武则天幼时的名字，众说不一，有说叫媚娘，是父亲给取的，有说是入宫后太宗赐的，有说生后不久李渊给取的。有说叫媚，是本家长辈给起的，即称武媚。有说根本就未起名，大女叫“大囡”、顺着大女称“二囡”。其实这几个名都不大可信，具体叫什么后世人并不清楚。

但后来武则天为自己的名字单独造了个字，这就是中国汉字中单独指一个人名字的“曌（音照），是“日月悬空，普照大地”之意义。至于她如何叫武则天，乃是因为她死后被尊为“则天大圣皇帝”和“则天大圣皇后”，史家习惯称尊号，所以武则天成了她最为通行的名字。

武则天出生仅几个月，武士彟就被调到扬州任职，杨氏母女则留居长安，住在平康坊府邸。不久，长安城便发生了“玄武门之变”，秦王李世民杀死太子李建成和齐王李元吉等兄弟，李渊被迫立秦王为太子，并禅让皇帝位，改元贞观，贞观元年为公元 627 年。

唐太宗即位后，立即把外住的高祖旧臣召回长安，目的是考察他们对自己发动政变的态度，防止不赞成者在外地制造祸乱。扬州都督李孝恭和长史武士彟均在被召之列。所以，武士彟在扬州任职仅一年，就被召回长安，大抵因为他对政变无异议，态度明朗地支持李世民，便于贞观二年（628 年）又被外放到蜀中任利州（今四川省广元县一带）都督，兼理数州军事和利州政务。武士彟的这次外放，不仅官高职实，也说明在政变发生的非常时期，他得到新皇帝李世民的信任。这时的武则天已经 4 岁，便随父母亲来到四川利州。武士彟任利州都督 4 年，当时颇有政声。武则天随父母在利州度过她 4 岁到 7 岁童年时代。

袁天罡塑像

在古代，但凡一个人后来有了大名声，他的童年便常被赋予一些神秘的征兆，武则天是女皇帝，这点上当然不能例外。《大唐新语》记述了唐初名满天下的相术大师袁天罡为武士彟一家看相算命的故事，说得活灵活现，预示武则天有皇帝之相。

袁天罡是四川成都人，精通相术。他的看相故事，新旧唐书皆有传述。

武士彟初任利州都督时，袁天罡从成都奉唐太宗的诏命进京，途经利州。武士彟认为机会难得，就请他到自己的府中，给家人们相面。袁天罡首先为杨氏看相，说："夫人骨相非凡，一定生有贵子，可请公子小姐出来一看。"

此时杨氏尚未生子，一听"生贵子"，顿时羞不可当。武士彟令前妻相里氏所生二子元庆及元爽让袁天罡观看，袁天罡看了一会儿，隐然不语，因为他看二人面相，知其难得善终，武士彟又问，袁天罡不好明说，便一笑说："此二子贵可做到刺史，堪为保家之主。"他又端详了杨氏所生长女说："此女亦大贵之相，但也会有不利丈夫之事。"

武士彟听了虽然很高兴，但他总认为难免奉承，不大为意。此时，年方四岁多的武则天也由乳母领着站到袁天罡面前。当时武则天身着男孩服装，袁天罡越看越惊，一会儿说道："这个郎君神采爽澈，将来实不可测！"他提出让武则天走上几步，再抬头目示自己，武则天照做了一遍，他寻思半晌才说："此子龙睛凤顶，贵之极也！"袁天罡又围绕武则天转了一圈，前后端详一会儿，摇着头表示不敢相信，似自言自语："如果是个女孩，将来当为天下之主的！"关于这点《旧唐书》与《大唐新语》所记相同。

武士彟听后吓得心惊肉跳，叮嘱全家人谁也不许向外泄露。又说武士彟从此对女儿另眼相看，即使不能把她培养成个女皇帝，也要把她培养成个女豪杰，培养成母仪天下的皇后。

武则天自小多才多艺，加上她天性聪颖，性情活泼，爱好广泛，对诗、文、书法、音乐、绘画兴趣都很大；同时喜爱骑射，父亲是武官，骑射是常务，她的成长条件很是不错，也学到了不少东西。

武则天的求知欲和好奇心也极其强烈，七八岁就爱听宫中、朝中的事情，尤其爱听父亲随高祖、太宗打天下的事，她总是认真地听，有时很激动，犹如身临其境。还不到十岁时，她就同父亲一起看文件，看着父亲写奏疏，询问着父亲。父亲很爱这个天真聪明的女儿，总是耐心地解释。武则天接受教育早，懂事也早，父亲的讲述，让她对唐太宗产生了崇敬感，慢慢地成了她心中的偶像。所以后来她辅佐高宗和对儿子的要求时，总以太宗为楷模，希望他们都能像太宗那样治国爱民、威服四方、驾驭百官。到她自己做了女皇帝后，也基本是以太宗为模范，所以才能传承贞观之治。

贞观五年（631 年），唐朝官制改革，地方部督被裁撤并，仅留四个都督府，利州都督被裁，武士彟被调往荆州任都督。荆州是长江流域的一个要区，物产富饶，人才荟萃。武则天又随父在荆州过了四年。

崇拜太宗，初入宫廷

贞观九年（635 年）五月，李渊在长安病逝，武士彟心情很悲伤，因为武士彟与李渊的关系是非比寻常的，他不但是李渊成就大业的铁杆追随者，也是战友和好朋友，李渊的死让他悲伤过度，使他原先患有的哮喘痼病恶化，终至呕血而死，此时武则天年仅 12 岁。

对武家来说，武士彟的死就如天塌一般，他是家庭的顶梁柱，顶梁柱一倒，一家人便由官属的身份变成平民百姓，妻子儿女再无依靠和庇护，武士彟一死，家里余下寡母幼女，两个儿子元庆和元爽是前妻相里氏所生，同后母及其所生姐妹不能一心，家庭也立即产生了危机。

古人讲究叶落归根，武士彟要入归祖坟，从荆州至山西文水，相去数千里，武氏一家扶柩北上，走了一月有余，州县官见武氏一门不能再做靠山，也不再登门，武家由显赫的官府之家，一下子衰落下去，武则天幼小的心灵，也开始清醒地认识世态炎凉。

武士彟死后，武则天和母亲受到族兄的排挤和虐待。也许武家有亲人相残的家风，特别是武则天同父异母的武元庆和武元爽，二人对杨氏十分不敬，贞观十年春，杨氏被迫带着武则天投奔长安杨氏的故旧。杨氏娘家是名门望族，一是自己的堂兄杨师道，即高祖女儿桂阳公主的驸马，桂阳公主又是杨氏与武士彟的主婚人。另一个是自己的娘家侄女齐王妃，齐王李元吉在玄武门之变中伏诛，长孙皇后顾念妯娌情谊，将她们接至自己的宫里居住。

史书亦有一说，齐王伏诛后齐王妃被唐太宗纳为淑妃，即兄纳弟妻者，但正史中的太宗后妃里没有这个杨淑妃。或许因齐王杨妃住在太宗妃宫中使人们产生了误会，或已被太宗接纳，正史避而不传者，但实已接纳，并生有皇子。

这样，杨氏母女为堂兄和侄女杨妃收留，便在长安城住了下来，直到武则天被选入宫中，做了唐太宗的才人，杨氏母女过的都是寄人篱下的生活。

武则天是如何选为才人的，也是众说不一，有史书说情形大致是这样的，杨氏领武则天见到了堂侄女齐王杨妃和桂阳公主后，这一妃一公主便惊叹于武则天的美丽和才华，之后她的名声便在皇宫和长安城传开了。这事传到了唐太宗耳中，于是便宣“武媚娘”进宫，并让她做了自己的才人。

也有史书是这样记载的：是杨妃和桂阳公主向唐太宗推荐，唐太宗直接让武则天进宫。见到武则天貌美而有才华，便封她为才人，并说因见武则天貌美，当即给她起了个“媚娘”的名字。

另有一种说法是，唐太宗向民间选美，武则天毛遂自荐才被选入宫中的。武则天满 13 岁那年，唐太宗的爱妻长孙皇后死去了，因太宗太爱长孙皇后了，她活着时就不大选美入宫，长孙氏故去，后宫空虚，皇后虚位，内侍省向太宗上奏选宫女充实后宫，恰在此时杨妃通过桂阳公主说武则天的美艳和有才华，直接下旨，内侍省向杨家宣召，把武则天宣进宫的。

另外也有“自荐说”，即太宗要选宫女，武则天心慕李世民，就让母亲到宫里去活动杨妃和桂阳公主才得以入宫的。并说武则天有入选宫女之想，母亲杨氏极不同意，自己的宝贝女儿才 13 岁，选去那个深不见底的后宫，在众妃和宫女的争斗下，弄不好终生被压在底层，永无出头之日。

杨氏是前朝皇亲，对宫中生活极为熟悉，害怕女儿一去再也见不到面，这样的说法也是很合理的。但是才十来岁的武则天肯定不这么想，这时的她生性活泼、好奇、淘气，并有些野性，对皇宫充满了好奇，对皇帝李世民正怀有崇拜之情，对男女之事又一无所知，所以她巴不得立即进入宫中去感受一下呢。并且当时她们母女处境尴尬，在长安无立身之地，是寄人篱下的客人身份。要摆脱目今的窘境，就必须去争取，利用一切机会去争取，入宫便是一个不可放弃的机会，或者说是唯一的机会，有机会就不能白白放过。这些想法正符合武则天的性格，而且她很自信，认为以个人的才干、知识，是可以争取到美好的未来的。

不管怎样，武则天很顺利地进入了皇宫，见到了她向往已久的李世民。她的入宫，也标志着她的人生开始走向人们熟知的、属于女皇武则天的轨道。

诏封才人得宠幸，驯马之举惊太宗

武则天的入宫，曾引起许多小说家的遐想，在他们的笔下，一个美丽的小姑娘，一入宫就被太宗“宠幸”，而且得到了“专宠”，是很不易的。

在初入宫的几年，武则天面临着众多的竞争对手，皇帝后宫美女如云，哪个不漂亮？若论才华，至少还有一个比她更高的徐惠。

武则天和徐惠是太宗命诏入宫的说法是可信的。但是，太宗选她们二位，不是因为她们如何美丽，主要是偏向于她们的才情。唐太宗是历史上少见的渴求人才的君主，他对女性有才者当然更加青睐，例如他自主选拔的才人徐惠，史书上说她四岁就通《论语》《诗经》，八岁就能写出好文章，以给太宗上“用兵和营建”的名疏而在史册上留名。唐太宗宣武则天入宫任才人，可能也是他想了解武士彟对这个女儿的教育，打听她能诗能文、书法、音乐皆好的原因。

武则天聪明好学，自幼便有良好的教育，但她入宫时年龄尚小，还未产生靠“争宠”向上爬的思想。父亲去世后她看人白眼，如今进入大唐宫室，一切感到好奇和有趣，宫里的学习条件和书籍也比家里优越多了，所以她开始用心学起各种才艺来。

唐太宗李世民像

在宫馆学习过程中，她遇到了同做才人的徐惠，这是一个天分比武则天还高的女孩子。武则天听说她幼年时就会写文章，才名出众，被太宗宣进后宫。还听说徐才人常为太宗的妃子代撰诗文，以取悦太宗。武则天少女心性，对徐才人的表现不服气，犹如同班级的优等生，不服气比自己更优秀的学生一样，武则天也很下功夫，同徐才人比才艺。

很快，武则天的才情也在宫中传开，她模仿《诗经》写出祭祀和宴饮的宫廷诗章，再给诗章配上宫廷乐曲，在祭祀、宴饮时在宫中的乐队演唱，酣畅淋漓，宫内纷纷传扬她的才艺，她也自得其乐。

武则天毕竟是个心机多过才华的人，因此专心学问的徐惠在人们眼中始终高她一等，唐太宗也始终更喜欢徐惠，这让武则天很是不爽。

关于武则天与唐太宗的私情关系，小说家曾费过不少笔墨，而且男女之情此等深宫私事，实难考订。但就常情论之，武则天既被太宗宣为侍女，朝暮随之左右，武则天又恰逢妙龄之际，既美丽且有才情，与皇帝有私情关系，实属正常，所以可以基本认定唐太宗是临幸过武则天的，史书对此也有记载。但因唐太宗不喜欢武则天的性格，所以很少宠幸她，而且武则天并没有为唐太宗生过孩子，也证明唐太宗极少临幸她。

唐太宗第一次“临幸”武则天大约是贞观十四年，武则天 17 周岁。武则天 13 岁入宫，26 岁为尼，在宫中 13 年有余。如果说新入宫年纪尚幼，而当她身为太宗贴身侍女时，已是十七八岁，此后又留宫服侍太宗近十年之久，被太宗临幸的机会太多，她就是想洁身自好也不可能。何况到了那般年龄，对太宗又很是崇拜，对自己的前途也不会不去追求。尤其是同作太宗侍女的徐惠，很快升为婕妤，不久又升迁充容，由五品升为三品，再升二品，已是太宗的真正妻妾了，而自己仍是不明不白的女侍，以武则天的性格，她不会心安理得，她一定会设法争取的，因为她自身条件不比徐惠差。

因徐惠升迁了，有别的更重要的职掌去做，作为太宗的近身侍女，武则天接近太宗的机会更多了。其间那么漫长的深宫岁月，武则天被唐太宗临幸一定会发生的，但又一定极少。不然她应该会给唐太宗生下儿女。

唯一可以解释的，就是唐太宗不喜欢她，宠幸太少。那么唐太宗为什么不喜欢她呢？这就是后来武则天亲口说出来的，她的性格不能为太宗接纳。

她的性格为什么不被唐太宗接受呢？据说有这样一件事：武则天作唐太宗侍女时，一天，太宗想驯一匹烈马，却差点被烈马所伤，懊恼之际，一旁的武则天却说自己可以降服。太宗不解，问何以降服，武则天指着那匹马回答说：“我先用鞭子抽它；它若不服，再用铁挝砸它的头；如再不服，我就用匕首杀了它！”

唐太宗听了心里突然感到震惊，心说：这个小女子外表如此婉丽，性格却如此刚烈，手腕又如此狠毒，不由暗自心惊。

唐太宗对她的话未置可否，因为没有男人会喜欢如此狠毒的女人。李世民怎会让野心勃勃的她进入后宫、躺到自己的龙床上？

还有一点就是，社会上有很多谣言说唐宫“女主当昌”，此时民间又流传着一本叫做《宫廷秘录》的书，专门收编一些预示吉凶的预言和迷信故事，其中有一句说：“唐三世之后，女主武王代有天下。”

这些耸人听闻的预言曾在社会上风传，让李世民再也不能充耳不闻了，本来皇子们的不肖和争杀、叛乱已让他忧心忡忡了。如今又说“女主武王”要出来夺取他的天下，他当然要保住李氏江山，绝不让外姓吞食他的天下。他对于“女王武王”虽然不大相信，但他知道自己的儿子李治仁弱，斗不过那些性情桀骜的文臣武帅。于是他对自己麾下的功臣一一审视，凡认为儿子驾驭不了的大臣，都不惜寻找借口，杀而后已。

就在同年二月，李世民命在凌烟阁画24位功臣像，让后世不要忘记他们为大唐建树的功绩。但未出一个月，就杀掉了24功臣之一的侯君集，同时杀死李安俨、赵节、杜荷等多位大臣，不久，又杀了宰相刘洎，刘洎的才干可比之于魏征，劝谏太宗也恰如魏征。但是，刘洎一无罪过，仅有人趁乱进谗，李世民未经任何调查就把他杀了。刘洎死后才两个月，24功臣之一的张亮明从高丽征战回朝，尚不知为了什么事，就被李世民以谋反嫌疑杀死了。不久，被称之“忠悃过人”的老臣房玄龄也死了。

经过一阵乱杀，朝中就剩下他认为老实可靠的长孙无忌、李靖、程知节、李勣、褚遂良几个了。然而事情仍未完结，天下也未太平，那个《宫廷秘录》中要取代他李氏天下的“女主武王”仍在传言之中，为此他又杀了一个名叫李君羡、小名叫“五娘”的宫中侍卫。

唐代骑马人图画

李君羡被处以极刑，籍没其家之后，太宗心里的疑团仍不得解，随后便悄悄地去问太史令李淳风：“秘记所言，是真是假？”

李淳风神秘地回答：“臣仰观天象，俯察历数，猜测此人已在陛下宫中，自今日始，不过三十年，当王天下。陛下子孙，将被她杀害许多。”并且挑明“她就是陛下的亲属”。

太宗听后大惊道：“朕如果尽杀宫中可疑的人，应该可以避免祸恶发生吧？”

李淳风回答：“天数已定，是无法违背的。真要杀起来，有王者命运的人也是杀不了的，而那些无辜的人却遭了殃。况且再过三十年，这人已很老了。人老了会变得仁慈，陛下的天下虽被她夺去了，但陛下的子孙会少受其害。今日如果真的杀了她，必将又会有人代替她，而代替者三十年后正当盛年，就将越发怨毒，那时陛下的子孙想逃脱一个也是困难的了！”

李淳风像

唐太宗听李淳风这么一说，便也只好作罢，不再提这件事了。

落发感业寺，诗情动李治

对于唐太宗如何留下了武则天，有的小说作品这样描述：唐太宗在弥留之际，下决心杀死武则天，为大唐江山除此一害。当时武则天和李治一同到得太宗的病榻前，唐太宗与武则天的对话主要围绕着临幸问题，唐太宗故意表示未曾施恩于她，所以武则天必然恨他，恨他所以要杀她。而武则天极力表示皇帝对她施以重恩，临幸哪怕只有一次，也令她终生受用不尽，以此逃避被杀。最后，太宗还是要杀她，她说等皇帝“龙驭上殡，臣妾宁愿在柩前自尽，以身殉主！”但太宗不同意，让她马上就死。于是她马上行动，去上吊自尽。但武则天的行为又让太宗心生不忍，于是有了令她落发为尼，到感业寺出家的结局。

小说的情节真实性不大，但她落发为尼，到感业寺出家的事却是真实的。按照唐朝宫廷规矩，凡后宫未生子女的嫔妃等都要到皇家寺院为尼。嫔妃出家，再无世俗生活自由，青灯古佛，形同枯槁，了却一生。武则天作为后宫才人，当然也要随众出家。而和她一起名扬皇宫，比她更出色，并且已升为二品充容的徐惠也未生有太宗的子女，却不愿出家，她哀恸不已，表示要追随先帝而死，终以牺牲23岁的年轻生命为代价，赢得了“贤妃”的尊号，其超群的文采就此飞散，让后世人唏嘘不已。

贞观二十三年五月底，太子李治即皇帝位，即唐高宗。那一年，李治22岁，武则天26岁。以次年（650年）为永徽元年，代表着唐高宗的时代开始了。

武则天真正迈开权力的脚步，应该说是和李治建立起情人关系开始的，至于两人如何开始交往的，史家记录不详，但应该是太宗在世时就开始的。对此《资治通鉴》十分谨慎地写过一句：“上（指李治）之为太子也，入侍太宗，见才人武氏而悦之。”这一个“悦”字，包含了令人猜测不尽的内容。有的作者根据这个“悦”字作出了许多他们恋爱、幽会的文章和风月故事来。

李治性格柔弱，凡事隐忍，不事张扬，但武则天坚强、独立、有权力欲和表现欲。这样的两种性格有明显的互补性，所以李治一看到武则天英姿飒爽的形象，马上被深深吸引住了。这就是史料中所说的“悦之”，一见钟情。有的作者还根据唐高宗李治立武则天为皇后所下诏书的内容，有“遂以武氏赐朕”一语。就是说，在太宗卧病的时候，太子和武则天每天在榻前侍候太宗，不久太子也累病了，太宗就让武则天去侍候太子，在侍候太子期间，就表示太宗已把武则天赐给了李治。因此那时节太子与武则天很方便地做那后来被无数人辱骂之事。再后来武则天要出家之前，曾拿此事哭诉，甚或以死相胁；而李治爱着武氏，便也拿此事相慰：反正父皇已将她赐予，到时候一定去接。

那么，武则天怎么处理和太子之间的感情呢？要知道太子喜欢武则天的时候，唐太宗已步入晚年了。武则天明白，皇帝行将就木，要为自己的前途打算了。可以肯定，以武则天的性格，她必定会积极促成这段感情进一步向前发展，主动去迎合太子，追求太子，把浅浅的“悦之”变成深深的两情相许。这样，武则天在进入感业寺之前已经走出了她和李治感情的第一步，在唐太宗的病榻之前和太子偷情，这需要怎样的勇气啊，而武则天做到了。

但是，仅仅依靠感情特别是君主的感情是很不牢靠的。李治和武则天在唐太宗的病榻之前虽然就两情相悦了，但是，李治即位后，并没有对武则天做什么特殊安排，他还要忙着处理军国大事呢。因为是青年登上宝座，面对整个大唐帝国，他很紧张，怕自己办不好，所以他父亲是三天一上朝，而他是一天一上朝，每天都接见文武大臣，访察民情，想要当一个好皇帝。可以说，在皇帝的心里头，江山总比美人更重要一些。所以，他没有特殊照顾武则天，还是让她和别的妃嫔一起到感业寺做尼姑去了。

武则天初入寺院，心里也充满了怨毒，她的非凡之处就在于，她即使身处逆境，也不放弃希望。而且，她也有足够的能力让希望变为现实。在感业寺中，武则天努力维持着这段感情，让它继续牵动着李治的心。

有什么材料可以证明她在感业寺中还不甘寂寞，继续让高宗李治为她魂牵梦绕呢？这可是她的秘事，史料中确实不会留下记载，但是武则天创作的一首情诗，透露了一些重要信息。这首诗名字叫做《如意娘》：

看朱成碧思纷纷，憔悴支离为忆君。
不信比来常下泪，开箱验取石榴裙。

诗的大意是说：我心绪纷乱，精神恍惚，把红的都看成绿的了，为什么我如此憔悴呢？就是因为整天想着你。如果你不相信我每天因为思念你而默默落泪的话，你就打开箱子看看我的石榴红裙吧，那上面可是洒满了我斑驳的泪痕呢。这首诗写得情真意切，据说后来的大诗人李白看到之后，也不由得爽然若失，觉得自己也难写出如此情意缠绵的相思诗。

这首诗其实正是一封情书，是要拿出来表白的。对于武则天来说，这还不是一封普通的情书，它是扣开李治心扉，也是扣开自己命运之门的敲门砖。她怎么可能让敲门砖躺在箱子里呢？她必定得通过什么渠道把它交给李治，让他知道，此地有一个尼姑，过去和你有着非同一般的一段感情，她现在还在每时每刻思念着你，真是“一寸相思一寸灰”啊。唐高宗面对这样的真挚告白，想想当日的心心相印，他还能放得下武则天吗？

感业寺

于是李治终于被打动，决定来看她了。永徽元年（650年）五月二十六日，唐太宗周年忌日这天，李治到感业寺行香来了。忌日行香，是唐朝社会的风俗，但到哪个寺院行香就由皇帝决定了。李治放着长安城里那么多的名寺不去，偏偏选择武则天所在的感业寺，显然，他没有忘记她。进入感业寺后，两人干了些什么事情呢？祭奠完毕后，22岁的李治通过寺中主持去见26岁的武则天。根据《唐会要》记载："上因忌日行香见之，武氏泣，上亦潸然。"见面之后，一定真有抱头痛哭的情景，以李治的柔弱多情，武则天的悲苦与欣喜交集，是很可能出现两人抱头痛哭的情景的。

既得相见，就有亲近的机会。而且，应该会有多次相见和亲近的可能。但是否已经怀孕还不得而知。因为第二年下半年时，武则天已为李治生有一子。然而是在寺中怀孕，还是接回后宫纳为妃而怀孕，很难推测，因为不久她就返回唐宫了。

唐高宗后妃内斗，武则天得以回宫

武则天是怎样再度回宫的？恰是当时的皇后帮了大忙。原来李治后宫的妻妾正为争风吃醋而大闹矛盾，这给了武则天回宫的大好机会。

唐高宗的皇后王氏，是以其出身高贵、淑静贤德而被立为皇后的。她顺从高宗，又似乎拘泥过了头，高宗感到厌倦。况且她又是关陇大族的后人，有她在高宗身边，高宗成了被监视的对象，不得不小心翼翼。在朝堂上，那些老臣为尽责任，总是无休止地劝谏；回到后宫，高宗面对皇后，也还是得小心谨慎。高宗像是个笨孩子，家长看得太紧就设法逃避，而逃避的地方便是淑妃的宫中。

淑妃姓萧，是高宗做太子时纳的妾，即位后封为淑妃。此女美丽动人，又天性活泼，娇艳可爱，性格本来算不上个好女人，但在当时的情景下，高宗宁可躲入淑妃宫中，也不愿去见皇后。

王皇后对此大有意见，不久，高宗与武则天的事为王皇后探知，她更是大为恼怒，一个淑妃就让皇帝冷落了自己，如今皇帝又爱上了尼姑，怎么得了？但王皇后也算是个会算计的女人，她想，如今对自己威胁最大的是淑妃，莫如把那个尼姑拉入后宫，以夺淑妃之宠。而那个尼姑仅是先皇的侍妾，地位卑下，她入宫也不致为患。等到先用她取代了淑妃，再想法除掉她，不过是轻而易举的事。

她把自己的想法告诉了母亲柳氏，柳氏也赞同。因为事大，又找舅父柳奭商量。柳奭出身关陇豪族，曾祖父是北魏的大臣，祖父和父亲都在隋朝做高官。柳奭很有才学，在贞观年间官至中书舍人。后因外甥女为皇太子妃，升为兵部侍郎。太子妃被立为皇后，柳奭又迁升中书侍郎。皇后因皇上专宠淑妃，他不能坐视不管。他听了王皇后和柳氏的计划，也以为可行。而且强调武氏在朝中无任何依靠，将来或杀或逐都极容易，因此主张速行。

王皇后的计策原本也算不错，如果换作是一般的女人，她的这条计策也就成功了，但她用的是武则天，那么等待她的将注定是不测的命运。

有了舅父的支持，王皇后便派人入感业寺，让武则天蓄发，以待入宫。随后又向高宗说既然他喜欢武氏，就将她接入宫来便是，当然不会说她的离间计划，只向李治表示自己的贤良德性，以博其心欢。高宗是个没有算计的人，听皇后一说，便满心欢喜，对皇后的态度也热情了许多。

武则天见当今皇后让她蓄发和准备再度入宫，心里既高兴又惊疑。从皇帝要接她回宫的为难表情和迟迟未动，应该是皇后的阻力首当其冲。如今皇后主动要她入宫，她认为绝不那么简单。然而，既接她入宫，就先不用多想，离开寺院后再相机而动。

不久，宫中果然来了人，把武则天打扮梳妆了一番，拥上一乘小轿，抬入后宫。自此，离开大唐皇宫数年之久的武则天，又再度进入宫中，然而经过数年的磨难洗礼和认识反思，此时的武则天已不是那个先前只好文采的武才人了，她早已脱胎换骨，向着无极限的权力争取者迈开了脚步。

也是从此时开始，武则天开始以自己的人生事迹筑造乾陵的无字石碑，因为以前的她，还根本没资格能为自己树碑，更别说死后能上乾陵了。如果她不被李治记起，或者李治不来找她，那么她将寂寞地终老于感业寺中，就像一片树叶，随风飘落后只能无声地归于泥土，不会留下任何痕迹，不信的话，当年和武则天同入感业寺的无数佳丽，除武则天之外，历史又记住了谁的名字呢？那徐惠宁肯去死也不进感业寺，正是不想在那里寂寞地死去，她刚烈地随太宗而去，不过为了在史册中写下她是太宗贤妃的名字。而武则天不一样，只要一息尚存，她就不会放弃。

二次进唐宫，铸就无字碑

不管怎样，武则天二次进宫后的生涯，才真正地和乾陵的无字石碑联系起来。那么她以后的人生中究竟做了什么，才最终在乾陵上立起石碑，却又没有在石碑上刻字呢？对于此问，后世人有着诸多的猜测和说法，如果把它们归类，则大致可分如下几种：

第一种说法：武则天立“无字碑”是因为自知罪孽重大，感到还是不写碑文为好。

第二种说法：武则天立“无字碑”是用以夸耀自己，表示功高德大非文字所能表达。

第三种说法：武则天是一个有自知之明的人，立“无字碑”是聪明之举，功过是非让后人去评论，这是最好的办法。

第四种说法：石碑原本计划刻字，但武则天死后政局动荡，各派政治势力始终不能对武则天作出适当的评价，因而便不了了之。

第五种说法：武则天的儿子恨透了自己的母亲，她本写好碑文，却被她的儿子藏在了墓室之中，留下一块无字碑。

第六种说法：难定其称谓（如褒扬武则天，刻上“大周天册金轮圣神皇帝”，作为李唐子孙感情上不情愿；如贬斥其刻上“则天大圣皇后”，而武则天又明明做过16年的“大周”皇帝），左右为难，干脆“一字不铭”。

无论哪种说法，都要结合武则天的平生故事，才能解开乾陵无字碑是如何树立起来，上面却又不着一字的。二次进宫的武则天，与之前的她简直完全变了样了，她开始为追求权力不择手段，向着女皇的宝座步步趋近了。

武则天的二次进宫，是她向着权力宝座迈进的开始，而她首先瞄准的，就是皇后的位置。因为只有当上了皇后，她才能拥有干预朝政的权力，这是她建造人生权力之碑的第一步。

唐高宗的元配王皇后，本也是武则天的老乡，二人均出身于并州（今山西太原）的名门望族。王皇后祖父曾是三品高官，父亲也官至刺史，为四品大员，并且王家与李家还有姻亲关系，唐太宗的姑母同安公主下嫁到了王家，她见王家的这位姑娘贤良淑德，又长得貌美如花，便向侄儿推荐。唐太宗听从姑母的建议，便为儿子李治定下了这门婚事。

当李治还是太子时，王氏为太子妃，夫妻间感情很好，可是王氏一直未能生儿育女，且性格比较温和，这使正值少年顽皮的李治心中不快，因此对王氏的感情日渐疏远，便喜欢上了相对开朗的萧良娣。

等李治当上了皇帝，在隆重的登基大典之后，按惯例把元妃王氏立为皇后。王皇后虽然位居六宫之首，母仪天下，但从丈夫那里得到的爱仍然少得可怜。萧良娣也官升一级，被封为淑妃，李治仍然专情于她。这使王皇后十分苦恼又十分嫉妒，她在心中时时想着削夺丈夫对萧妃的专情。不久，她知道了李治去感业寺私会武则天的事，便意识到机会来了，于是便偷偷地派人转告武则天蓄发，准备将她接回宫中，其情景一如前文所述。

此举一出，便迅速遂了三个人的意愿，首先是发起者王皇后，她有了一个对付萧淑妃的好棋子，再就是唐高宗李治，这下他有了充分的，可以光明正大地和武则天在一起的时间，但最高兴的当然还是武则天，本以为自己的人生将就此寂寞而去，却不想柳暗花明，她的人生实际上才刚刚开始。

武则天刚回到宫中，就被李治封为昭仪（正二品的内官），两人的夙愿终于实现了。武则天很聪明，又很会耍手腕。刚回宫的时候，她对王皇后十分谦恭，很快便取得了王皇后的信任。王皇后在李治面前时常夸赞武则天的才能和为人。王皇后的心愿倒很快便得到了满足，李治果然不再专情于萧妃。但是，李治却宠爱起武则天来。两个人很快便好得如胶似漆，形影不离。王皇后做梦也没有想到，她的悲惨命运从这时候起便一步步开始了。

可以说，自从武则天一回唐宫，李治对王皇后与萧妃的情爱，就被武则天一下夺走了。王皇后哪肯罢休？萧淑妃岂会歇气？于是，围绕李治而进行的三角争爱的战斗开始了。

三个人争着在李治面前表现自己，竭力指斥别人的毛病。但是，王皇后和萧淑妃哪里是武则天的对手，木讷的皇后和心直口快的萧淑妃，在聪颖灵巧、计谋多端的武则天面前显得无力又无助。

武则天看到王皇后质朴实在，平常与身边的侍从很少交谈。她的舅父中书令柳奭出入宫禁时对宫内役妾们也无谦和之礼。于是，她专捡王皇后和柳奭不礼重的侍从和宫人结交，还常常把自己得到的赏赐送给她们，以求得她们的拥戴和保护。这样，那些得到好处的宫人们都成了武则天安插在王皇后、萧淑妃和李治身边的耳目。因此，王皇后、萧淑妃和李治的一举一动，武则天都知道得一清二楚。

杀亲女嫁祸皇后，拉佞臣扳倒重臣

柳奭看到自己的外甥女失宠，担心她会失掉皇后的地位，就让王皇后认领李治与一个侍妾所生的男孩为自己的儿子，起名李忠，并劝说李治把他立为太子。李治虽然按照王皇后的意图办了，但宠爱武则天却一如既往。为了试探李治，柳奭主动提出辞去中书令的职务。谁知李治毫不客气，顺水推舟令他退出中书省，让他去尚书台当了吏部尚书，不知道这是不是武则天在背后给李治出的主意。这样，柳奭拙计失策，王皇后受到了第一次打击。

唐高宗李治像

狡猾的武则天看出，李治只是宠爱自己，却没有让自己取代王皇后地位的意思，她可能也对李治用过枕边风，但李治始终不肯。于是武则天又心生一条毒计，准备对王皇后一击致命。

这一年，武则天生了一个女儿。王皇后出于礼节前来探望她，又特意到婴儿床前看了看这个女孩以示好感。谁知王皇后刚刚离开，武则天竟偷偷地将自己的亲生女儿掐死，然后又照样盖好被子，若无其事地离开婴儿床，和宫女们谈天说笑。李治回宫之后，她嬉笑撒娇，让丈夫去看看可爱的女儿。李治怀着兴奋的父爱之心掀开被子，见可爱的女儿却死在那里，顿时惊呆了。武则天见状，立即号啕大哭，哭得死去活来。李治逼问左右侍从，都说只有王皇后进过内室，看过婴儿，别人并没有进去过。李治大怒，以为王皇后因为嫉妒才杀了他的爱女，武则天又乘机添油加醋，说了王皇后一大堆坏话。由于王皇后对此事难以自明，矢口否认也无济于事。

从这以后，李治便产生了废立皇后的念头。而武则天也终于取得了可以当皇后的机会。当时她十分清楚，废立皇后可不是件小事，必须取得元老重臣们的支持，求得李氏宗亲长辈的认可才有可能。于是，她劝李治去找舅父长孙无忌商量。

为了争取长孙无忌，唐高宗李治和武则天亲自登门求情，又封长孙无忌的三个儿子为大夫，还送去十车金银珠宝。但是，长孙无忌打内心里看不上武则天，所以根本不表态。武则天又让母亲杨氏结交长孙无忌的内人，并多次带着重礼到长孙家求情劝说，但长孙无忌还是不答应。接着武则天还请礼部尚书许敬宗多次登门拜访，劝说长孙无忌成全此事，但却遭到长孙无忌当面斥责。

长孙无忌何以这么牛呢，且看看他是何来路。长孙无忌，字辅机，河南省洛阳人，先世乃鲜卑族拓跋氏，北魏皇族支系，后改为长孙氏。他是唐太宗李世民的内兄，长孙皇后的哥哥。长孙无忌少时非常好学，博览经史，隋朝义宁元年（617年），李渊起兵太原，无忌进见为用，渊爱其才略，授任其为渭北行军典签。自此长孙无忌辅佐李世民，后建立了唐朝政权，是唐朝的开国功臣，以功第一，封齐国公，后徙赵国公，为唐初政治史上的特殊人物。

唐太宗贞观朝功臣济济，仅唐太宗图形于凌烟阁有特殊贡献的就有 24 位之多，但长孙无忌被列在首功之位。不过，就才能而论，他在谋臣猛将、良宰贤相中算不上突出，但从与唐太宗的关系看，却是太宗的心腹。由于受到唐太宗特殊信赖，长孙无忌不但在贞观朝发挥了特殊作用，且受托辅佐高宗，为托孤重臣。

因为太宗皇帝的器重，长孙无忌大权在握，唐太宗死后的唐朝政局，长孙无忌绝对是最有决定权的人。那么对于唐高宗李治而言，既然身为宰相的舅父不同意立武则天为皇后，他也只好暂且作罢，但他仍将武则天所生的两个牙牙学语的小儿李弘和李贤册封为王。

武则天是个不达目的誓不罢休的人，为了再次打击王皇后，武则天告发王皇后与其母柳氏共同搞巫蛊厌胜之术。李治听信武则天的谗言，下令不准柳氏入宫，并将柳奭出贬为荼州刺史。

永徽六年（655年），长孙无忌上书，奏请唐高宗将中书舍人李义府贬为地方官员。诏书未下，李义府便得到消息，急忙问计于同僚王德俭。王德俭是许敬宗的外甥，李义府又与许敬宗早有勾结，王德俭自然不能不帮忙。他给李义府献策说：皇上想立武昭仪为皇后，但怕宰臣不同意。你如果能大胆地上书建策，倡议立武昭仪为皇后，给皇上一个表态的机会，那你一定会转祸为福的。李义府得计后大喜，决定马上采取行动。恰逢这天王德俭在中书省值夜班，他便前去代替，乘机叩阁上表，建议废王皇后，立武昭仪为皇后。李治得表后非常高兴，立即召他面谈，并赐给他珠宝一斗，批准不再出贬，官复原职，继续作中书舍人。武则天自然也喜出望外，秘密派人致谢。

一石激起千重浪。李义府的一纸奏文不但免去了被贬的处罚，还官复原职，又得到皇帝如此的赏赐，立即在朝野上下引起了轩然大波。于是拥王派元老重臣和拥武派的新政客立即展开了激烈的斗争。为了震慑反对派，武则天唆使李治采取高压政策：先将长安令裴行俭出贬，然后宣召长孙无忌、李勣、于志宁、褚遂良等人，让他们对废立之事表态。

其中的李勣可谓老奸巨滑，深知此事难办，便托病请假。长孙无忌等三人硬着头皮入见，李治直截了当地说："王皇后无子，武昭仪有子，我想立武昭仪为皇后，你们看如何？"

褚遂良作为顾命大臣，当面反对说："王皇后出身名门，是先帝给陛下娶的，再说皇后又没有什么过错，怎么能说废就废呢？"

李治见话不投机，就把他们打发走了。

第二天上朝，李治又提到废立皇后的事。褚遂良说："陛下就是要换皇后，也要选一个名门闺秀，武氏出身寒微，怎么配呢？再说，武氏曾经是先帝的妃子，这是众所周知的事。现在把她接入宫中，立为昭仪，极受恩宠，就已经可以了。陛下还要把她立为皇后，万代以后，人们会怎么议论陛下呢？"

这话不但说武则天出身不正，也暗讽李治占有了其父的女人，顿时惹恼了李治。他气呼呼地一挥手，让褚遂良退了下去。

武则天在帘子后面听到了，更是怒不可遏。她最怕人家说他作过唐太宗才人这段历史，所以恨透了褚遂良。当时她就忍不住了，在帘子后面大声叫嚣道：“还不赶快把这狗东西打死！”因为有长孙无忌出面解救，褚遂良方才得免。

李勣像

过了几天，李治又询问李勣的意见。圆滑的李勣则说了一句不置可否的话：“废立皇后，这是陛下的家事，何必询问外人呢？”

这句明着表示置身事外，暗中却是同意李治立武则天为后的话，既提醒了李治，也使他看出了破绽，放下心来，原来元老重臣们也不是铁板一块，执掌军权的司空李勣是支持武昭仪做皇后的。于是，他下定了废立皇后的决心。

武则天听到李勣如此的话，心里暗喜，就指使善观时变、阿谀奉上的许敬宗为她做舆论宣传。许敬宗公开在中书省散布说：“种地的穷农夫多收十斛麦子还想更换妻室，何况是富有天下的皇帝呢！”武则天是想通过许敬宗这样的中书要员为自己做宣传，并以此观察朝臣们的反应。朝臣们都明白，废立之意不仅是武则天的欲望，也是皇帝的想法；裴行俭、褚遂良这样的朝廷要员都被贬官了，自己何必自讨苦吃呢，所以大多数人都不敢表示异议。这样，废立皇后的时机成熟了。

独揽后宫，清除异己

唐永徽六年（655 年）十月二十三日，唐高宗李治下诏将王皇后和萧淑妃废为庶人。七天后，立武则天为皇后。十一月初一，文武百官都前往肃义门朝贺，三呼皇后千岁。内外命妇入谒，历史上百官、命妇朝见皇后便是自此开始。次年正月，太子李忠被废，封梁王。武则天的长子李弘被册立为太子。

武则天被立为皇后，荣宠无与伦比，这也意味着与她争宠的王皇后、萧淑妃开始了悲苦的命运，她们骤然间滑向了没有光明的无底深渊。王皇后和萧淑妃被废以后，囚禁在后宫的一所密室之中。密室四面高墙，没有门窗，只在一扇小门上开了一个很小的孔，以通食器。门外有武则天派去的人看守。二人困在里面，昼夜不见日月，终日只能以泪洗面，互诉悲苦。

一天，唐高宗突然想起了被废的王皇后和曾经忘情恩爱的萧淑妃，便想去看看。内监引导着唐高宗来到密室，却见这里门禁严锢，只有一个小孔进入饮食，唐高宗不禁恻然心动，为之神伤。他走上前去，大声说："皇后、良娣，无恙乎？今安在？"

王皇后、萧淑妃听见是皇上的声音，而且就在门外，两人喜出望外，泣不成声地说："陛下幸念畴日，使妾死更生，复见日月，乞署此为回心院。"唐高宗伤感之下，满口即行处置。

武则天立即得到了心腹的奏报，待唐高宗离去，马上派人将王皇后、萧淑妃各打一百杖，直打得两人血肉模糊。然后，吩咐将两人的手脚剁去，将她们装在酒瓮中。对于此举，武则天恶狠狠地说："令二妪骨醉！"

几天后，装在酒瓮中的两个人仍然没死，武则天便逼着唐高宗下诏赐死。行刑官奉旨来到囚室，宣读诏书。王皇后哽咽受诏说："陛下万年，昭仪承恩，死吾分也！"轮到萧淑妃，她受诏后便破口大骂："武氏狐媚，翻覆至此！我后为猫，使武氏为鼠，吾当扼其喉以报！"

武则天得报萧淑妃的这些咒语，下令后宫再也不许养猫。有好一阵，武则天常常梦见二人，披头散发，万般恼怒地前来索命。武则天大为憎恶，请巫祝镇邪。不久，又徙居蓬莱宫，但还是时常梦见二人。后来，武则天便干脆迁往洛阳，终生不回长安。为表示自己对二人的憎恶，武则天下令改王氏为蟒氏，萧氏为枭氏。直到唐中宗即位之后才恢复其本姓。

武则天坐稳皇后位，更加有恃无恐，对于那些当初曾反对自己的，以及在朝中会阻碍自己和唐高宗行使权力的人，她立即准备要大加清洗了。

武则天要清洗的对手中，权力最大的长孙无忌首当其冲，这突出地体现了武则天的敢作敢为，当时长孙无忌权倾天下，唐高宗在他面前也自矮三分，唐太宗故去后，长孙无忌便傲视天下，他不仰视，无人敢抬头，他一跺脚，天下都得抖三抖。

武则天不过刚当上皇后，怎么敢和长孙无忌对着干呢？其实这也正是武则天的聪明之处，因为只有扳倒长孙无忌，才能顺利清除异己，握有天下，不然，她想动谁，长孙无忌都会过来护着。

也许是厌倦了权力斗争，长孙无忌想远离政治，但却身不由己。因为长孙无忌权倾朝野，唐高宗在处理事情时必然受到他的掣肘，于是武则天便建议唐高宗建立一个属于自己的朝廷，而长孙无忌就是最大的障碍。

但是，长孙无忌毕竟是皇帝的舅舅，又做了三十年的宰相，威震天下，门生故旧众多。要扳倒他，需要慎之又慎。不过武则天并不急躁。在需要耐心的时候，她非常有耐心。在重拳出击长孙无忌之前，她还需要先剪除他的羽翼。出于这种考虑，长孙无忌的老战友褚遂良、韩瑗、来济等重臣先行被扫出朝廷；与此同时，长孙无忌的亲戚也难逃噩运。他的表弟太常卿高履行首先被贬出京，出任益州刺史。高履行是长孙无忌的舅舅高士廉的儿子，他们是表兄弟，长孙无忌幼年丧父，年幼的无忌兄妹又被同父异母的哥哥赶出家门，是舅舅高士廉收留了他们。因此，高履行和长孙无忌名分上虽然是表兄弟，但实际比亲兄弟还亲。

紧接着长孙无忌的堂兄、工部尚书长孙祥也被贬为荆州刺史。长孙无忌在朝廷中可以援引的势力逐渐被剪除，就剩下他孤家寡人了。

这在武则天看来，就该是对长孙无忌开刀的时候了，但动手整治当朝宰相，且是根深蒂固的宰相，这得需要一个充分的理由。以这个理由为突破口，武则天的行动才名正言顺，动起手来才会又快又准又狠。那么，突破口在哪里呢？

显庆四年四月，洛阳人李奉节向唐高宗告状说，他发现一个朋党案件，太子洗马韦季方和监察御史李巢结交权贵，共结朋党。这本来是一个很小的案子，针对的是中下级官员。但是这个案子一出来，武则天马上看到它的利用价值。她觉得这个案子可以做大，因为这个案子牵涉一个权贵，这个权贵是谁呢？这就看武则天的心思了，因为武则天希望他是谁，那么他就会是谁，于是长孙无忌不幸中标，被控告了谋反罪名。

长孙无忌权力再大，再有野心，也不至于冒天下之大不韪去谋反，所以这根本就是不可能的事，再说一个堂堂宰相竟然和五品文官勾结在一起谋反，说出来谁也不信，但唐高宗听了汇报之后，他怎么反应的呢？据《资治通鉴》记载，他说了非常有意思的一句话："舅为小人所间，心生疑阻则有之，何至于反？"

有时候真的说不清唐高宗是精明还是傻瓜，很多人评论他傻，就在于他常常是

许敬宗

非不分，这件事上，他并没有质疑长孙无忌是否应该被牵扯进这个案子里，甚至也没有深究长孙无忌怎么会和几个小小的文官谋反。他只是说：舅舅被小人挑拨离间，心里对我有猜疑是可能的，怎么至于到谋反这一步呢？他用了一个疑问句，可是这个问句就把这个案子的性质给定下来了，这是谋反。唐高宗亲口说出了这两个字，但是他用了一个疑问句，怎么会谋反呢？许敬宗是一个聪明人，他当然知道怎么样处理皇帝这个疑问句，只要把它变成肯定句就可以了。

于是许敬宗就给长孙无忌谋反定了调，唐高宗并没有同意许敬宗的处理意见，也许唐高宗是真的想放过舅舅，但精明的许敬宗早已看出武则天的心思和能耐，并且他也早被武则天拉拢到了自己这边，他明白高宗根本做不了这事的主，武则天才是幕后总策划，她想让谁死，谁就活不了，唐高宗不同意，也不过是武后在背后操纵。于是许敬宗终于明白，武则天并不是只想让长孙无忌自己死，她的胃口大得很，大到要一口把她看着不顺眼的人都吃下去，骨头都不吐一点。

在长孙无忌谋反案的基调刚刚确定后，许敬宗又奏：无忌谋逆，由褚遂良、柳奭、韩瑗构成；奭仍潜通宫掖，谋行鸩毒，于志宁亦党附无忌。这样一来，所有当年反对武则天的元老重臣无一漏网，连一言不发、唯恐惹祸上身的于志宁也未能幸免。至此，这些人全部被免去了所有官爵。

但在武则天看来，这仍是远远不够的，因为她只相信死人不会反抗。于是三个月之后，朝廷下令让李积、许敬宗等进一步追查长孙无忌谋反案，许敬宗接旨后，不由冷汗淋漓，心知武后欲将朝中元老尽置于死地方能后快，于是就派中书舍人袁公瑜到黔州去录长孙无忌的口供。袁公瑜是当初第一批拥护武则天当皇后的人，裴行俭和长孙无忌议论武昭仪就是他告的密。当时他还仅仅是一个大理丞，八品官，现在他已经做到五品的中书舍人了，这无疑是得自于武则天的提拔。

在长孙无忌面前，袁公瑜是怎样录口供的呢？其实他根本不需要录，他对此事心知肚明，于是直接对长孙无忌说，你还是自我了断吧，省得我再费一把力气。长孙无忌见事已至此无可挽回，长叹一声，就地自杀了。

随后，王皇后的舅舅柳奭和韩瑗等人又被斩首，其家族也遭受了灭顶之灾。成年的儿子都被处死，其他近亲皆流放岭南为奴婢，远亲受株连贬官的就更多了。长孙无忌的两个儿子长孙冲和长孙诠，都是驸马，一个尚长乐公主，一个尚新城公主，两个公主都是唐太宗与长孙皇后的女儿。他们此时即使贵为驸马也未能幸免于难，被一同杖杀。长孙无忌谋反既然是因为前太子李忠被废引起的，已被贬为梁王的李忠也就顺带着被牵连进来。显庆四年七月，李忠被废为庶人，安置在黔州原来废太子李承乾的故宅里。

从永徽六年到显庆四年，朝廷上下很快认识到了武氏新皇后的厉害。现在，不仅仅后宫是她的天下，在她滴着鲜血的锋利匕首面前，满朝大臣无不战战兢兢。长孙无忌、褚遂良、于志宁，一个个曾经气焰熏天的大臣在武后面前都只有死的份儿，武则天真切地让人们见识了什么是心狠手辣，什么是“顺我者昌、逆我者亡”。

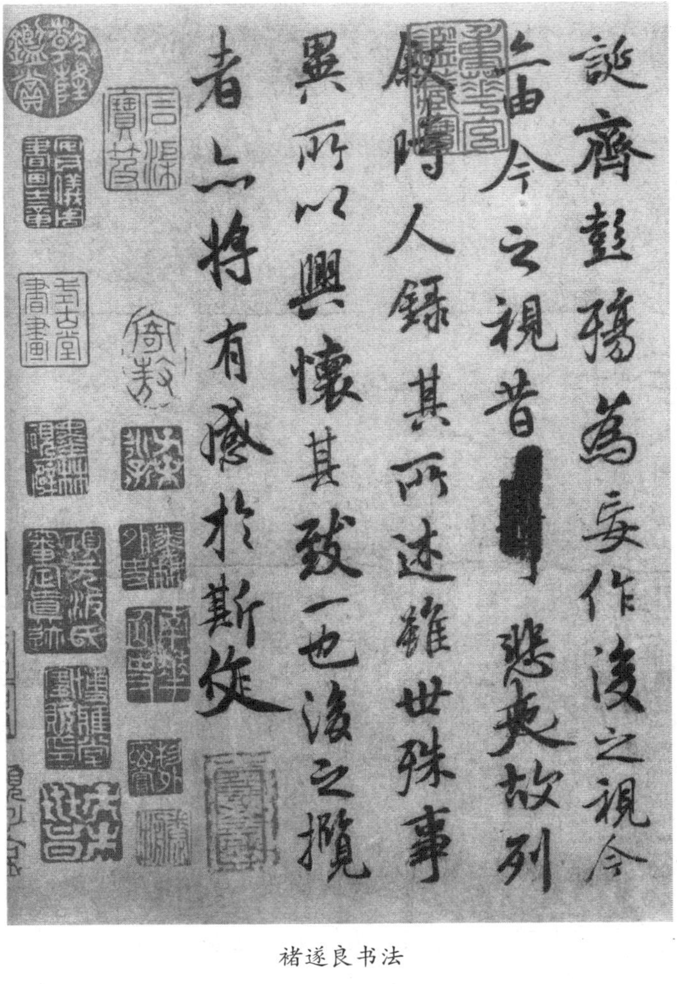

褚遂良书法

在去除政敌的手段上，无论是处理后宫还是对付朝中大臣，如果不是武皇后从中出谋划策，推波助澜，事情肯定不会解决得那么完满。武则天先易后难，由内而外，表现出了超一流的政治手腕和斗争能力，一阵雷霆霹雳般的手腕过后，一批政敌和不听话者尸横遍地，踏着这些人的血肉，武皇后魔鬼般的威风迅速树立了起来。

就在血腥的清洗之中，一种全新的政治格局诞生了。以长孙无忌为代表的前朝重臣被戮。朝廷的很多位置空了出来，被武则天宠信的新兴势力补充进去了，许敬宗、李义府、袁公瑜这些新提拔起来的中下层官员在废王立武事件中崭露头角，在清除长孙无忌集团的过程中大显身手，此后，他们还会在武则天的淫威下发挥更大的作用。

再从皇权的角度来考虑，经由这样一番变化，皇权得到了空前的提高。自魏晋南北朝以来，皇帝一直和贵族官僚联合治理天下，正因为如此，皇帝才需要在废立皇后的问题上征求大臣的意见，处处受制于大臣。但是随着元老大臣的下台和新生力量的补充，皇帝面对的将再不是贵族，而是一般官僚，皇帝和大臣之间的距离拉大了，皇权的伸张有了充分的余地。所以说，由“废王立武”事件引起的变化是一次深刻的社会变革。它不仅仅意味着支持武则天的人上台，反对武则天的人下台，还意味着整个社会势力的重新洗牌，而这次洗牌对于唐朝乃至整个中国社会的历史进程都产生了深远的影响。

经过四年血腥无比的内外整肃，此时的武则天，上有唐高宗的专宠和信任，中有太子李弘作为依托，外有李义府、许敬宗作为心腹，皇后武则天的地位，可以说是坚如磐石了。

夫妻内战，武曌完胜

武则天在消灭了长孙无忌等自己不喜欢的大臣之后，并没有停下攫取权力的脚步，但此时唐高宗和武则天在朝廷内外已经没有了对手，按照《资治通鉴》的记载，武则天“及得志，专作威福，上欲有所为，动为后所制，上不胜其忿”。即高宗和武后两口子失去了对手，开始了窝里斗。

最高权力常常是只属于一个人的，如果别人对最高权力有所企图，那么，最高权力拥有者必然要为维护自己而去打击对手，长孙无忌死后，武则天失去了宫外力量的掣肘，其行为更是无法无天，很多事上竟不把李治放在眼里，于是，在李治和武则天之间，一场夫妻间的战斗无声地开始了。

王皇后和萧淑妃被武则天害死后，武则天心绪难宁，每到夜晚便觉得她们的鬼魂来找她，吓得她心惊肉跳，于是她便请人作法，做厌胜之术。有个叫王伏胜的大臣知道后，就向唐高宗告发了这件事，唐高宗觉得有文章可做，便准备以此为机将武则天废掉。

当年武则天在扳倒王皇后的过程中，就是给王皇后按过这条罪名，现在风水轮流转，轮到武则天自己品尝被人告发厌胜的滋味了。根据唐朝法律的规律，厌胜这种罪名被列为十恶之一，可按谋杀之罪论处，那么唐高宗会怎么处理武则天呢？

唐高宗这个人做事非常优柔寡断，以前他有事拿不定主意的时候，就会去问武则天，可是现在他要整的对象就是武则天，当然不能去问。于是唐高宗就把一个叫上官仪的宰相叫来了，问他该如何处理这件事。

上官仪，字游韶，陕州陕县（今河南三门峡陕县）人，后举家移居江都（今江苏扬州）。隋大业末，天下大乱，其父为仇人追杀，他脱逃他乡，私度为僧，遂虔心佛典，留情《三论》。唐贞观初，天下渐定，弃佛家出世之想，走仕途进取之路，遂举进士，得授弘文馆直学士。因为他广泛涉猎经史，有学问，又精工典章文词，擅笔墨，得到朝廷重用。上官仪有个孙女，就是后来武则天的重要助手上官婉儿。

面对皇帝的询问，上官仪是怎么回答的呢？可以说他是出语惊人，直接就说：“皇后专恣，海内所不与，请废之。”

这句话实在太出人意料了。此时唐高宗心里正憋着对武则天的怨气，所以上官仪这么一说，唐高宗本来还没有明确目标的心，一下子坚定起来了，立刻命令上官仪草拟废后诏书。

这件事情太严重了，天子无戏言啊，武则天这一次真是遇到了空前的灾难。如果废后诏书起草完成，经过宰相机构审议通过，那么，武则天以后的称帝建国之举也就无从谈起了，而且，她能否顺利地活下去都很难说，王皇后也许就是她活生生的例子。

武则天有办法化解这场危机吗？如果她毫不知晓，她是有可能被废的，但在这样的关键时刻，武则天的后宫情报网救了她的命。武则天最初建立的情报网范围不大，仅仅是王皇后和萧淑妃身边的人；后来随着武则天争夺皇后大战的升级，情报网的范围逐步扩大，在高宗身边也没少安排人手。因此，当唐高宗让上官仪起草废后诏书的时候，情报网马上启动了。按照《资治通鉴》的记载，“左右奔告于后”，就是说皇帝身边的宫人们纷纷以百米赛跑的速度跑到后宫，向武则天报警，当然也会领有赏钱。

面对突如其来的灭顶之灾，武则天当然不会犹豫一分一秒，她气急败坏，风风火火赶来面见唐高宗。面对气势汹汹、犹如从天而降的武皇后，本来就心虚的唐高宗吓傻了。她声色俱厉地质问唐高宗：我到底犯了什么罪？你竟然要废我？

面对武则天指着鼻子的责问，唐高宗连自己为什么要废掉她都不知道了，为了推卸责任，他吐出了一句话：“我初无此心，皆上官仪教我。”

懦弱无能的李治，竟不敢在武则天面前承担废后的罪名，不负责任地将所有的罪责和盘推给了上官仪，其行为实在太卑鄙了。不过，客观说来，唐高宗和武则天的性格真是绝配。没有他的无比懦弱，就无法成就武则天的冲天强势。

上官仪见武后一闯进来，便知此事告吹，他的身家性命和家族都要赔进去了。但此时的他早已面无惧色，直面武后说诏书是我写的。说过之后，他便大义凛然走出大殿，回他自己的家中等待慷慨就义。

其实武曌心里也非常清楚上官仪是无辜的。但是必得要有一个人来成为皇上脚下的台阶。李治尽管唯唯诺诺不敢承认，但他毕竟是皇帝，此时的她还无法把皇帝怎么样。

于是这一场权力和生死的较量，以武则天的全胜告终，但可悲的是，上官仪家族等人做了无辜的牺牲品。从此高宗李治在权力上沉默了，因为他终于看清了他在武曌面前的劣势，他根本玩不过这个女人。于是他不再抗争，权力开始渐渐离他而去。

几天之后，许敬宗奉武则天之命上奏，声称上官仪、王伏胜曾侍奉废太子忠，三人暗中勾结谋逆作乱，按律处斩。上官仪果然以与被幽禁的已废太子忠共谋造反获罪。理由是，上官仪在忠还是陈王时期曾任过陈王府的咨仪参军，忠被废为庶人之后，上官仪自然同李忠一样对武皇后是心怀不满的。

这又是一个一箭双雕之举，由此亦可见武则天有多精明。上官仪除掉了，而废太子李忠的威胁也彻底解除了。最可笑的是，当年正是上官仪起草了废李忠为庶人的诏书，现在，两个人倒莫名其妙地成了同党。

上官仪当然清楚这是欲加之罪，何患无辞。他坦然面对屠刀，面对上官一族满门抄斩的终局，史载在对上官一族的诛杀中，只留下不满一岁的上官婉儿和她的母亲郑氏被赶进掖庭宫充为宫婢。

在他身后的几十年里，他并不知他最疼爱的那个孙女上官婉儿如何名满天下，怎样权秉朝政，怎样地成为皇帝的嫔妃。所以即将就义的他无从为婉儿骄傲，也无从为她的诸多羞辱而叹息。而我们则不得不惊叹于武则天的能力和手段，她居然能把仇人的孙女培养为自己的铁杆心腹，实在是不可思议。

废后事件后，武则天加强了对唐高宗的控制。在外朝，她用二圣临朝的方式使得唐高宗不再有和大臣私下谋议的可能，至此，武则天已集内外大权于一身，开始左右天下了。

独占高宗，计杀亲人

武则天有一个姐姐，名武顺，字明则，同为杨氏所出，武顺年轻时嫁了一个叫做贺兰安石的男人，但她很早就守寡了。武则天得幸于高宗之后，武顺被封为韩国夫人，因为和武则天关系特殊，她可以比较自由地出入后宫，而且她还带来了一儿一女，一子贺兰敏之，一女贺兰氏。

后来，风流的武顺不守规矩，很快和沉溺女色的高宗勾搭在一起，而且还带上了女儿贺兰氏。当时宫中也有传闻武则天次子李贤是韩国夫人所生。其女贺兰氏亦从高宗，母女二人共事一主，贺兰氏则被封为魏国夫人。武顺之子贺兰敏之年轻英俊，正史都记载说他与自己外祖母杨氏有奸情，二人有着近 60 年的年龄差距，贺兰敏之刚成年之时，杨氏当年近 80 岁，此事实在难以想象。贺兰敏之平日也仗着杨氏的呵护恃宠而骄，为人轻佻，太平公主年幼时，常前往外祖母家宅邸去玩，因其公主身份，会有许多宫女随行，贺兰敏之就逼淫这些随行的宫女。由此种种亦可见这武则天家族之家风家教是多么的不堪。

不仅其家族道德伦理败坏，武则天还擅长向亲人痛下杀手。在武则天当上皇后以后，其姐姐韩国夫人很快就死了，原因不明，很多史学家说是武则天下了毒手。

关于武则天的姐姐韩国夫人之死，有说其因病去世，也有因说其与高宗的关系，被武则天妒恨，从而下了杀手。也有人说韩国夫人因为高宗有染一事被武曌得知，大怒，不过因为顾念其同胞姐妹的情分，准备将她送出宫去，远离长安，某晚来到武顺寝宫，怒斥其姐，走前说了一句：如果不是念在同胞姐妹的分上，你的下场就会跟王氏、萧氏一样，还让你活着就该知足了。

武则天走后，韩国夫人大哭，她也知道妹子是不会原谅她的，于是当晚就在寝宫自尽了。武曌得知后自然也痛哭一番，在某一天母亲杨氏来责问她的时候再三表示：她本不想姐姐死，只是希望她能够自觉出宫，为什么她要这么想不开地自寻短见呢？最后她还对杨氏说：我最难过的是，除了姐姐的死，就是没想到连我最亲的人都要背叛我，到底这世上还有谁是永久值得信赖的。

从这里就可以看出武则天的话说得很有水平，她母亲杨氏来宫中，无非是就大女儿之死来向武则天问罪，当时估计是怒气冲天地斥责武则天，但是武则天将如上话语一说，杨氏也只有哑口无言的分了，所以武则天的话既博得了母亲的原谅，堵住了其问罪之嘴，并又博得了她的同情。

唐三彩妇女俑

后来杨氏过世，武后发钱给其外甥贺兰敏之为杨氏造一大佛像，贺兰敏之却趁机中饱私囊。杨氏丧期还没有过，敏之便已换下丧服，招妓奏乐享乐。后司卫少卿杨思俭之女被选为太子李弘之妃，眼看着婚期将至，贺兰敏之听说此女甚美，竟将其强奸，此女不堪此辱自杀身死，武则天不得不为太子改选裴居道之女为太子妃。

这时武则天的母亲杨氏和姐姐武顺已死，武则天也早因贺兰敏之种种恶行暴怒不已，便下令将他流放到雷州，当他来到韶州时，感觉前途无望，以马缰绳自缢而死。

武顺暴毙之后，武则天果断地改变了后宫妃嫔的名称，把本就有名无实的妃嫔全部取消，皇帝身边的女人，除她外都改为侍奉帝后做事的女官。

自从拉下王皇后之后，后宫便由武则天控制，但高宗尚有活动和选女临幸的自由，而从此事件以后，高宗的活动自由也基本上被武则天控制了。于是高宗对武则天的种种举动气得咬牙切齿，却又无可奈何，他连反驳的勇气也没有。从此他深厌武后，并开始对韩国夫人的女儿、武后年轻貌美的外甥女魏国夫人贺兰氏感兴趣。

贺兰氏知道是姨母武则天害死了自己的母亲，于是她存心报复，故意挑逗高宗，博取其欢心，准备伺机打击武则天，但是她此举从一开始就错了，因为她完全选错了对象，她太高估了高宗的胆量和能力，以为他是皇帝就能镇住武则天，其实高宗李治连和武则天叫板的勇气都没有。

此时的唐高宗李治正因失去权力而倍感寂寞，见年轻美艳的魏国夫人贺兰氏千娇百媚而又色心大起，虽怕武则天问罪，但他还是忍不住和她发生了关系。之后魏国夫人迫切地要求高宗正式封她为贵妃，想去制衡武则天，但是李治哪有这个胆子？并且这个女孩子更是低估了姨母武则天的智谋和狠毒。

由于后宫的情报网，武后早就知道了高宗和外甥女贺兰氏的亲密关系，她表面上不加阻止，但她内心里看不惯外甥女贺兰氏也不是一天两天了，卧榻之侧，岂容他人酣睡！后宫可是她的天下啊，武则天也不想对这小外甥女客气了。恰巧此时大臣们建议唐高宗和武后去封禅泰山，这个活动一搞起来，武则天的机会就来了，曾经得罪过武则天母女的两个堂哥被她派上了用场，武则天又开始一箭数雕地大加杀戮了。

因为过去得罪了杨氏夫人，武后的两个堂哥武惟良和武怀运分别被贬为始州刺史和淄州刺史，经过这几年的折腾，两人一直都是胆战心惊，深怕妹妹再行打击之举，因此百般讨好武则天，今日送钱明日送礼，只想武则天能念在兄妹情分上原谅他们以前的过错，但武则天岂是能被人情轻易打动的人？面对哥哥的谄媚，她礼物照收，怨仇照报。

皇帝东封泰山，各地刺史都要随行，两人这次也都奉诏到泰山来了，封禅完毕，又和唐高宗一起返回。两人好不容易又回到洛阳，于是就想赶紧讨好一下皇后妹妹，以缓和一下以前搞砸的兄妹关系。当时官员有献食的风俗，就是打点一些土特产，山珍海味，送进宫里，请皇帝皇后品尝。武惟良兄弟岂肯放过这样的好机会，就也认真地献了食。

武则天是多么善于利用机会的人啊，接到献食之后，她灵机一动，正好用这两个人当替死鬼！于是武则天马上邀请魏国夫人贺兰氏，却暗自派人把那食品下了毒药，然后对外甥女说，这是咱们娘家人送来的东西，一块儿吃吧。

这小丫头哪有武则天那份心计和毒辣，一看见是自家人送的，那就吃吧，没吃几口便肚子疼，不大一会儿就七窍流血，挣扎了一会儿后倒地而亡。这后宫一下就乱套了。可怜的唐高宗，早晨上朝之前还是温香暖玉抱满怀，可是一会儿不见，鲜活的小情人已经成了一具冰冷的尸体，唐高宗忍不住失声痛哭。

宫里发生食品中毒案，性质当然很严重，宫廷禁卫马上追查罪犯，这下武惟良和武怀运两兄弟就是跳进黄河也洗不清了，毕竟食品是他们两个送来的啊，最有犯罪可能。至于犯罪动机，武则天更是信手拈来。这两个人因为贬官一直嫉恨皇后，没准还想谋害皇帝，现在想要乘家宴的机会毒死皇后，却失手误杀了魏国夫人。

这样一来，这个案子就大了，这是试图毒死皇后啊，当然得从严处理了。怎么处理？武惟良和武怀运未经审判便被处死，妻女没入宫中为奴。

其中，武惟良的妻子，也就是武则天的大嫂善氏最惨。这个女人虽然姓善，但先前可能没有善良对待杨氏母女，争家产时估计出头较多。这一次她被没入掖庭，落入杨氏和武则天手中，那可有她好看的了。杨氏想到当年在她手底下讨生活的艰难，不禁怒从心头起，和武则天一起让人用带刺的荆条每天打她一顿，而且还要打得看见肉里的骨头，于是这位善氏被打得哀嚎而死，母女俩看在眼里，乐在脸上，总算一泄自己的心头之恨！

在消灭这几个亲属的肉体之后，武则天觉得还不解气，说武惟良、武怀运兄弟蛇蝎心肠，哪配姓武啊？怎么能与自己同姓，让他们改姓“蝮”吧，蝮蛇的“蝮”，用毒蛇形容他们，从精神上再予以侮辱，犹如对付当年的王皇后和萧淑妃。这样，武则天又是一箭双雕，既除掉了情敌，也彻底报了当年的被虐之仇。

经过宫里宫外的一番努力，武则天进一步站稳了脚跟。现在，宫里面已经没有了情敌，唐高宗从此只能积极贯彻一夫一妻制了；朝中的大臣们对武则天参政也不再敢公开表示异议。二圣临朝之制经过封禅大典，也向天下表明她武后拥有和皇帝一样的权力，而在她志得意满的同时，则是高宗李治的郁闷无比，以至他抑郁成疾。弘道元年（683 年）二月，唐高宗终在气愤和忧郁中病死，于是天下便成了武则天一人的天下。

独霸朝政，平定叛乱

唐高宗死后，为了安定大局，长期参政的武则天主持大局，掌握了朝政大权，开始完全的垂帘听政，后来武则天废中宗为庐陵王，立豫王旦为帝，是为睿宗，但将睿宗安置于别殿，武则天虽归政于睿宗，但并没有放实权，睿宗自知难行便对母亲一味退让，武则天则决定继续临朝称制。

武后像走马灯似的换太子，换皇帝，目的是想自己当皇帝，她把自己五世祖宗都一一加以追封，并在家乡建立祠庙，把娘家的亲戚，都安排了重要官职，把反对她的徐敬业、骆宾王等都贬了官。

随着地位的提高和权力的增加，武则天一方面对李氏子孙大加谪贬，另一方面大封武氏为官。光宅元年九月，武则天下诏追封自己的祖先为王，立五代祠堂于山西文水。这一事件成为矛盾的催化剂，引起了李唐宗室以及官僚士大夫的强烈不满，于是他们中的一些人暗中联络准备反击。

就在此时，徐敬业据扬州起兵，率先打起反武的旗帜，矛头直接指向武则天，而且很有号召力，这首先与他的家庭背景有关。

徐敬业是唐初著名战将，功臣李勣的孙子，李勣本姓徐，名世勣，家居曹州离狐（今山东东明东南），归于李世民部下后很受爱戴，后被赐姓李，又为避李世民名讳而改名李勣，因此徐敬业在当时称为李敬业，他从小就玩劣不驯，少时曾随祖父征战，“射必溢镝，走马若飞”，以勇敢著称，一次，徐敬业出外打猎，突然草原起了火，他面对危险十分机智，拿刀把随行的马杀了，掏出马的内脏，自己藏到马肚子里才幸免于难，别人都称赞他，唯独爷爷李勣不看好他，因其为人狂妄自大，贪财好权，据说李勣曾说过：“破我家者必此儿”。

总章二年，李勣死，敬业袭爵英国公，历官太仆少卿，被贬后，徐敬业纠集同党来到扬州，把扬州的地方官吏关了起来，自任扬州大都督，在短时期内聚集了十几万兵马，他还找了个相貌像李贤的人，说李贤没死，他是奉李贤之命发兵征讨武后的，有如此的家庭背景，又有如此好的起兵名声，所以在短时间内就聚集了十几万人。

另外，徐敬业一伙多为官场贬职之人，如徐敬业由眉州刺史贬柳州司马，其弟盩厔令徐敬猷，给事中唐之奇贬括苍令，长安主簿骆宾王贬临海丞，詹事司直杜求仁贬黟令，还有一直从御史被贬的魏思温，这些人政治上落拓失意，使他们对现政权心存怨恨，其起兵虽然名声正义，但也符合着很多人的私利，他们以扬州为据点起兵，以武力掀起了反对武则天参政的序幕。

为了取得天下人的支持，表明他们起兵的正义性和合理性，初唐文坛四杰之一的骆宾王自告奋勇地起草了一篇广为传颂的著名檄文——《为徐敬业讨武曌檄》，这篇檄文立论严正，先声夺人，将武则天置于被告席上，列数其罪。借此宣告天下，共同起兵，起到了很大的宣传鼓动作用。

檄文传入朝中，武则天看后也为之震撼，据《新唐书》所载，武则天初观此文时，还嬉笑自若，当读到“一抔之土未干，六尺之孤何托”句时，感慨不已，惊问是谁写的，知道是骆宾王时又叹道：“有如此才，而使之沦落不偶，宰相之过也！”可见这篇檄文煽动力之强了。

骆宾王雕像

由于骆宾王煽动工作的出色，一时间许多对武则天不满的官僚地主纷纷投奔徐敬业，徐敬业开库铸钱，征募兵丁，实力迅速增长，据说旬日间“得胜兵十余万”，起兵叛乱之势已经轰轰烈烈。

武则天很担心，就去找宰相裴炎商量退兵之计。裴炎说：“天子年长矣，不豫政，故竖子有辞。令若复子明辟，贼不讨而解。”是说让武则天还政于中宗，义军就没有起兵的理由了。但心向武则天的监察御史崔詧上言说：“炎受顾托，身总大权，闻乱不讨，乃请太后归政，此必有异图。”于是武则天将裴炎逮捕下狱，由左肃政大夫（御史大夫）蹇味道和侍御史鱼承晔审理此案。

裴炎在当时被公认是社稷重臣，受遗诏辅政，他的被捕下狱引起朝廷震动。当时除了凤阁舍人李景湛附和崔詧证炎必反之外，支持裴炎的人还是占了多数。纳言刘景先和凤阁侍郎胡元范，左卫率蒋俨都为裴炎辩护。胡元范说，“炎社稷重臣，有功于国，悉心奉上，天下听知，臣明其不反。”武则天对他们说：“炎反有端，顾卿未知耳。”胡元范、刘景先等冒死说：“若炎反，臣辈亦反矣。”武则天仍讲：“朕知炎反，卿辈不反。”一时“文武之间证炎不反者甚众”，在外防御突厥的单于道安抚大使、右卫大将军程务挺也“密表申理之”。但武则天一概不纳，斩裴炎于洛阳都亭驿前街，距下狱不过10天工夫。

裴炎在狱中刚烈不屈，有人劝他委曲求全，他不愿折节苟免，说：“宰相下狱，理不可全。”临刑向受株连的亲属诀别说，“兄弟官皆自致，炎无分毫之力，今坐炎流窜，不亦悲乎？”裴炎死后，其家被抄，但其堂堂宰相之家，首辅之位，竟无任何积蓄和值钱的东西。兆民闻之，尽皆恸哭。

武则天又因裴炎一案大开杀戮，凡是为他申辩过的官员都受到惩处。宰相刘景先贬吉州长史，后被酷吏陷害入狱，自缢而死。凤阁侍郎胡元范流琼州而死。郭侍举罢相后又贬岳州刺史。程务挺被诬“与裴炎、徐敬业潜相接应”，于军中处斩。程务挺是当时名将，领兵防边，“突厥甚惮之，相率遁去，不敢近边。……闻务挺死，所在宴乐相庆”。

诛杀裴炎后，武则天竟派唐朝宗室李孝逸带兵三十万讨伐徐敬业，而李孝逸虽为唐朝宗室，竟然能专心地为夺取李唐天下的武则天做事，亲率大军去平定帮助自己的人，可见武则天驭人之道的确高明。

徐敬业起兵时虽然声势浩大，但在战略上犯了错误，在如何进军的路线问题上，叛军首领们意见不一。军师魏思温向徐敬业建议：“举起匡复王室的旗号，沿运河直攻洛阳，这样，天下有识之士明白我等志在勤王，就会四面响应。”但右司马薛仲璋提出：“金陵有王气，以长江为天然屏障，在此站住脚，然后先取常州，润州，奠定霸业基础，再北图中原，如此则进可取，退可守。”“金陵有王气”这句话其实正合徐敬业的心意，于是当即采纳了薛仲璋的建议，兵分两路进攻，战争便拉开了帷幕。那时，李孝逸的大军已经逼近了扬州，徐敬业既要北上防御李孝逸的大军，又要南下夺取金陵（即南京），匆忙成就帝业，这样分散了兵力，虽然开始打了不少胜仗，但士兵越打越少。

李孝逸大军将至，徐敬业回师屯高邮之下阿溪（今安徽天长北白塔河），令徐敬猷率部进逼淮阴（今江苏淮阴西南），别将韦超、尉迟昭屯兵盱眙东南都梁山，以抵御官军。孝逸军至临淮（今盱眙西北淮水西岸），因偏将雷仁智为敬业先锋所败，惧而按兵不进，经魏元忠劝说，乃引军攻都梁，击斩尉迟昭。韦超仍据险固守。十一月，武后又遣左鹰扬大将军黑齿常之任江南道大总管，增援李孝逸。孝逸采纳魏元忠等先取弱者、后攻其强之策，率兵攻都梁，韦超夜遁；进击淮阴，徐敬猷败逃。孝逸乘胜进逼高邮，徐敬业率兵阻溪拒守。后军总管苏孝祥夜领兵5000乘小舟渡溪击敬业，遇阻败死，其士卒溺死者过半。

李孝逸等诸军继续渡溪攻击，又数战不利，惧欲引退。但魏元忠等认为风顺草干，利于火攻，固请决战。此时徐敬业置阵已久，士卒疲惫，阵容不整，李孝逸率军进击，顺风纵火，大败徐敬业军，斩7000人，溺死者甚众。

徐敬业兵败后逃奔润州，他想带领妻子渡海奔高丽，行至海陵县（今江苏泰州市南）被部将杀死献功，其弟兄亦被部下所杀，同党又大多被捕杀，骆宾王生死不明，但有一种传说，说骆宾王逃跑出来，隐居在寺庙里做了和尚，为了活命曾四处云游。

重用酷吏滥杀人，设置铜匦搞揭发

自从徐敬业造反之后，武则天开始怀疑天下人都想谋杀她，又因自己长期专擅国家事务，而且自己操行不正，知道皇族和大臣都心怀不满，心中不服，就更想大加诛杀以威慑和消灭他们。

武则天正苦于如何杀不敬自己的人，一个叫鱼保家的人来献策，说可铸“铜匦”，奖励告密。这下正中女皇下怀，立即诏令鱼保家监铸铜匦，并诏旨各个州县，凡有欲进京告密者，州县给以驿马和五品官的供奉，提供食宿，送其尽速来京，并不得“问诘”所告内容。不管农夫或是打柴人都被召见，告密属实者，可破格授官，给以封赏；不实者，免予追究。从此，四面八方的告密者蜂拥而来，跑到长安向“铜匦”投书者络绎不绝。朝中人人畏惧，不敢迈步，不敢出声。

这个铜匦设置之后，可以“风闻言事”，这么有利于诬告的政策，当然会出现很多告密的人，这样一来，就会有很多人被诬告，那么如何来审这些被告人呢，不可能全部搞清是非黑白的，那怎么办呢？按武则天的想法，那就是宁可全部错杀，也不能有一个反对自己的人。要办好这件事，就需要任用酷吏，而历史上任用酷吏最著名的人就是武则天。

有一个叫索元礼的胡人，了解太后（武则天）的用意，因告密被召见，提拔为游击将军，命令他查办武则天特赦的囚犯。索元礼性情残忍，审讯一人必让他牵连数十人或上百人，太后（武则天）多次召见赏赐他，以张扬他的威权，可以说他是告密得宠的第一人。他发明了一种特殊的铁笼，叫被告把头伸到里面，而里面钉满铁针，有时他把被告倒悬起来，在头部系上石头，使他下坠，其狠毒让人发指。

铜匦设置之后，告密的人越来越多，以至于积案如山，日渐“垃圾化”。武则天没有办法，就拔擢了一大批官吏刑讯、治狱，于是大多数出身于市民与下层社会的狠毒小吏，从此进入了宫廷与“上流社会”，成为出身草根的新朝官僚。武则天正好要以这些人“为其刀斧”，达到巩固政权的目的，于是在中国历史上，十分少见的酷吏全面执法的局面便出现了。

在武则天重用的酷吏中，光有名姓的就有几十个，其中有两个最为狠毒，在历史上知名度也最高，一个叫周兴，一个叫来俊臣，提到这两个人的名字，当时的人都会不寒而栗。

周兴，京兆长安（今陕西西安市）人，入仕后在尚书省任都事，累迁司农少卿、秋官侍郎，执掌刑狱，他“屡决制狱，文深峭，妄杀数千人”，为了逼供，她发明了“定百脉”“喘不得”等十号大枷和种种骇人听闻的酷刑法，使囚犯一看到这些刑具就“战栗

乾陵石像

流汗，望风自诬”。他们可以任意给别人罗织一个罪名，以酷刑带供，或于狱中摧残而死，或斩杀抄家，当时的正直大臣们入朝前必与其家诀曰：“不知重相见不？”

周兴还为武则天称帝扫除了种种障碍，也因此成为武周建国的一大功臣。当时很多人私下议论他大量制造冤假错案，周兴听了哈哈一笑，在衙门口贴了一句话：“被告之人，问皆称枉。斩决之后，咸悉无言。”

周兴大张旗鼓地实行严刑酷法，也突出地反映他的凶匪本性，并且也只有武则天这样的主子，才会重用这样的刽子手。

武则天利用酷吏重点打击的是元老大臣。这些人传统观念根深蒂固，以李唐老臣自居，对武则天掌权不服，暗中制造舆论，企图恢复李唐王朝。这些人成了武则天的眼中钉、肉中刺，只要他们稍微露出一点儿反对武则天的形迹，立刻就会被连根铲除。

在武则天临朝称制的六年多时间，二十四个做过宰相的人就有十七人被相继罢免并遭到贬谪、流放和残酷杀害。尚书左丞相冯元，右卫将军李安诚都被酷吏用酷刑杀害。因而，到武则天称帝时，朝臣中的反武势力就微乎其微了。

武则天当皇帝之后，周兴又投其所好，建议废除李唐宗族的宗正属籍，剥夺他们的皇室成员资格。周兴办案手段高明，又能上体天心，所以深得武则天的赏识。很快从一个不入流的司法小吏升到四品的秋官侍郎、文昌右丞，升官速度飞快。不仅如此，武则天还赐他姓武，这在当时是了不起的殊荣，他自觉已俨然就是酷吏中的大哥，恶鬼中的阎王。

俗话说“人无千日好，花无百日红”。周兴正为自己的飞黄腾达而得意洋洋时，武则天已准备向他下手了。

要杀人，武则天向来不会自己动手，因为她是善于借刀杀人的，她杀周兴，借的“刀”就是来俊臣。

这时来俊臣已经是酷吏中的后起之秀，和周兴一块儿审案子，也一块儿吃饭，两人关系不错。有一天两人正吃饭，来俊臣说：“现在犯人都不肯招供，您是老前辈，有什么办法吗？”

周兴自以为高明，就哈哈大笑说：“这简单。你找一个大缸来，四周围上炭，把炭火生得旺旺的，请他进去坐会儿，到时候，让他招什么他就招什么啦！”来俊臣不由得叫一声好，马上叫手下人搬来一口缸，眼看炭火已经烧起来了，来俊臣站起身来，朝着周兴深深一揖："奉皇帝圣旨查办老兄谋反一案，烦请老兄入此瓮！"

周兴当场就吓呆了，扑通一声跪倒在地，他从事此道多年，知道此时说什么也没用，不然他将生不如死，便叹息道："你要我招什么？我都招。"于是案子不费吹灰之力马上就结了。周兴以谋反罪按律当斩，武则天念周兴有功，破例流放岭南。但周兴作恶多端，结怨太多，半途上就为仇家所杀。

这就是著名的"请君入瓮"的故事，之所以流传至今，也反映了老百姓的一种愿望：多行不义必自毙，恶人自有恶人磨。

来俊臣，雍州万年（今陕西西安）人，唐武则天时期著名的酷吏。少时便为人奸诈凶狠，不事生产。得志后成为武则天的酷吏，主做杀手和屠夫一样的事情，曾任司仆少卿、侍御史、左台御史中丞等职。还是中国历史上十大奸臣之一，比周兴更甚，历任侍御史、左御史中丞。

来俊臣擅长给人编造罪状。凡罗织人罪，皆先进奏事状，敕令依奏，即籍没其家。每有赦令，则遣狱卒先杀重囚，然后宣示。当时法官竟用酷法讯囚，来俊臣与周兴、索元礼尤为残虐。俊臣每讯囚，不论轻重，多以醋灌鼻；或将囚犯置于瓮中，用火环绕烧炙；或以铁圈束首而加楔，以至脑裂髓出；种种酷刑，备极苦毒。讯囚，又必先示以刑具，囚人畏惧，往往自诬。则天曾于洛阳丽景门置推事院，由俊臣主持，凡入此门者，百不存一，因此人称其门为"例竟门"。其时朝士人人自危，相见莫敢交谈；官员入朝，常密遭逮捕，家中再也不知道消息，因此官员入朝，即与家人作别："不知复相见否？"俊臣前后所破千余家，冤死者甚众；他自己又两次犯赃罪，种种不法，则天都加以庇护。万岁通天元年（696）俊臣迁升洛阳令、司农少卿。二年，因得罪武氏诸王及太平公主被诛。仇家噉俊臣之肉，须臾而尽。士民称快，相贺于路，都说："自今眠者背始贴席矣！"

唐代陶器

来俊臣定罪冤杀的有一千多家，按当时一人治罪牵连几十人或上百人的情况来推算，被他冤杀的有几万到十几万人。来俊臣热衷于整人害人的“理由”令人难以置信。他最感兴趣的是别人的妻妾，别人妻妾有漂亮的，他都千方百计地夺取，惯用的手法是指使别人罗织罪名上告，然后他便采用酷刑迫使别人认罪。《历代通鉴》中记载，自宰相以下，来俊臣都登记姓名按顺序夺取他们的妻妾。他还厚颜无耻地说自己采花求色之才可比石勒。

在武则天时期，来俊臣像疯狗一样四处咬人，十分嚣张。人落到了他手里，如同下了地狱，在地狱里来俊臣就是阎王，在他这里，正义、法律、人道是不存在的，只有听命于他的一群恶魔在随心所欲地整人和杀人。所以，在当时，当来俊臣的同僚是一件十分危险的事，因为不知啥时候，他会看中同僚的妻妾，然后同僚就家破人亡了。

来俊臣以逼供为趣，以施暴为勇，以杀人为乐，以作恶为荣，已经没有人性可言，热衷酷刑的人，必定是人格恶劣的小人，丧失人性的恶人，心理变态的病人。对于这样的人，谁都是有理说不清的，落到他们手里，就算倒霉了。每次有囚犯来，来俊臣就先带他们到刑具陈列室，让他们观看。囚犯们看了，都两腿发抖，冷汗直冒，精神崩溃，再清白的人也都乖乖认罪，但绝大多数人根本无罪，当然不知道说什么，于是来俊臣便用上刑法，手段残忍之至。

在用刑上，来俊臣之流更是无所不用其极，什么损招、狠招、坏招都使得出来，更有不少恶毒的“发明创造”。有的用椽子串联起人的手脚，再朝一个方向旋转，叫做“凤凰晒翅”，有的用东西固定人的腰部，将脖子的枷向前反拉，叫做“驴驹拔撅”，有的让人跪在地上，在枷上垒瓦，叫做“仙人献果”，有的让人立在高木台子上，从后面拉住脖子上的枷，叫做“玉女登梯”，有的将人倒吊，在脑袋上挂石头，有的用醋灌鼻孔，有的用铁圈套住脑袋，在脑袋和铁圈之间钉楔子，直把人钉得脑浆迸裂。

来俊臣曾与司刑评事万国俊共同撰写了《罗织经》，实际上就是“整人经”“害人经”，罗织经教他们的门徒如何编造罪状、安排情节、描绘细节，陷害无辜的人。他们还争相发明了刑讯办法，如“定百脉”“突地吼”“死猪愁”“求破家”“反是实”等，名目繁多，可谓整人有术，在他这里，害人竟有了理论指导，这是多么的可怕。

关于万国俊，此人也是相当的恶毒，《资治通鉴》第二百零五卷记载了他的一件事情。有人告发岭南流放人员谋反。太后（武则天）派遣司刑评事万国俊代理监察御史前往查办。万国俊到达广州后，召集全部流放人员，假传太后（武则天）命令让他们自尽。流放人员呼喊不服罪，万国俊就将他们驱赶到河边，全部斩首，一个早上就杀死三百多人，然后伪造了他们谋反的罪状回来上报。同时还对太后（武则天）说其他各道的流放人员也一定有怀恨谋反的，不能不及早除掉（诸道流人，亦必有怨望谋反者，不可不早诛）。

武则天很高兴，提升万国俊为朝散大夫，行侍御史。武则天又派右翊卫兵曹参军刘光业，司刑评事王德寿（来俊臣手下），南面监丞鲍思恭，尚辇直长王大贞，右武威卫兵曹参军屈贞筠等代理监察御史，到各道查办流放人员。刘光业等因万国俊多杀人而得到奖赏，争先仿效他（光业等以国俊多杀蒙赏，争效之）。刘光业杀死七百人，王寿德杀死五百人，其余少者也不下于一百余人。早年的杂犯流放人员也一同被杀。

来俊臣的职业是查办谋反案，所以他整天琢磨制造嫌疑犯。谁对皇帝有威胁，或者哪怕是谁不买他的账，他就诬陷谁谋反。后来他胆子越来越大了，也懒得绞尽脑汁了，干脆找了若干块石头做成靶子，石头上面一一写着当朝官员的名字，然后和自己的党羽一起从远处拿小石子砸这些靶子，砸中谁就拿谁开刀。这石子可是不长眼睛，谁知道砸中哪个？所以朝廷上人人自危。这还不算，来俊臣连武则天硕果仅存的几个亲人都惦记上了。他跑到武则天跟前，说武则天的儿女、侄子们全都不可靠。

就是武则天最器重的宰相狄仁杰，也没有躲过酷吏们的迫害。狄仁杰当宰相之时，正是武三思得意之日。他害怕狄仁杰等李唐旧臣阻止太后（武则天）立他为继承人，于是就联合当时的奸臣来俊臣罗织罪名告发狄仁杰等。《资治通鉴》第二百零五卷则天皇后长寿元年（壬辰，公元 692 年）记载了这件事情。

左台中丞来俊杰罗织罪名告发同平章事任知古、裴行本、司礼卿崔宣礼、前文昌左丞卢献、御史中丞魏元忠、潞州刺史李嗣真谋反。这以前，来俊臣曾奏请太后（武则天）下命令：一经审问即承认谋反的人可以减免死罪，等到狄仁杰入狱，来俊臣便用这道命令诱惑他们认罪。狄仁杰回答说：“大周改朝换代，万物更新，唐朝旧臣，甘心顺从诛戮，谋反是事实！”来俊臣见狄仁杰等迅速认了罪，便没有对他用大刑。

狄仁杰像

来俊臣的属官王德寿对狄仁杰说："您已经判减免死罪了，我已受人指使，想稍为提升官阶，请您牵连杨执柔，可以吗？"狄仁杰说："我狄仁杰干这种事，天地不容。"说完一头撞在柱子上，血流满面。

侯思止审理魏元忠，魏元忠义正言辞不屈服。侯思止大怒，命令在地上倒着拖他。魏元忠说："我命运不好，譬如从驴背上掉了下来，脚挂在足蹬上，被驴拉着走。"

侯思止愈加发怒，命令接着拖他。魏元忠说："侯思止，你如果需要我魏元忠的脑袋就砍了，何必让我承认谋反呢。"

狄仁杰已经承认谋反，有关部门等待判决执行，不再严密防备。狄仁杰便在被子上撕下一块帛，书写冤屈情况，塞在丝帛里面，偷偷交给了家人，家人拿其给了武则天，武则天才赦免了狄人杰的死罪。如果不是狄仁杰的聪明才智够用，那么历史上就又出现牵涉巨大的一桩冤案，数千人将在来俊臣等酷吏手中变成冤魂。

来俊臣招惹的人太多了，几乎到了人人得而诛之的地步。一个人如果让所有的人都记恨，恐怕就没什么好下场了。可是，真正让来俊臣陷于灭顶之灾的倒不是他的仇家，而是他的下属兼朋友，另一名酷吏卫遂忠。

卫遂忠本是来俊臣豢养的打手之一。此人聪明伶俐，能说会道，很得来俊臣的赏识，也算是来俊臣的忠党。

但来俊臣因为卫遂忠羞辱他强抢过来的老婆，就将他打了一顿。卫遂忠怀恨在心，决定去求见武则天的侄子魏王武承嗣。他问武承嗣："您可知上次来俊臣掷石头砸中的是谁的名字？"武承嗣知道来者不善，忙问是谁，卫遂忠就说："正是魏王您呀！他准备告您谋反呢！"

这一句话可把武承嗣吓坏了。他以带头大哥的身份联络了武家子弟和太平公主，又把皇嗣李旦也拉了进来，最后干脆连禁军将领也给拉上了。他召集众人说：来，我们一块儿告倒来俊臣！这些人本来不是一个阵营的，彼此有诸多矛盾，但是在痛恨来俊臣这一点上却空前一致。反正来俊臣让大家都人心惶惶，现在正好趁着人多势众，一起打倒他，于是大家就以魏王武承嗣为首联名上奏，控告来俊臣谋反。

嗜杀恶姬恣凶虐，刻石记功必遭唾

武则天本来对来俊臣还是相当有好感的，因为他替自己做掉的人太多了。她知道来俊臣得罪人很多，但那都是自己让他干的。至于说来俊臣想要当皇帝，武则天无论如何是不相信的。何况来俊臣长相还行，武则天对于美色总是很感兴趣。她想保住来俊臣，因此迟迟没有答复。

然而越是这样，那些告来俊臣的人越害怕，要是来俊臣不死，接下来就轮到这些人吃不了兜着走了。于是这帮人又发动满朝大臣，皇亲国戚，就连武则天的面首都发动了，让他们都来游说武则天，可是武则天还是不处理。

都说“恶人自有恶人磨”，这话很有道理，最后结束来俊臣性命的还是酷吏。这个酷吏名字叫做吉顼，也是一个美男子。此人曾经和来俊臣共事，心机深沉，胆略非凡，当时也正得武则天信任。

神功元年（697 年）六月的一天，武则天骑马到禁苑散心，吉顼为她牵马。骑了一会儿马，武则天问：“最近外面有什么动静吗？”吉顼回答道：“大家都在议论皇上怎么还没判来俊臣死刑呢。”武则天说：“来俊臣有功于国，朕不能不考虑啊。”吉顼朗声说道：“来俊臣纠结不法之徒，陷害忠良，他们家收受的贿赂有如山积，被他迫害而死的冤魂充塞道路，这样的人是国贼，是公害啊。陛下您哪能对这样的人心存恻隐呢？”

武则天沉默了一会儿，终于长叹一声说：“只好这样了！”吉顼的话为什么会起到作用呢？有两点原因：第一，他没有提来俊臣谋反，因为他知道武则天不相信他谋反。但是他所开列的来俊臣的罪状却都是真的，单凭这些罪状已经足够判处来俊臣死刑了。第二，吉顼也是个酷吏，连他都跟武则天说，不能再让来俊臣苟活于人世，武则天也就意识到了，天下人都已经万般厌恶来俊臣了，如果这时候再保他，只能是引火烧身。没办法，借他的脑袋来平息民愤吧，于是武则天决定牺牲来俊臣以平天下人的愤怒。

来俊臣自己在《罗织经》里也说过，要“善归上，罪归下”，有好处时要让皇上做好人，有罪过时做臣子的应承担下来，现在他终于实践了自己的理论。

神功元年六月初三，武则天下令将来俊臣斩首。斩首那天，洛阳城的老百姓倾城而出，都来看热闹。来俊臣人头刚一落地，百姓蜂拥而上，把来俊臣的尸体挖眼剥皮，连五脏六腑都掏了出来。

武则天听说后也很吃惊，她还真没想到来俊臣如此让人痛恨，她不由得暗自庆幸，幸好把他处死了，否则这种郁积的愤怒要是爆发到自己头上，岂不是大麻烦！她赶紧和来俊臣脱清干系，亲自写了《暴来俊臣罪状制》，列举了来俊臣的种种罪状，最后说：“宜加赤族之诛，以雪苍生之愤。”即要把和来俊臣有亲族关系的人全杀掉，这样一来，武则天又摇身一变，成了一个替天行道、为民申冤的好皇帝。

来俊臣死后还出现了一个现象，就是来俊臣下属和曾经举荐的人全部认罪。原来，来俊臣还掌权的时候，吏部受他嘱托越级授官的人每次百人，到来俊臣垮台后，这些人全都自首。武则天责备他们没有原则，但他们说：“我们违背陛下该当死罪，但在当时，我们扰乱国家法度只加罪于自身，我们如果违背来俊臣的意旨，就会被立即灭族”（“臣负陛下，死罪！臣乱国家法，罪止一身，违俊臣语，立见灭族”）。武则天于是赦免了他们。

新旧《唐书》所记载的二十七个酷吏不是被处决，就是承受不了内心的压力自杀或者发疯，没有一个善终。武则天利用酷吏来打击反对派，巩固了武周的江山。但是，一旦统治真的稳定下来，这些人的历史使命也就结束了。而且，这些人的存在还会成为她的负担，会有损于她的形象，让人们觉得她是酷刑之主。

从废黜中宗李哲到处死来俊臣，酷吏政治持续了十四年之久。唐朝以来，任用酷吏一直是人们批评武则天的最主要罪证，首先它严重破坏了司法制度，但是在酷吏横行的时代，原来的法律条文和司法原则都成了一纸空文，无法再发挥应有的作用。其次，酷吏政治也破坏了人心。君臣之间互相猜忌，大臣为了自保，只能装聋作哑，苟且偷生。当时的宰相苏味道有一句名言，说别人要是问你问题，绝不能正面回答，要模模糊糊地回答。可即是不可，不可即是可，凡事无可无不可，所以就留下来一个成语叫做“模棱两可”。连宰相整天说话做事都似是而非，公事还能办好吗？所以在武则天手下虽然有不少很能干的大臣，但是再也找不到魏徵那样的直臣了。

来俊臣的事也给武则天提了个醒：既然要当好皇帝，光杀死来俊臣还不够，还要进一步证明自己是被蒙蔽的，没有责任的。怎么才能做到这一点呢？武则天就找大臣谈话，她说：“过去周兴、来俊臣审讯的时候，每次都牵扯好多大臣，我也不是没有怀疑过，可是派身边的大臣去复查，回来都说确实如此。我再问那些受审的人，这些人自己都承认谋反，那我也就只好相信了。可是周兴、来俊臣死了之后，也就不再有谋反案了，这样看来，以前那些案子恐怕也有冤枉的吧。”

她这明摆着是在装糊涂，大臣也不知道说什么好，就都不说话。沉默了一会儿，一个叫姚元崇的大臣说话了：“从垂拱年间以来，所谓的谋反案基本都是周兴他们诬告出来的。当时陛下让大臣去复查，这些大臣还不是泥菩萨过江——自身难保，怎么敢真的去查？那些被诬陷的人如果翻供的话，会吃更多的苦头，还不如早点死了算了，所以只好承认谋反。现在全仗老天保佑，陛下终于看清楚了周兴、来俊臣他们的嘴脸，把他们正法了。臣敢以全家族一百多口人的性命向您保证，从今再也不会有人谋反了，如果再有人谋反，请陛下问臣的罪！”

武则天赶紧顺坡下驴，说：“姚爱卿说得对！以前那些宰相只知道顺着朕，险些让朕成了滥用刑罚的人！现在姚爱卿所说的才是我真正想听的话呀！”一下子把责任推了个精光。武则天和姚元崇之间的这次对话，成为武则天结束酷吏政治的一个标志。

宋时的孙甫曾在《唐史论断》中大骂武氏“恣行凶虐，毒流内外”，明末清初的大思想家王夫之斥武则天为“嗜杀之淫妪”，有“滔天之恶”，还说她“鬼神不容，臣民共怨”。这样的一个人，如果再立碑为自己歌功颂德，那可真是要让人笑掉大牙了，不仅如此，如果她要真的在碑上刻记功绩，也必为人唾弃和销毁，所以，与其这样，还不如不着一字，单立一块石碑，让后人猜之。

功绩巍巍垂千秋，伟业煌煌启盛唐

武则天罪恶滔天，那么她是否有功于当世呢？是的！历史上之所以对武则天难以评判，就在于武则天虽然罪恶极多，但她对国家的发展贡献也很大。无字碑之所以立而不倒，也是因为她对当时的国家，对平民百姓的生活，有着不可磨灭的积极向上的作用。比如她在军事上的成就，那几乎就是中国封建王朝历史上，由汉人开辟的最为庞大的国家疆域，其赫赫武功，实在是亘古未有。

唐太宗时期，唐朝的军事能力达到了极高的高度，四夷宾服，唐太宗被尊称为“天可汗”。太宗之后，经过多年的安定，周边的小国又开始侵袭大唐国土。自高宗显庆初年开始，唐朝边境形势发生了巨大变化。西部突厥向唐朝西域侵扰，使西域少数民族不得安宁。东部与唐朝关系密切的新罗，受到高丽和百济的包围，频频向唐朝求救。武后和高宗奋太宗贞观讨伐四方之威猛，对突厥和高丽用兵。自显庆元年（656 年）至麟德元年（664 年），以十年努力，使唐朝边事大为改观，其武功竟超过了太宗拓土之功，让人佩服。

唐朝武功极盛阶段，恰是武则天作为皇后辅佐高宗，以及垂帘听政和亲自执政的时期。因高宗才智平庸，加上身体多病，朝廷内外大事，“上或使皇后决之”。就是说，包括对外用兵的大事，高宗悉“委以”太后。武则天自己执政后，在治理国家方面有了更大的自主权，她的治国之道深受唐太宗的影响，内治与外武，皆不同凡响，无字巨碑，虽不着字，但其历史功绩也是不容抹杀的。

在唐高宗和武则天统治时期，唐朝边疆虽然屡遭侵扰，但大唐雄兵四面出击，基本都能取胜拓土，所以在武则天执政时期，唐朝的疆域超过了历史上任何朝代，成为整个世界当之无愧的霸主。

有唐一代，总计在边陲地区设置了九大都护府，但武则天自己就设置了五个，并且将唐太宗设置的安西都护府也扩大了辖区范围。

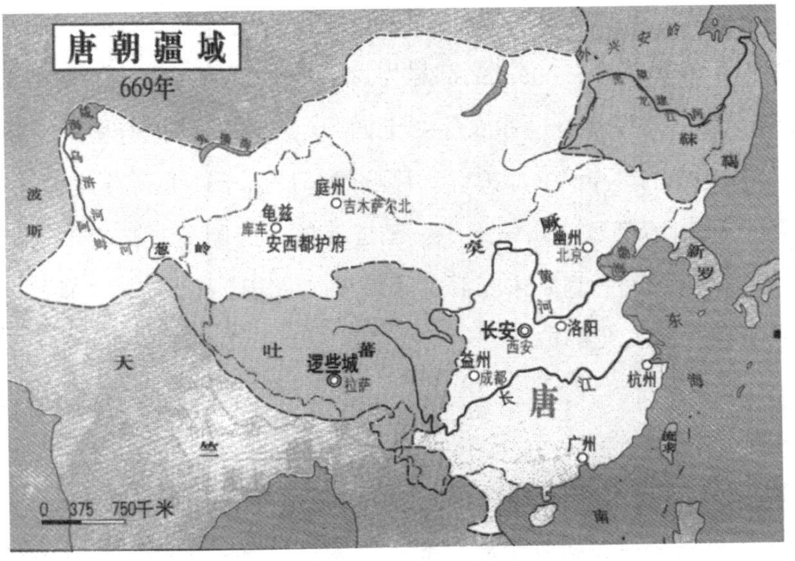

唐代疆域图

都护府是唐朝在边疆民族地区设置的特别行政机构。分为大都护府和上都护府。大都护从二品，上都护正三品。都护的职责是“抚慰诸藩，辑宁外寇”，凡对周边民族之“抚慰、征讨、叙功、罚过事宜，皆其所统。它的出现，是唐初边疆地区民族关系发展的客观需要。许多部落自武德起就主动内附。自太宗年间起，唐朝先后平定了突厥、薛延陀等部，更多的边疆部族纷纷降附。唐王朝面临着如何处置众多归附民族的问题。由于数百年民族联系的不断加强，友好往来的不断增长以及唐初统治者民族偏见较少，唐太宗将治理内地的经验推广到周边，于少数民族地区列置州县，使各部首领管理本部。为管理这些州县，唐王朝又仿汉代西域都护府的建制在民族地区设置都护府。从太宗至武后，建立了安东、东夷、安北、单于、安西、北庭、昆陵、蒙池、安南等九个都护府。到玄宗开元天宝时，只剩下安东、安北、单于、安西、北庭、安南都护府，这就是著名的六都护府。

都护府是唐王朝加强地方统治，处理民族关系采取的重要举措，也是唐朝前期政治清明、经济发展社会繁荣的原因之一。这项制度对后世产生了非常深远的影响。

武则天设立的五个都护府是：

1. 单于都护府

贞观四年三月，唐朝大将李靖俘颉利可汗，灭亡东突厥。唐太宗在突利可汗故地设置顺、祐、化、长四州都督府，颉利可汗故地置定襄都督府、云中都督府。永徽元年唐平突厥车鼻可汗，“突厥诸部尽为封疆之臣”，乃于其地设瀚海都护府，领狼山、云中、桑干三都督府，苏农等二十四州，与燕然都护府壤地交错。龙朔三年，移治云中古城，改名云中都护府，移燕然都护府于碛北，并改名瀚海都护府，遂以碛为界，碛南诸都督府州隶云中。麟德元年，武则天改其为单于都护府，辖境北距大漠，南抵黄河。高宗末年后突厥兴起，尽拔诸羁縻府州。垂拱二年改置镇守使，圣历元年并入安北都护府。开元八年复为单于都护府，安北都护府移治中受降城。

2. 安东都护府

总章元年（668 年），唐朝灭亡高句丽后，在平壤设置安东都护府以统辖其地，所辖包括辽东半岛全部、朝鲜半岛北部、吉林西北地区和朝鲜半岛西南部的百济故地，包括今乌苏里江以东和黑龙江下游西岸及库页岛直至大海。上元三年（676 年），唐将安东都护府治所迁往辽东故城（今辽阳）。仪凤二年（677 年），迁治新城（今抚顺高尔山）。

在平定高句丽，安抚册封渤海、契丹、奚、靺鞨、室韦等民族的基础上，唐朝在东北先后设置了安东都护府、营州上都督府，饶乐都督府、松漠都督府、渤海都督府、黑水都督府、室韦都督府等。以都护府、督都府、州、道等行政体制对东北进行行政管理，开发建设东北。 安东都护府初隶河北道营州都督府；武则天初年以幽州都督兼安东都护；长安四年（704 年）以幽、营州都督兼安东都护；开元七年（719 年）以平卢节度使兼领安东都护；开元二十年（732）以幽州节度使兼领安东都护及平卢节度使；天宝元年（742 年）幽州节度使改为范阳节度使，平卢节度使从中划出，以平卢节度使兼领安东都护。

安东都护府是军政合一的地方行政机构，其在地方行政体制上接受唐中央政府双重体制管辖。一方面，都护府作为河北道辖区的一级政府归河北道采访使管辖，治所在魏州（今河北大名）。另外，安东都护府的设置是在征服高句丽民族基础上形成的，高句丽作为东北夷，根据唐制，被征服诸夷，“散诸处幽州、营州界内，以州名羁縻之”。羁縻制度是唐朝政府管理和安抚境内诸少数民族的一种方式。安东都护府带有羁縻性质，根据唐朝规定，羁縻府州，可由本民族人物出任都督、刺史之职参与管理本民族事务，并可以世袭。中央政府派员参与管理，或设置相应机构协调、监督管理。

安东都护府属上都护府，其长官为安东都护，正三品，“掌统诸蕃，抚慰、征讨、叙功、罚过，总判府事”。有唐一代，薛仁贵、高侃、唐休景、仁贵子薛纳、王玄志、薛泰、许钦凑、裴云挂、玄宗第十三子颖王李磁等，都先后担任过安东都护之职。

3. 安北都护府

贞观二十年（646）唐破薛延陀后，铁勒诸部内附。次年正月置瀚海都督府等六都督府和皋兰州等七州，各以部帅为都督、刺史，旋设燕然都护府以统之。八月，铁勒诸部中最远的骨利部来附，置为玄阙州。后又以结骨、葛逻禄诸部置坚昆都督府、阴山都督府、大漠都督府、玄池都督府和浑河州、狼山州等都督府和州，均归燕然都护府统领。都护府治所在故单于台（今内蒙古杭锦后旗东北乌加河北）。辖境相当于今内蒙古乌加河以北、蒙古人民共和国全境、俄罗斯额尔齐斯河、叶尼塞河流域和安加拉河、贝加尔湖周围地区。龙朔三年，都护府移于漠北回纥本部，治今蒙古人民共和国哈尔和林西北。改名瀚海都护府，与云中都护府以碛为界，领碛北诸羁縻府州。总章二年，武则天改为安北都护府。高宗末年后突厥兴起，不久铁勒故地皆为所并，安北都护府遂废。武后时回纥、契骨、思结、浑等部度碛徙甘、凉间，垂拱元年侨置安北都护府于居延海西之同城（今内蒙古额济纳旗东南），不久又内移至西安城（今甘肃民乐西北），圣历元年迁至单于都护府旧治云中古城（今内蒙古和林格尔西北土城子）。景龙二年，张仁愿于河套北筑东、中、西三受降城，遂移安北都护府治西受降城（今内蒙古乌拉特中后旗西南乌加河北）。开元三年移治中受降城（今内蒙古包头西南黄河北岸）。天宝八载，都护府复移治横塞军（今内蒙古乌拉特中后旗西南阴山南麓），由军使兼理府事。十四载又移治大安军（乾元后改名天德军，今内蒙古乌拉特前旗东北乌加河东）。至德二年改名镇北都护府。兴元后遂不复见。会昌年间复改单于都护府为安北都护府。五代地入契丹，遂废。都护府在同城、西安时，当领有内迁甘、凉间的回纥等部，仍有瀚海等府州名号。其后回纥等部北还投突厥，都护府东迁碛南，所领部落府州无考。天宝初置附郭阴山县。

4. 安南都护府

调露元年（679 年），武则天以交州都督府改置安南都护府，为岭南五管之一，治所位于宋平（今越南河内），辖境北抵今云南南盘江，南抵越南河静、广平省界，东有广西那坡、靖西和龙州、宁明、防城部分地区，西界在越南红河黑水之间。都护由交州刺史兼任。至德二年（757 年），改名镇南都护府，永泰二年（760 年），复名安南都护府。

5. 安西都护府

唐贞观十四年，侯君集平高昌，在其地设西州都护府，治所在西州。同年 9 月在交河城（今新疆吐鲁番西雅尔郭勒）设安西都护府，用以针对西突厥。安西都护府第一任都护为乔师望，后由郭孝恪接任，开始时只有数千人的兵力。贞观二十二年，郭孝恪击败龟兹国，把安西都护府迁至龟兹（今新疆库车县）。

唐高宗显庆二年十一月，苏定方在碎叶水平定阿史那贺鲁的反叛，从而平定了西突厥，将安西都护府治所迁回高昌故地。显庆三年五月，安西都护府又迁到龟兹（今库车），安西都护府升格为大都护府。唐高宗改变太宗时只重军事而轻行政管理的做法，在突厥故地分设蒙池、昆陵两个都护府，并将其附属小国分别设置州府，西境直抵波斯，都隶属于安西大都护府，使这一带都置于唐朝的直接统治之下。唐朝贞观十四年设置的安西都护府治所西（今新疆吐鲁番东高昌故城），统安西四镇，龟兹、疏勒、于阗、碎叶（今吉尔吉斯斯坦的托克马克市），辖境相当今新疆及哈萨克东部、吉尔吉斯北部楚河流域。自显庆元年至麟德元年，这期间，是武则天为皇后辅佐高宗到垂帘听政阶段。显庆、龙朔年间，唐军平定西突厥，辖区扩大至今阿尔泰山西至咸海及葱岭的东西各部直至阿姆河两岸城的诸城邦国，包括今吉尔吉斯斯坦大部分。

显庆五年，位于葱岭以西的西突厥都曼部降唐，朝廷派人去该部巡查。龙朔元年，又派遣吐火罗道置州县使王名巡视葱岭以西，在于阗以西、波斯以东十六国，设置十六都督州府，统辖八十个州，一百一十个县，一百二十六个军府，并在吐火罗立碑记述此事。在此时，安西大都护府的管辖地包括安西四镇、濛池、昆陵都护府（西突厥故地）、昭武九姓、吐火罗乃至波斯都督府，大体相当于今日新疆与中亚五国、阿富汗的总和。

龙朔二年之后，吐蕃和唐朝反复争夺安西四镇，直到唐德宗贞元六年（790 年），安西四镇相继完全陷落。

咸亨元年四月，吐蕃军队攻陷了安西都护府。期间唐朝也两次放弃安西四镇：

咸亨四年，唐朝恢复了安西四镇，仪凤二年，又被吐蕃控制；仪凤四年，安西四镇被唐将裴行俭收复，垂拱三年，武则天被迫收缩战线，放弃安西四镇，安西都护府治所移至碎叶城。

裴行俭像

武则天长寿二年，王孝杰收复了安西四镇，在龟兹国恢复设置了安西都护府。此后，安西都护府的府衙在龟兹稳固下来。

总之，在武则天辅佐高宗的时代、武则天垂帘听政的时代和武则天做女皇帝的时代中，唐军在中央的指挥下（特别是武则天的指挥）东西征战，军事上大都能取得胜利，大唐的国土超过了中国古代以往任何时期，声威播于世界，这都说明，女皇武则天的赫赫武功，在中国既往的历史上是十分卓著的。

煌煌文治承贞观，大唐国力世无匹

在武则天参政掌权的几十年中，中华大地上生产力得到了很大发展，人口迅速增多，经济发展很快，国力达到了历史上少有的强盛时期，文化方面也有长足进步，文学方面更是直接催生了唐诗这朵奇葩，可以说，武则天在治国方面有着极高的成就，文治之盛不让太宗，故史称其统治时期有“贞观遗风”。巍巍无字碑屹立千年，也是在向世人标榜着武则天的煌煌文治之功。

武则天很重视农业生产。早在她为皇后时，就曾向高宗建言十二事，其中第一条就是“劝农桑，薄赋摇”。武则天执政后又说：“然俱王天下者，必国富而粟多。粟生于农，故先王贵之。劝农之急，必先禁未作。田垦则粟多，粟多则人富。”她认为“建国之本，必在于农，家足人足，则国自安焉”。武则天还将所撰农书《兆人本业记》发给诸州来京的朝集使之颁行天下。其后唐朝历代皇帝皆推崇这部农书，“每年二月一日，以农务方兴，令百僚具则天大圣皇后所册定《兆人本业记》进奉”，成为定制。

武则天为发展农业生产，采取了一系列的措施。首先是继续推行均田制。在已发现的敦煌户籍残卷中，有属于武则天时代的户籍（邯寿寿户、张玄均户），里面记载着应受田数、已受田数、未受田数和已受田中永业、口分、园宅的亩数。与唐制完全符合。说明武则天时期确实严格依据唐初田令推行过均田制。

其次，武则天在边远地区实行军事性屯田、营田。娄师德出身进士，天授初（690 年）兼任丰州（治今内蒙古五原）都督，依旧知营田事，率军屯田，取得丰收，武则天降书慰劳说：“不烦和余之费，无复转输之艰，两军及北镇兵数年咸得支给。”不久升任宰相。

郭元振亦是进士出身，才兼文武。长安元年，武则天任郭元振为凉州（治今甘肃武威）都督、陇右诸军大使。凉州原先经常受突厥、吐蕃侵扰，元振去后，突厥、吐蕃再不敢至城下，“元振又令甘州（治今甘肃张掖）刺史李汉通开置屯由，尽水陆之利”，结果“积军粮支数十年”。元振在凉州五年，“牛羊被野，路不拾遗”。

第三，武则天还重视和提倡兴修水利。在她独掌政权的 21 年里，仅据《新唐书·地理志》记载，就有 19 项水利工程，大者“引汉水溉田二百顷”，“引渠溉田百余顷”，是有唐一代 290 年间地方水利建设蓬勃发展的时期。

第四，武则天还以境内农田好坏作为奖惩地方官吏的标准。她亲政后即规定，州县境内“田畴垦辟，家有余粮”，官吏则予以升奖；如果“为政苛滥，户口流移”，则加以惩处，“轻者年终贬考，甚者非时解替”。

武则天的这些措施，极大地促进了农业生产的发展。其一，国家仓库里储满了粮食。史载，长安四年（704 年），“神都努藏储粟，积年充实，淮海漕运，日夕流衍”。其二，地方储粮亦很丰富。义仓储粮很多，“不许杂用”，以备荒年。其三，户口显著增加。永徽三年唐有户三百八十万，到神龙元年武则天病逝时，有户六百一十五万，几乎增加了一倍，平均每年增长 9.1%，这是一个很高的增长率，这说明农业生产的发展加快了人口的增值，也是反映武则天时期唐代生产力发展的客观数据。

武则天时代的手工业也在快速发展进步。当时采矿业和铸造业很发达，除

描述唐代纺织情景的图画

国家开采外，亦允许私人经营，规定“凡天下诸州出铜铁之所，听人私采，官收其税”。

武则天为颂扬自己的德政，曾经让人立天枢，铸九鼎，耗费大量铜铁。天册万岁元年四月，天枢成，“高一百五尺、径十二尺，八面，各径五尺”。神功元年四月，铸九鼎成，神都洛阳的“豫州鼎高丈八尺，受千八百石；余州高丈四尺，受千二百石；各图山川物产于其上，共用铜五十六万七百余斤”。

纺织业也有一定程度的发展。垂拱元年，尚方监有“短蕃匠 5279 人，绩绵巧儿 365 人，内作使绩匠 83 人，掖庭绩匠 150 人，内作巧儿 42 人，配京都诸司使杂匠 125 人”，共 5794 人，其中纯属纺织工匠者 598 人，占工匠的十分之一多。制造出来的丝织品，质地精良，花色艳丽，久享盛誉。当时纺织业的发达，其特点一是地区相当广泛，从内地到边陲；二是发展程度高，不仅官营作坊分工细密，工匠众多，而且出现了较大规模的私人作坊。

武周时期农业、手工业的发展，又促进了商业的繁荣。主要表现在“市”的增加和城市贸易的发达。长寿元年，武则天令宰相李昭德增筑神都外郭城，“城内纵横各十街，凡坊一百十三，市三”，使洛阳更加宏伟、繁华。长安年间苏攘任扬州大都督府长史，“扬州地当冲要，多富商大贾，珠翠珍怪之产”。当时广州的海外贸易很发达，很多外国商人每年都来此经商。

武周时期农业、手工业的发展和商业的繁荣，又促进了交通事业的发达。史家在论述唐代前期交通、运输盛况时都经常征引史书上这样的记载，说此时“天下诸津，舟航所聚，旁通巴、汉，前指闽、越，七泽十，三江五湖，控引河洛，兼包淮海。

艨船巨舰，千轴万艘，交贸往还，昧旦永日”。这段话是长安三年（703 年）凤阁舍人崔融在给女皇武则天上疏中说的，恰好证明武周时期的交通、商贸关系确实发达。

武则天在中国文化史上的贡献也是很大的，正是有了她的推动，才有了盛唐文化百花齐放的局面。武则天自己也是博学多才，《旧唐书》评价武则天“兼涉文史”，唐高宗《述圣记》碑便是武则天所写，从现今遗留的字句来看，便知她文笔出众，同时她也是一位杰出的诗人。据《全唐诗》载，武则天有诗 46 首，《武后享清庙乐章》10 首，共 56 首。有些诗如《如意娘》《催花诗》等都是脍炙人口，若是她在无字碑上着文，当又是一篇奇丽佳作。

但作为一代女皇，武则天在文化史上的贡献，还应着重研究她执政时期推行怎样的文化政策。比如宗教文化，武则天对各种宗教持什么态度呢？人们多认为武则天出于当女皇的政治需要利用佛教，而贬低排斥道教、儒教。实际上，武则天辅政和独掌政权的 44 年中虽然出于某种政治需要，有时崇佛，有时尊儒，有时佛道并重，但大体上推行唐初以来奉行的三教兼容、崇佛信道尊儒的文化政策，促其共同发展，并没有用行政手段强行压制、排斥一种宗教。

武则天晚年对待三教的最大举措，是命令其亲信兼情人张昌宗领衔，由大手笔张说、李娇、沈俭期、宋之问等人修撰，于长安元年编纂成集儒、道、佛三教精品的《三教珠英》。这是中国历史上唯一的一部三教文献汇编。这标志着唐高祖、太宗开创，高宗继承，至此三教兼容，在竞争中相互交融、共同发展的繁盛局面的出现。三教鼎盛局面的出现，极大地促进了文学、史学、音乐、舞蹈、绘画、学校教育、建筑艺术等各个文化领域的发展，促进了盛唐文明的绚烂多姿。这是武则天在文化史上的重大贡献。

科举制空前发展，重吏治唯才是用

武则天对科举制度的发展也是有极大贡献的，正因为她大力提倡科举制，才有了唐代在文化上的全盛局面。

武则天在科举制度史上的主要贡献有如下几种：

1. 开创殿试

殿试是皇帝亲临殿廷策问贡举人的一种考试方式，也是科举制度中制举的最高形式。因考试地点大都在京城殿廷，由皇帝亲临殿廷策问贡举人，故这种考试方式称殿试，又叫廷试。如同所讲述的，史书明确出现殿试始于武则天载初元年《唐会要》的记载，这年二月十四日武则天“试贡举人于洛城殿前，数日方毕。殿前试人，自兹始也”。皇帝亲临策试，有效地减少了作弊现象的产生，并且在影响力上也极大地推动了科举制的发展。

2. 初设武举

在武则天掌权之前和执政的初、中期，科举项目虽然较多，但都属于文科举，与武艺无涉。史载武则天晚年重返长安大明宫的第二年，于长安二年春正月，在长安“初设武举”，所以，武举是武则天的历史功绩。

武举，又称为武科，是唐代选拔武才、武官和武将的重要考试科目，它包括常科和制科两种，但通常人们多作常科解。在唐代，武科虽然没有文科影响大，但因其特殊的作用，因此它常与选拔文官的进士、明经等科目相对应。

3. 增加制举次数和常举的难度

唐代科举制度主要分常举与制举两种。常举是按“常贡之科”经常举行的考试选官制度，主要有秀才、进士、明经、明法、明书、明算等科目。制举是由皇帝临时特诏举行的科举考试，即“其天子自诏者曰制举”，举行的次数较少。武则天执政后，增加了制举次数，从永隆元年（680 年）至长安二年（702 年），几乎每年都有制举。同时，增加了常举各科考试内容的难度。特别是明经、进士等科。由于制举是皇帝亲自倡导的，甚至亲临策试，因而对科举制的发展起了很大的推动作用。

4. 进士成为诸科之首

在武则天时期，进士成为科举中诸科的重心，尤其是咸亨年以后，每年考取进士的人数比贞观年间扩大一倍，平均有二十余人。而且越来越重视以文章取士。史家称这和“太后颇涉文史，好雕虫之艺”有直接关系。这种风尚有力地促进了盛唐文坛上的极大繁荣。与以门第取人的九品中正制比较，这种“学而优则仕”的科举制度无疑是历史的进步。唐玄宗开元之治的名相姚崇、宋璟、张九龄等，都是在这个时期通过科举选拔出来的杰出人才。

古代科举考试情景

武则天时不仅进士科录取的人数大增，并且还开设很多制科。因为武则天常住东都洛阳，自永昌元年（689 年）又开始在东西两都取士，据张说《四门助教尹守贞墓志》载："长安（武则天年号）之初，大开贡举，是年千五百人。"

武则天发展科举制度的巨大社会效益，就是提高了官僚队伍以及全体知识分子的文化素质。杜审言、郭元稹、沈佺期、宋之问、宋章、陈子昂、张柬之、贺知章、张九龄等进士，就是在这个时期被选拔出来的。他们中有的成为中枢贤相，有的成为文坛巨星，有的成为著名史家，在盛唐文化中大放光彩。从此，文学之士代替了世袭贵族，逐渐成为唐代官僚队伍的主角，进而提高了整个知识分子阶层的文化素质。因此可以说，武则天发展科举制的贡献具有划时代的重要意义。

武则天通过科举、自举和别人推荐，选拔了一批杰出的人才，成为武周政权的中流砥柱，如狄仁杰、姚崇、宋璟、魏元忠、韦安石、朱敬则、苏良嗣、徐有功等人。其中，姚崇、宋璟后来成为开元时期的贤相。

吏治对社会状况至关重要，武则天知道，对官吏光用法律的形式来约束是不行的，要使他们"称职"必须加强教育，使其懂得为臣之道。为此，她亲自撰写《臣轨》一书，从十个方面对臣下提出要求：同体、至忠、守道、公正、匡谏、诚信、慎密、廉洁、良将，利人。

武则天鼓励臣下直言，破格用人，事例很多。因此，后来唐中期的宰相陆贽赞扬武则天善于用人，赏罚分明，说："深责既严，进退皆速，不肖者旋，才能者骤升，是以当代谓知人之明，累朝赖多士之用。"北宋史学家司马光亦认为，武则天"挟刑赏之柄以驾驭天下，政由己出，明察善断，故当时英贤亦竟为之用"。这些评语是符合实际的。这正因为如此，在她执政期间社会秩序安定，即使发生了徐敬业起兵那样较大的动乱，也没有爆发农民起义，正如当时的陈子昂所说的，"扬州构祸，殆有五旬，而海内晏然，纤尘不动"。

为使国家大治，武则天实行了"建言十二事"，为普通百姓和中下级官员着想，为他们争得利益，赢得了绝大多数百姓和官员的拥护。具体内容是：

1. 劝农桑，薄徭赋

2. 免除三辅一带百姓徭役

3. 息兵，以道德教化天下

4. 在全国各地禁止浮巧

5. 节省功费、力役

6. 广言路

7. 杜谗言

8. 王公以下皆习《老子》

9. 父在为母服缞三年

10. 上元以前勋官以给告身者无追覆

11. 京官八品以上者增加俸禄

12. 百官任职已久、才高位下者，得以晋阶升迁

这十二条，归纳起来是四大政策：一是富国强民，二是善用人才，三是笼络百官，四是提高妇女地位。

武则天步入政坛后，风波迭起，颇不平坦，耗费了很多心力来应付局面，但是太宗之魂从没有离开她的头脑。武则天自始至终把富民强国作为头等大事来完成。她以巨大的魄力削弱贵族势力，提拔重用了许多中小地主出身的官吏，扩大了统治基础。她一再鼓励农业生产，州县荒地开垦并户有余粮的，州县长官可得升迁。在她的统治期间，户口增加，社会经济进一步发展。

在她和唐高宗联合执政时期，大唐从战后恢复期进入蓬勃发展期，国力渐盛，人口激增，万民乐业。这个因素，才是武则天屹立不倒的根本原因。她的智谋、权术、心计，固然是她纵横政坛的利器，但即便是一个绝顶聪明的政治家，如果漠视民意，或敢于倒行逆施，那是早晚都要被民众情绪这个“覆舟之水”掀翻的。

当时很多人诋毁武则天，说她阴毒，夺取了李唐的江山，对其提出的“建议十二事”也不以为然。而“建议十二事”的推行，稳定了社会，造福了百姓，为后来一些执政者提供了很好的参考。

武则天统治时期，唐朝经济继续发展，国力不断增强，史称武则天统治时期有“贞观遗风”，说她的统治大有贞观之治的模子，现代史学家郭沫若称赞武则天的业

绩说："政启开元，治宏贞观。"为唐朝全盛时期的到来奠定了基础，但她也是具有创新思想的皇帝。她的许多创制打破陈规，影响千年。她是唯一突破陈腐礼制、呼唤妇女解放的皇帝，在数千年男权传统社会中，她的呼唤响彻云霄，影响极大。

由此可见，武则天基本上继承了贞观之治的措施，发展了贞观之治的局面，她的统治具有上承贞观之治、下启开元盛世的重要地位，唐玄宗统治前期，政治比较安定，经济繁荣发展，唐朝进入全盛时期，中国封建社会呈现前所未有的盛世景象。唐玄宗统治前期的年号叫"开元"，史称"开元盛世"，但这一切，不能不说有武则天的很大功劳。

怀义和尚做面首，二张兄弟得专宠

武则天虽然治国有方，且个人能力和手段极高，但其个人淫欲也是很出众的。无论是正史还是野史，都记载武则天有很多男宠，其中以冯小宝为最，他是第一个成为武则天男宠的，也是陪武则天时间最长的男宠。

那么两人是如何相识并走到一起的呢？有两种说法，第一种是武则天在感业寺做尼姑时。那时是唐太宗死后不久，还是才人的武媚娘作为太宗的嫔妃被送到感业寺出家为尼。而感业寺与住着和尚的白马寺只有一墙之隔，武媚娘和冯小宝有很多相遇的机会，二人可能就此认识了。

白马寺

武则天当上皇帝后，立刻让冯小宝当上了洛阳名刹白马寺的主持。高宗死后，武则天就让冯小宝随便出入后宫，又把他的名字改为"怀义"，赐给他薛姓。他凭着过人的聪明，加上当年的感情，之后的很长时间都很得武则天的爱惜。

第二种说法：冯小宝本来是在洛阳城市井之中靠卖野药为生的小货郎，相当于老北京天桥上专卖大力丸的，卖药之前还要先比划几招。正因为从事这种职业，冯小宝身体结实魁梧，又能说会道，被一权贵家的侍女看上了，成了侍女的情人。这个侍女的主人便是宗室谋反案之后为了保命，主动要求当武则天女儿的千金公主。这个侍女偷偷把冯小宝领到公主府幽会，不小心被千金公主发现了。起初自然是勃然大怒，但是看看跪在地上的冯小宝一表人才，千金公主也就原谅了他，不仅没有惩罚他，还把他留下来自己用了。

这个时候，武则天通过一系列政治手腕奠定了自己独立执掌唐朝大权的地位，朝中再也没有势力可以和她继续抗衡。千金公主善于察言观色，对时局的发展有准确的判断，武则天的性心理被千金公主摸得一清二楚，她觉得自己巴结武则天的时机来临，再者她一直和武媚娘有着较深的私人关系，因此事事都能讨得武则天的欢心。

于是千金公主在一次觐见武则天时推荐冯小宝，得到武则天的首肯，冯小宝的人生迎来了最辉煌的时刻。

唐朝宗教气氛浓厚，和尚道士经常出入宫廷，武则天便令冯小宝出家为僧，赠名怀义，这样进宫就方便了。可是还有一个问题，小宝出身太低微了，虽然武则天用人不拘一格，但是说起来一个江湖卖药的被宠，总是让人不舒服。怎么给他换个出身呢？当时武则天的小女儿太平公主已经出嫁了，丈夫叫薛绍，武则天灵机一动，让薛绍认了小宝做叔叔。这样，经过两度包装，冯小宝摇身一变成了薛怀义，而且很快当上了洛阳名寺白马寺的住持。

从此薛怀义经常出入武太后的寝宫，人人都知道他的身份地位非同寻常，尊称他为薛师，不敢直呼其名，就连在朝廷里威风八面的武承嗣、武三思兄弟，也甘心在他面前低头俯腰。

冯小宝开始得宠的时候，也正是武则天向皇帝之位发起最后冲刺的时候。武则天还活着的两个儿子，大儿子李显已经被她废为庐陵王，发配到房州囚禁起来了，小儿子李旦名义上还是皇帝，但是也被软禁在宫里，政务上一点都插不上手。

在武则天看来，她是能摆平任何人的，但是当皇帝需要天命所归，怎么摆平这个天呢？这个时候冯小宝派上用场了。整个朝廷里，没有谁比他和太后的心贴得更近，太后的事业就是他的事业。谁也别把他仅仅看成一个男宠，他也要有所作为，为太后排忧解难，当太后的“贤内助”。怎么才能当好“贤内助”呢？冯小宝先建明堂。明堂是儒家经典所记载的天子布正之所，非常神圣。武则天要把明堂建起来，以证明她统治的合法性。这个工程的主持人就是冯小宝。不到一年，明堂修成了，起名叫万象神宫，武则天在那里祭天祭祖，接受百官朝贺，接着，冯小宝又在佛教经典中找到了能支持武则天当皇帝的理论，他在浩如烟海的佛经里找到一部《大云经》，经里记载女主统治国家，最后又成佛。这就是名正言顺地为武则天当皇帝提供了经典依据，于是称唐宗室衰微，武后就是弥勒下生，必定取代唐朝的统治。武则天当皇帝的理论难题解决了，冯小宝也因此顺理成章地成为武周建国的大功臣，官拜正三品的左威卫大将军。

冯小宝一生事业发展的巅峰时，他既是武则天的男宠，又是白马寺的主持，同时还是朝廷里威风凛凛的大将军，是炙手可热的人物。可是，人是很容易自信爆棚的，有些人往往取得一丁点儿成就就会飘飘然，甚至连一些大贤人都不例外，更不要说冯小宝这样一个没什么内涵的市井小混混了。

冯小宝是武则天当太后的第一个男宠，本来就是唯我独尊，缺乏各类知识，有时不为武则天所喜。随着武则天从太后当成皇帝，她的胃口也变大了，不再满足于只有冯小宝一个“后宫佳丽”了，她身边的男宠逐渐多了起来，这对冯小宝的打击很大，他为武则天立了那么大的功劳，武则天怎么可以移情别恋呢？冯小宝一气之下，耍起了小性子，将他为武则天建的明堂一把火烧了，烈火熊熊，把神都洛阳照耀得如同白昼。这一场大火一直烧至天明，明堂和天堂一起化为灰烬。

对于武则天而言，明堂是她得天命的标志，是她号令天下的场所，是大周五朝的象征。明堂顶上一凤压九龙的造型，更是她自身的写照，这些是她毕生追求的东西。相对于这些而言，和冯小宝之间微不足道的私情算得了什么呢！但是，冯小宝天真地把这两者混为一谈了，为了引起皇帝的注意，他不惜烧掉她心中最神圣的东西。这一次，皇帝很生气，后果很严重。火烧明堂半个多月之后，冯小宝死了，史载是武则天让太平公主设计将她杀死的。

唐代铜镜

武则天第二个男宠是御医沈南璆，他有

一副异常俊美的脸庞，十分匀称的身材，看起来令人赏心悦目，而且他为人温和，很知道武则天的心思。这时候，武则天已经年届七旬，身为御医的沈南璆尽职尽责，对女皇关心有加。一来二往之中，武则天喜欢上了他，让他侍寝。

上官婉儿画像

关于他们之间的事，史家所记不多，不过小说家倒有丰富的描写，但沈南璆虽为御医国手，却身体不佳，不久一命呜呼。消息传到武则天那里，武则天痛哭一场，又题诗一首，以志纪念，诗曰：

> 皇恩新荷春相随，谁料天年已莫追。休为沈君伤夭逝，四龄已可傲颜回。

沈南璆死后，武则天心情抑郁，常常坐于宫中，望着窗外长吁短叹，脾气来了，就摔桌子打板凳，喝骂近侍。

上官婉儿体会出女皇烦心的原因所在，急忙出宫，来找太平公主。万岁通天二年（697 年）正月的一天，太平公主果然带着一个美姿容的少年，来到皇宫，行献"宝"之礼。

这人就是张昌宗，定州义丰（今河北安国）人，家中行六。史载其美姿容，人称"六郎美如莲花"。神功元年，以太平公主荐，与其兄张易之同入侍宫中，为武则天男宠，从此，张昌宗张易之兄弟就成为武则天最心爱的侍寝男宠，每天都跟随在女皇的身边。

二张善于侍奉女皇，同时也是要钱索财的高手，总是趁女皇兴浓之际，伸手要这要那。女皇本来就是个慷慨大方之人，用在面首身上更是无所吝惜。兴之所至，什么七宝帐、金银、珠玉、宝贝之类，一概赏赐。不数日，原本穷得叮当响的二张家，渐渐富比王侯。二张也俨然以国库的半个主人自居，慷国家之慨，耗用公物为母阿臧铺象牙床，织犀角簟，铺貂皮褥……

因为武则天年事已高，政事就很多由张易之兄弟来处理，二人权倾朝中，连武则天的侄儿武承嗣、武三思等人都争着为二人执鞭牵马。张易之和张昌宗兄弟分别掌管控鹤监和秘书监，都受武则天的宠信。

作为一个女皇，一个精明的政治家，武则天畜养男宠应该说主要是为了显示女皇的威权。二张入侍后，武则天已年满七十三岁，就算生活优裕，养生得法，服用春药，也难使一个老妪返老还童。她这是在向众人炫耀：既然男子为帝可以有成群的嫔妃，女子登基也应该有侍奉的男宠。

翻开中国的历史画卷，女人为帝绝无仅有。她一位女性政治家在男性皇帝专制时代，想立于不败之地，可以说是“树大招风”，面临孤军作战的艰难。为使臣民信服，就要人为地、主动树立自己的绝对权威和尊严。她在所有的领域内都要行使同男性皇帝一样的权利，都要享受同男性帝王一样的利益。因此，在“性”的问题上，她也要效法男性帝王了。即使不是为了“性欲”，她想拥有几个可以安慰寂寞、稍解老来忧愁的年轻异性，在贵为天子的她也是可以理解的。那么，武则天究竟养了多少男宠呢？史书记载她“面首三千”，这个到底是真是假，不得而知。

老虎虽毒不食子，武曌杀子却成瘾

武则天最为后人诟病的莫过于其心地之狠辣了，为了满足权力的欲望和报复心理，她凶残地杀死了姐姐、外甥女、两个同父异母的哥哥，这还不算，连自己亲生的孩子她也不放过。

据史书记载，武则天共生过六个子女，四个男孩两个女孩，均系二次入宫后和高宗李治所生。但她的六个孩子中，有一半都是她自己杀死的，既两子一女三个孩子，被她自己处死。

长子李弘，是武则天二十九岁时所生，曾被封为代王，显庆元年立为太子，咸亨四年为其纳妃于九成宫，上元二年死于合璧宫绮云殿，追为孝敬皇帝。

次子李贤，是永徽五年十二月十七日，高宗同武则天从长安出发谒昭陵时，在途中所生，曾被封为雍王，李弘死后李贤被立为太子，曾注《后汉书》，但到永隆元年（公元 680 年）又被废为庶人，后死于黔中，以章怀太子名号陪葬于乾陵。

三子李显，显庆元年十一月五日生于长安，次年封为周王，李贤被废后，立为太子，弘道元年高宗去世后，十二月十一日以中宗即位，嗣圣元年二月被废为庐陵三，圣历元年又被立为太子。神龙元年正月二次登基，二月复国号曰唐。四子李旦，龙朔二年被封为豫王。嗣圣元年废中宗李显后，以睿宗称帝，则天一直临朝听政。后又被废，立为相王。

武则天生过两个女儿，一为太平公主，乾封二年生。另一个女儿，据史书记载，为永徽四年末所生，按六子女应排行第二，但未出襁褓，便被武则天当作了政治斗争的牺牲品。

这里先说其杀长子李弘之事。上元二年春天，高宗李治的病情加重，头晕目眩，浑身疼痛，连形式上的临朝也撑不住了，决定把政务彻底让给皇后掌管，所以便有了朝中大臣关于皇后摄政的议论。敢于说话的几个大臣不同意高宗的想法，要让太子弘摄政。正在议论期间，太子却突然死亡。两事的巧合发生，宫内外议论纷纷，疑太子为皇后暗害。成为徐敬业等要推翻她、史家们否定她的罪状之一。武则天杀女、杀姐、杀子、所以是“虺蜴为心，豺狼成性”。

上元元年秋，李治自封天皇，尊武则天为天后。这年李治 46 岁，他生来就虚弱的体质，加上少年时的伤害，使他勉强生存和上朝应景。至自封“天皇”之时，他已再难上朝了，考虑再三，才提出让“天后”摄政的。

然而，当高宗把自己的想法交众臣讨论时，却遭到或明或暗的反对。而朝中拥护武则天的重臣许敬宗已于咸亨三年（672 年）逝世，他死后太常博士袁思古曾提出为他谥“缪”号，这个谥号显然是对许敬宗的极大侮辱，《谥传》上确记有这个号，但那是对一些极不称职官员的盖棺论定，是一种惩罚性的论定。而许敬宗半生替武则天争斗，是武后忠心不二的大臣，死后竟如此谥号，可见得当时朝中的反对派已再度抬头了，他们打击死去的许敬宗，实际指向就是武则天。

谥号问题在朝中也弄起波澜，许敬宗朝中为官的孙子几乎气疯，向皇帝诉讼袁思古，高宗就下诏让五品以上的官都参加议论，最后才改“缪”为“恭”。“恭”号也几乎是个贬义的，《谥法》说“既过能改也曰恭”。实际上朝臣们之所以给许敬宗送个“恭”号，也只承认他忠于武则天而已，这也是为了给高宗面子罢了，为许敬宗提“恭”谥号的是礼部尚书杨思敬。

在唐朝，儒家传统、男权观念和王朝正统观念是十分顽固的。所以，在许敬宗等少数由武则天培植的大臣一死之后，便无人敢替武则天说话了，因为朝中官员毕竟是心怀正义和有着正统思想的官员占绝对优势。虽然多数也不敢说武则天的坏话，但在这个重大问题上，也无人为她冲锋陷阵了。

反对武则天摄政的代表是中书侍郎兼任宰相的郝处俊。他向高宗说："天子理外，后理内，天之道也。昔魏文帝著令：虽有幼主，不许皇后临朝，所以杜祸乱之萌也。陛下奈何以高祖、太宗之天下，不传之子孙而委之天后乎！"郝处俊的话刚说完，中书侍郎李义琰又抢着说："处俊之言至忠，陛下宜听之！"

郝处俊敢于直接道破就里，反对皇后临朝，反对让武后摄政，面对武则天的淫威，堪称敢于犯颜直谏的"诤臣"了。他的"诤言"也异常明白：绝不能让皇后临朝。郝处俊此举可称忠义过人，但武则天何许人也，岂会轻易饶人？所以郝处俊的直言也为其子和宗族人带来杀身灭族之祸，郝处俊死后，武则天称帝之际，让人诬告郝处俊之子象贤谋反，之后下令将郝象贤的尸体割裂分解，而且已死多年的郝处俊也没逃过武则天的惩罚，她让人挖掘郝处俊的坟墓，对其斫棺焚尸。

郝处俊反对武则天摄政的言论不是在背后征求意见，而是"朝议"，"天后"武则天就在高宗的身后，只隔一道帘幕。所以说赦处俊胆大得惊人，其实他同时也是说给"天后"听的。完全可以想象狠毒的武则天是多么气愤。

廷议武则天摄政事过不久，太子弘突然死亡。死的日期是同年四月已亥日，地点是合璧宫，死时高宗和武后都在他身边。因李弘死在廷议武则天摄政期间，所以"时人以为天后酖之也"。

太子李弘生前，大臣们都很喜欢他，他谦恭、仁慈，将来做了皇帝，有可能像汉文帝那样亲善和英明，依他的性格和作风，定能让臣子们可以随意劝谏，立言立德、青史留名。而如果让武则天当了女皇帝，别的先不说，先是说话就不能太随便，她聪明睿智、心地歹毒、性刚专断，诸臣眼里只有对她的畏惧，做她的臣子不可能会舒服，弄不好就会被这个女人屠杀掉。所以满朝大臣都希望李弘做皇帝，而且将国家交给李弘这样的人，不但大臣们放心，老百姓也会过上更好的日子，所以他们基本上全都支持李弘。

高宗对儿子的去世当然比诸臣要伤心痛苦多了。但在诸臣眼里，武后的哭则是猫哭老鼠，怎么看都是假的。

李弘之死的原因在当时并没有准确的定论，直到武则天逝世30多年后，唐朝官方形成定论：是武后酖杀了李弘。《新唐书》也肯定了武后“酖杀”太子李弘的谣传，在为李弘作传时，说：“后将逞志，弘奏请数怫旨，从幸合璧宫，遇酖薨。”又在《高宗纪》里说：“已亥，天后杀皇太子。”《后妃列传》中也说：“义阳、宣城公主幽掖廷，几二十不嫁，太子弘言于帝，后怒，酖杀弘。”使这一结论以正史的形式留给后世，武则天杀长子之事被确定下来。

武则天杀了长子李弘，是不是该收手了，不会，在她向着权力巅峰前进的道路上，没有任何东西能挡住她的脚步。

唐朝中后期时有一首《黄台瓜辞》诗，虽然现在知名度不高，但当时却几乎天下皆知，特别是在李唐宗族中影响极大。这首诗是这样写的：

种瓜黄台下，瓜熟子离离。
一摘使瓜少，再摘使瓜稀。
三摘犹自可，摘绝抱蔓归。

这首《黄台瓜辞》诗出自武则天和唐高宗所生的第二个儿子李贤之手。说来这李贤英武聪明，颇有当年唐太宗的气质。他曾召集众学士一起来为《后汉书》作注，得到父亲高宗的称赞。他的哥哥李弘被亲生母亲武则天毒死后，当时他就被立为太子，也就是所谓的“章怀太子”。

李贤是个有血性的汉子，他不会像他的弟弟李显和李旦那样俯首帖耳地做个稻草人一样的角色，他身上有其祖父李世民留下来的干云豪气。如果他做皇帝，或许会有汉武帝那样的雄风霸气，史载李贤处事明审，为时论所称。仪凤元年，手敕褒之曰：“皇太子贤自顷监国，留心政要。抚字之道，既尽于哀矜；刑纲所施，务存于审察。加以听览余暇，专精经典。往圣遗编，咸窥壶奥；先王策府，备讨菁华。好善载彰，作贞斯在，家国之寄，深副所怀。可赐物五百段。”贤又招集当时学者太子左庶子张大安、洗马刘讷言、洛州司户格希玄、学士许叔牙等，注范晔《后汉书》，表上之，赐物三万段，仍以其书付秘阁。

但是，不幸的是，李贤面临的对手，却是他自己的亲生母亲武则天。如果李贤面对的是重重山岭，他也完全有勇气踏平，如果李贤面对的是百倍于他的强敌，他完全可以拿出像李世民一样率三千玄甲军虎入羊群一般冲锋的胆略，但是，他面对的却是自己的母亲，那个已经对权力十分迷恋，几乎失去了人性的母亲。于是，再锋利的刀剑，他也没有办法举起。

阴狠毒辣的武则天，和一般女性是大不一样的。如果换成别的女人，自己的儿子要当皇帝，早就已经心满意足，而武则天不是。她对权力的渴望就像一个吸毒成瘾的人对毒品的渴望一样，她已经离不开权力。权力是什么？这是一种可以让不喜欢的人统统消失，让最骄傲的人也跪在地上，让最勇猛的人也梦中发抖的东西，她喜欢。所以当年为了权力，她可以掐死自己亲生的小女儿，现在为了权力，她也不惜除掉已经长大成人的儿子。

李贤任太子后不久，正议大夫明崇俨为武则天所用，以符劾之术密称"英王状类太宗"。又让宫人潜议云"贤是后姊韩国夫人所生"，贤亦自疑惧。武则天又为李贤拿出《少阳政范》及《孝子传》以赐之，仍数作书以责让李贤，李贤逾不自安。

调露二年，明崇俨为盗所杀，武则天怀疑是李贤所为，就让人污蔑李贤要造反，并安排很多心腹去做这件事，之后武则天派人全面搜查太子府，于东宫马坊搜出了数百副甲胄，于是就扬言太子谋反，并决定"大义灭亲"，杀掉太子。但在高宗的反对下，饶过李贤一死，将他幽禁在宫中；第二年，又将他迁往巴州；而高宗死后，武则天重新掌了权力，马上就派酷吏丘神勣逼李贤自杀而死。之后李贤的尸体一直被停放在巴州，直到中宗神龙复辟、武则天被迫退位后才迎还长安，陪葬乾陵。

李贤写的《黄台瓜辞》诗，就是作于在巴州的时候。这首诗在格调上比较类似于曹植的那首："煮豆燃豆萁，漉豉以为汁。萁在釜下燃，豆在釜中泣。本是同根生，相煎何太急。"但曹植用豆和豆萁比喻兄弟相煎的情形，而李贤这首诗却是用藤和瓜比喻母子相煎。所以，相比于曹诗"相煎何太急"这样激烈的言辞来，李贤的这首《黄台瓜辞》更多的是一种哀痛。他在诗句中也没有办法进行指责，因为敌人是自己的母亲。清代贺裳在《载酒园诗话》中说："《黄台瓜辞》不惟音节似古乐府，'三摘犹自可，摘绝抱蔓归'，言外有身不足恤，忧在宗社意。"是的，李贤的诗中，并没有太抱怨自己的厄运，而是奉劝母后"三摘犹自可，摘绝抱蔓归"，不要对亲生的儿女们赶尽杀绝。

因为李贤惨死于武则天之手，这首《黄台瓜辞》对唐朝皇族们的影响是极大的，一提起此诗，都不禁唏嘘感慨不已。后来的唐代宗李豫当太子时也是惶惶不安，因为其父唐肃宗李亨受宠妃张良娣及奸臣李辅国的离间，就杀过儿子建宁王李谈，当时大臣李泌为了保全太子，就对唐肃宗背诵了一回这首《黄台瓜辞》，唐肃宗当场泪下，悔恨不已，从此再也没有起过废李豫的意思。说来唐室宗族间，互相仇杀，父子母子相残的事例实在不少，但武则天却是开杀子先河之人，而且连杀二人，这首《黄台瓜辞》正是李唐皇室血泪的写照。

武则天敢行杀子之举，可见其人心地狠毒到何种程度，若再刻石立碑表述自己的德行，只能让后人耻笑了，所以这应该也是武则天有碑无字的原因之一。

不择手段称女皇，纠结难定接班人

武则天是中国历史上唯一的女皇帝，但是在封建制度下女人当皇帝，这的确太不可思议了。那么武则天是从什么时候开始产生了当皇帝的念头的？这问题怕是永远说不清、说不准。

武则天明显露出称帝之意始于垂拱四年，这年她有了亲自做皇帝的试探。那年一开春，她在神都洛阳立唐高祖、唐太宗、唐高宗的三庙，同时提出为她武氏的先人立庙祭祀。显然，立唐室李氏三庙，目的是欲立武氏的先庙。命令有司议论崇武氏先庙的室数，即为武氏建几代几室宗庙。司礼博士周悰已知武则天的真实用心，因为武则天不会不知道这个常识，明显别有用心。于是，奏言为武氏祖宗立七室，而同时减唐皇李家的祖庙为五室。如果按周悰的奏言办了，那文武大臣如果都同意，就意味着武氏代李氏，武则天可能在立庙祭祀时就要宣布称帝了。

武则天准备亲政做女皇帝时，朝中大臣纷纷反对，武则天又大开杀戮，治理了反对者，以武则天的性格，既已至此，绝不后退。

垂拱四年四月，有个叫唐同泰的人向武则天上表进献一块刻有“圣母临人，永昌帝业”的石头，说是从洛水中捞上来的。而史书上则认为是武承嗣找一块白石，又把紫石砸成粉末，搅拌上药物，填在白石里，再刻上字，让雍州人唐同泰上表献给武则天的。史书的言外之意又是武则天指使他们搞的，是为做女皇造舆论，这也是有可能的。看那块石头制作多复杂啊，而且八个字明显说是女皇帝降临人间了，其帝业会永久昌盛的。

武则天获得了这块上天让她做女皇帝的瑞石，开始大做文章了。首先，她亲自命其名为“宝图”。何意呢？原来《周易》上有句话，叫“河出图，洛出书，圣人则之”。意思是古代黄河里曾发现图符，洛水里曾发现过文书（后人对此的解释多种多样），“河出图”“洛出书”是上天授意于人间的真命天子，这个天子临朝，必然会德高功盛，国泰民安的。接着，她下诏书要亲拜洛水，去接受上天的授图，并去南郊祭祀昊天，表示对上天的感谢。

为此，她命令各州的都督、刺史、宗室、外戚在拜洛水受图大典之前的十天，都要赶往神都，准备参加大典。这又是一次盛大的庆典活动。到大典举行那一天，她亲率朝中百官和京外奔赴京师各类官宦人等，到洛水举行拜洛受图大典，典毕又去南郊祀天，祭罢天又御临明堂，和百官群臣相见。

在一系列大型活动之后，群臣为武则天加了个“圣母神皇”的封号。这个封号实际上已经是皇帝，而且是女皇帝。

因此，武则天大赦天下。又下诏把“宝图”改名为“天授圣图”，把洛水命名为永昌洛水，封洛神为显圣侯。禁止在洛水渔猎、垂钓，四时祭洛水。“宝图”出处称“圣图泉”，把出图那个县改名永昌县。接着又改嵩山为神岳，封嵩山神为“天中王”，拜嵩山神为太师，加拜神岳大都督。同样，禁止在嵩山放牧、砍柴、采集野菜等。还把首先发现瑞石的汜水，改为广武。

总之，武则天拿一块石头如此大张旗鼓，其目的只有一个，为做女皇帝大造舆论。她要用这一系列行动，测验一下天下人对她当皇帝的态度，让天下人知道，她武则天就要做女皇帝的态度，让天下人知道，她武则天就要做女皇了，这个女皇是上天封授的，反对也没有用，反对就只有死路一条。

武则天做皇帝，会有谁最想起来反对呢？无疑是李唐宗室贵族。唐宗室至高宗去世，已积三世。宗室王昭穆瓜蔓，已形成了庞大的队伍，形成了新兴的豪族地主，武则天欲改变王朝统治，直接侵害了他们的利益。一旦王朝易手，他们将不再是宗室王族，后果如何，不堪闻问。因此，他们必然成为武则天改朝换代的死敌。

所以，当武则天有了明显的称皇行动后，并召集他们到神京去参加授图大典，他们便互相传言、密谋发动叛乱，想消灭武则天，让睿宗复位，然而他们尚未起兵，消息已为武则天得知，她立即命令左金吾将军丘神绩为清平道行军大总管，率兵讨伐叛乱。

但这次宗室王的叛乱根本未与武则天派去的丘神绩大军交锋就失败了，开始时气势迫人，那么多王侯起兵讨伐武则天一个女人，似乎很容易。结果连自己的封区也没打出来，便被自己管辖的县级官兵打败了，徐敬业起兵反武，表现就够差的了，但他们比徐敬业更差得无法说。虽然宗室叛乱没能造成大规模战争，对社会生产与生活影响不大，而武则天派去的军队为抢功绩，却凶残地屠杀、抢掠地方，以作为军功上报。豫州六七百家、五千人一次被流放，武则天只是痛恨李氏宗室，却不料被迫害者多数仍是受牵连者和地方百姓，天下局势也为之动荡。

在这个世界上，只是时间是最公平的，无论是帝王还是平民百姓，时间从不偏袒谁，只按自己的脚步走着，霸道如武则天，也拗不过时间之刀的锋利。

圣历元年时，武则天 75 岁了。看到女皇的老态，朝中大臣都在想着一个问题，女皇身后接班人的问题。女皇的侄儿武承嗣和武三思更是急在心里，他们看姑母一天天老下去，与大臣们的关系一天天融洽。中枢大臣由狄仁杰、娄师德、王及善、杜景俭、王方庆、姚元崇、魏元忠等人把持。这些人都稳重、忠直，全是忠于李唐王朝的能臣，姑母偶尔也让他们任宰相，但总不让他们掌中枢，姑母到底是要把位子再让给李唐，还是让武周延嗣，他们心里一点数也没有了。

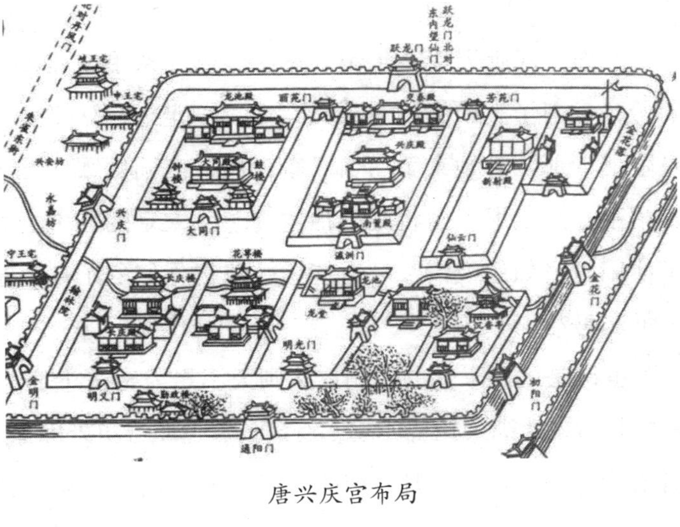

唐兴庆宫布局

没有数就得问出数来。于是，圣历元年二月里，就有几起人前来说女皇，他们说：“自古天子未有以异姓为嗣者。”于是，数年不提的老话题又搬出来。对二武的心思和行动，朝中大臣消息灵通，一清二楚。一天，女皇宴请众宰相。席间有人提起二武为皇嗣的事，狄仁杰说："文皇帝栉风沐雨，亲冒锋镝，以定天下，传之子孙。大帝以二子托陛下。陛下今乃欲移之他族，无乃非天意乎！且姑侄之与母儿孰亲？陛下立子，则千秋万岁后，配食太庙，承继无穷；立侄，则未闻侄为天子而祔姑于庙者也。"

狄仁杰此时说这些话，女皇一点也不感到惊奇。但她平静了这么多年，一听就厌烦，就对狄仁杰说："此朕家事，卿勿预知。"狄仁杰一听有点着急，赶紧拿女皇《臣轨》中的观点劝说女皇，意思是君臣股肱，乃为一体，分不出国事和家事来。接着，王方庆、王及善也缓缓插言，劝说女皇。并劝女皇召还庐陵王，使母子相见。

武则天听了众臣之言，叹口气说："朕老矣，不中用矣！"

之后不久，女皇忽召狄仁杰说："朕梦大鹦鹉两翼皆折，何也？"狄仁杰一听，便知武则天在问立嗣的事，他度量女皇的意思，然后回答："武者，陛下之姓；两翼，二子也。陛下起二子，则两翼振矣！"同时这话也是在告诉武则天，若用武氏为嗣，那么她的两儿子将会为武氏所害。

年迈的武则天听了此言，也只有长叹一声了，她更加清楚这些大臣们仍然是李唐的大臣，他们只是在她的淫威下屈从了她这个皇帝，却没有认可武姓皇族。认可她，也只是认可她是唐室的第四代皇帝，而不是武周的开国皇帝。她深信自己可以做一个开国皇帝，但是这也意味着她得再次跨上征鞍，扬起利剑，杀死这些忠于唐室的大臣，杀掉自己的亲生儿子与自己的孙子们。

然而，武则天毕竟年纪大了，她已经亲手杀死了三个孩子，也不忍再向自己的子孙动刀了。因为她一天天在向坟墓走近，死了要埋到哪儿呢？还是埋到李氏皇陵吧，那儿有她崇敬的名君李世民，有同她厮守几十年的丈夫李治。他们正向她招手，到了那里她将是李治的妻子、太宗的儿媳。如果立武氏为嗣，那时见到了他们她将如何说清？难道能说"我把你们的子孙全杀光了，现在已是姓武的天下了"吗？

也许是出于人性的回归，武则天不想为她奋斗了半生的武周政权再开杀戮了。一个月后，武则天托言庐陵王有病，派遣职方员外郎徐彦伯前往召庐陵王及其妃和诸子，入都疗疾。七月，庐陵王到神都，潜居宫中。狄仁杰等大臣知庐陵王被召回，就进宫求见。

武则天见宰相前来，满面春风地说："朕知爱卿所来何事，庐陵王已还宫矣！"狄仁杰却故作不知地说："真是喜事，臣何不知？"武则天即使人挽起帘幕，庐陵王从帘后走出，拜伏于地。武则天扶起庐陵王，牵着儿子的手到狄仁杰面前，说："朕还卿庐陵王！"又对儿子说："今全我母子团聚者，国老也！儿当拜国老！"

狄仁杰免冠顿首，哽咽泪涌，跪地答拜。左右扶起狄仁杰，狄公继奏："陛下母子团聚，家国之大幸事，庐陵王留过在房州，天下所悉知。今日在内，臣亦不知。宫外难免议论，其如明迎之，使朝内外尽知也。"武则天答应了狄仁杰的奏请，乃令庐陵王去石像驿安置，由皇帝"具法驾，陈百僚，就迎之"。于是，满朝文武皆知皇上将嗣位于庐陵王。

唐中宗李显像

圣历元年九月，皇嗣李旦坚请逊太子位于庐陵王，得到皇帝允准，于是改立庐陵王为太子，复名李显，李旦册为相王。太子太保魏王武承嗣见继嗣落空，郁郁成病，一命呜呼。武三思为人乖巧，见形势急变，乃向庐陵王靠拢。

张柬之神龙革命，武则天寿终正寝

神龙元年是武则天建立的大周王朝最后的一年，也是她在世的最后一年。这年年初，武则天因病重不能视朝，宰相张柬之等人乘机联合了复辟势力，乘其不备拥太子李显发动了军事政变，逼迫武则天退位并传位于太子李显，这也宣告武周王朝就此结束。史称此举为“神龙革命”。

政变成功的第二天，被架空权力的武则天被迫下诏太子监国。诏书言：因其身体不好，不料有人趁机谋反，因染风疾执政倦勤，故令太子监国云云。是日，太子分十使到各州宣慰。

第三天，即二十四日，女皇下诏传位太子。第四天，李显即皇帝位。此时国号尚未改。以相王为安国相王，拜太尉、同凤阁鸾台三品。以太平公主为镇国太平公主。李姓皇族皆平反加官晋爵。

第五天，女皇徙居上阳宫，由李湛守卫。女皇迁居时，宰相姚元崇痛哭流涕，张柬之说：“今日岂是啼泣时？恐公祸从此始！”元之回答：“事旧主岁久，乍此辞违，情发于衷，悲不能忍。且日前从公诛凶逆者，是臣子之常道，岂敢言功；今辞违旧悲泣者，亦臣子之终节，缘此获罪，实得甘心！”当日，姚元崇被贬为亳州（今安徽亳县）刺史。

神龙政变后，张柬之任夏官尚书、同凤阁鸾台三品，崔玄玮为内史，袁恕已同凤阁鸾台三品，敬晖、桓彦范皆为纳言，皆赐爵郡公。李多祚赐辽阳郡王爵，王同皎为琅琊郡公，李湛为右羽林大将军、赵国公。其余参加政变的，也都升官获奖。

政变的第六天，中宗李显率百官到上阳宫拜见女皇，给女皇上尊号为“则天大圣皇帝”。此后，中宗每十天往视一次女皇的起居。这年十一月二十六日，一代女皇武则天驾崩上阳宫，死时八十二岁，她的时代总算走向结束了。

从神龙政变女皇退位至去世，共有二百六十多天，在这一段时间里，武则天基本没再过问朝政，史书上除说其颁布了一个极为简单的《遗制》之外，再也不见她的任何记载。她的《遗制》是：“祔庙、归陵，去帝号，称则天大圣皇后。其王、萧二族及褚遂良、韩瑗、柳奭子孙亲属当时缘累者，咸令复业。”

这个《遗制》说明，临终时的武则天开始承认自己是李家媳妇，于是她去掉自己的皇帝号，称高宗皇帝的皇后，永久地陪伴着丈夫李治，并给被她害过的人和其家族平了反。

武则天自己称皇后了，那么，生前在后宫争斗过的王皇后和萧淑妃就是她的姐妹了，死后愿她们不记前仇，好在地下见面。拼命反对她的褚遂良等人及其家属也一并解放，也愿他们能不记生前之仇。女皇逝世前特留这遗嘱，是想将一切生前的恩怨解除，还自己的灵魂以自由。从这份遗嘱也可以看出，女皇帝死前进行了极深刻的反思。

根据武则天的遗诏，中宗李显尊她为“大唐则天大圣皇后”，决定将她与父亲李治合葬乾陵。但当时有人反对，有给事中严善思上疏。表面他是说，开乾陵合葬，怕惊动了高宗，不如“于乾陵之旁，更择吉地，取生墓之法，另起一陵，既得从葬之仪，又成固本之业”。但经一番议论，中宗仍令：“准遗诏从葬之。”就是说仍按“遗诏”合葬于乾陵。当时的中宗和朝臣表示承认她是大唐的皇后，没有承认她是已经亡国的“大周皇帝”。而严善思等人，怕是连大唐皇后也不想承认，不想让她合葬于高宗的乾陵中，让她“别起一陵”。这些人怎么想的？说她是被革了命的“大周皇帝”呢，还是被开除的李家媳妇呢？

然而，中宗皇帝还一切遵从《遗诏》，让他的父母亲合葬一起。翌年五月二十八日，武则天祔葬乾陵，长随于高宗身边。

中国帝后陵寝向无立碑之例，而高宗死后，乾陵的朱雀门外，司马道西侧破例树有一座高大的石碑，碑文开头即称“述圣记”，应是帝陵空前绝后者，为武则天所制，嗣皇帝李显所书。武则天死后祔葬乾陵，于此碑的司马道东侧对面也树立了一座高大的石碑，碑上并无一字，人称无字碑，这座无字碑是李显及其臣子们为武则天而立。

乾陵为李治立了碑，这是不为习俗传统所羁的武则天的创造。但即便如此，这座碑的碑文也仅称《述圣记》，而不称碑和碑文。一定是当年武则天居然打破传统为丈夫立了碑，但碑文却不知如何写法。皇帝一生事业广大、功德浩荡，仅用一碑难能述及，故称《述圣记》而不称碑。所以，当后来的唐明皇在开元二年，提出为其生母昭成皇后在洛阳的靖陵立碑时，中书侍郎苏颋阻止说：“帝王及后，礼无神道碑。近则天皇后崇尚家代，犹不敢称碑，刻为述圣记。……若靖陵独走，即陛下祖宗之陵，皆须追建。”唐明皇闻奏，才没有建碑。

武则天尚“不敢称碑”，所以一般人认为，帝王的事业太大，一座石碑，一幅碑文实难说全，即所谓“浩浩荡荡，民莫能名”，为臣为子，哪敢随便为皇帝立碑。

乾陵既有武则天为高宗立了一座碑，武则天祔葬后也就为她再立一碑而作对称。既立了碑也可以再写个《述圣记》之类。然而，对于李显来说，武则天既是母后，又是皇帝；对于大臣来说，她既是皇帝，又是皇后。更为尴尬的是，她是被大臣们推翻的皇帝，也是被李显取代的皇帝。所以，即使写个《述圣记》什么的，又该如何写法？既不易述也不易论，还是留着后人评说罢。

武则天的碑文不好写，还不是一般帝王事业广大“民莫能名”的问题，而连她的身份都“莫能名”，遑论对她的评说了。就连她自己的子孙们也“莫能名”，遑论后人了。

唐中宗昏庸至极，李隆基“唐隆政变”

神龙革命成功，武则天去世，自此，关乎武则天在大唐政坛中的一切才基本宣告结束，女皇的时代终于飘然远去了，但她留下的一切，却远未结束。

之后的唐朝一切归复原样，具体就是“复国号曰唐。郊庙、社稷、陵寝、百官、旗帜、服色、文字皆如永淳（高宗年号）以前故事。复以神都为东都，北都为并州，老君为玄元皇帝”。这就是张柬之等人所要的结果，即把女皇就位的所有一切皆抹灭。他们踌躇满志，打算辅佐正统的真龙天子中宗，复兴大唐，建功立业。

然而，张柬之等人政治眼光短浅，自以为推翻女皇，咸于复旧，一发就会平安无事。孰料，没过几天，形势变化，便令他们欲哭无泪。

唐代石窟佛像

张柬之发动“神龙革命”拥戴复辟的中宗李显，是被女皇定论为不可造就的庸才，这几人胸怀一颗为李唐继大统的忠心，以颠覆女皇、拥立李氏正统皇帝为目标，费尽心机冒死助唐中宗复位，结果成功之后却被与韦后通奸的武三思暗使手段，几人终被唐中宗全部处死，实为可悲可叹。

武三思勾结韦后除掉了五大臣。气焰更加嚣张，他曾得意洋洋地对亲信们说："我不知道什么是好人，什么是坏人，只要和我好的，就全是好人。"一时间，奸佞之徒都被他网罗到身边。

当李显还是孩子的时候，武则天便觉得他不是当皇帝的料，此人做不成任何事，当了皇帝的唐中宗李显果然未出武则天所料，他可以说是中国历史上难得一见的昏君。他在"神龙革命"后共做了五年复辟皇帝，但在这五年中，他内受制于韦后、女儿，外又被挟于武三思及其党羽，其虽为皇帝，大权却旁落于韦后和武三思。

韦后私生活混乱，她先后与武三思、光禄寺卿杨均、散骑常侍马秦客等私通，其丑行宫内外无人不知，中宗有所耳闻，问之于韦后，韦后见行迹败露，乃生杀中宗之意。她知道中宗喜欢吃饼，于是命令情夫马秦客配置了毒药，她亲自将毒药拌入饼中，蒸熟，命令宫女送入神龙殿。中宗正在翻阅奏章，见饼送来，随手取来就吃。不一会儿，忽然腹中绞痛，扑倒在榻上乱滚，太监急忙去报告韦皇后，韦皇后故意磨蹭，拖了许久才来，见中宗痛苦的样子，还假装问中宗怎么了。中宗已经说不出话来，只是用手指着嘴呜咽地哭泣，没多久便死于长安宫中的卧榻上，终年55岁，之后葬于定陵（今陕西省富平县西北15里的龙泉山）。

韦后和安乐公主合谋进鸩毒死了唐中宗，便想效法武则天临朝称制。此时李旦的三儿子李隆基站了出来，果断发动唐隆政变，韦皇后及其党羽和家族势力皆被诛。

之后李隆基之父李旦被推上皇位，是为唐睿宗，但其妹太平公主野心勃勃，想学其母称帝之举，便暗中筹划推翻睿宗和李隆基的势力，不料被李隆基察觉并提前行动，太平公主被诛。

粉碎太平公主政变阴谋的第二天，睿宗颁发诏谕，宣布把一切权力完全移交给李隆基，他自己当起了太上皇。这样，李隆基便成了皇帝，是为唐玄宗，这一年十二月，他改年号为"开元"。直到此时，武则天霸政之毒才终于流尽，唐朝的全盛时期开始到来。

女皇生平是非多，立碑留于后人说

武则天死后数年中，唐代时局和皇室情况一直在发生着让人意料不到的变化，所以关于对武则天的评价争论不休，这也是她的石碑无字的原因之一。

在中国封建社会这个极度男权的社会里，一个女人要同皇帝的头衔联系在一起，要面对巨大的困难，冲破观念上的障碍，且拥有非凡的毅力和政治才干。武则天经历数十年的艰难和曲折，她面对整个男权社会的压力，凭着自己的聪明和才智，凭着自己百折不挠的毅力，让男权社会向她低头，让男权社会为她付出代价。终于抢夺了男权社会的主导权，光明正大地向历史宣布，女人也能做皇帝，但是这其间的是是非非，善善恶恶，不是轻易说清楚的，所以无字碑上，说功讲德不是，自我检讨也不是，还是不着一文的好吧，所有的一切，留于后人评说。

对于武则天生平事迹的评价，史学家和历史名人曾有不少评价，我们先来看看史书上对她的定论：

唐高宗乾陵

《旧唐书》评价："史臣曰：治乱，时也，存亡，势也。使桀、纣在上，虽十尧不能治；使尧、舜在上，虽十桀不能乱；使懦夫女子乘时得势，亦足坐制群生之命，肆行不义之威。观夫武氏称制之年，英才接轸，靡不痛心于家索，扼腕于朝危，竟不能报先帝之恩，卫吾君之子。俄至无辜被陷，引颈就诛，天地为笼，去将安所？悲夫！

昔掩鼻之谗，古称其毒；人彘之酷，世以为冤。武后夺嫡之谋也，振喉绝襁褓之儿，菹醢碎椒涂之骨，其不道也甚矣，亦奸人妒妇之恒态也。然犹泛延谠议，时礼正人。初虽牝鸡司晨，终能复子明辟，飞语辩元忠之罪，善言慰仁杰之心，尊时宪而抑幸臣，听忠言而诛酷吏。有旨哉，有旨哉！

赞曰：龙漦易貌，丙殿昌储。胡为穹昊，生此夔魖？夺攘神器，秽亵皇居。穷妖白首，降鉴何如。"

《新唐书》评价："昔都孔子作《春秋》而乱臣贼子惧，其于杀君篡国之主，皆不黜绝之，岂以其盗而有之者，莫大之罪也，不没其实，所以著其大恶而不隐欤？自司马迁、班固皆作《高后纪》，吕氏虽非篡汉，而盗执其国政，遂不敢没其实，岂其得圣人之意欤？抑亦偶合于《春秋》之法也。唐之旧史因之，列武后于本纪，盖其所从来远矣。

夫吉凶之于人，犹影响也，而为善者得吉常多，其不幸而罹于凶者有矣；为恶者未始不及于凶，其幸而免者亦时有焉。而小人之虑，遂以为天道难知，为善未必福，而为恶未必祸也。武后之恶，不及于大戮，所谓幸免者也。至中宗韦氏，则祸不旋踵矣。然其亲遭母后之难，而躬自蹈之，所谓下愚之不移者欤！"

乾陵本是唐高宗李治的陵墓，陵号乾陵。实际上是一帝、一后的合葬墓。乾陵营建时，正值盛唐，国力充盈，陵园规模宏大，建筑雄伟富丽，堪称"历代诸皇陵之冠"。据有关史书记载，唐高宗死后，乾陵的选址、设计以及营建，都是在武则天直接指导下进行的。作为乾陵地面的主要大型石雕——无字碑也很有可能是当时树立的。又从无字碑与述圣纪碑相互对应来看，很可能两碑是同时建起的。由此看来，无字碑无疑是武则天竖立的。

这块武则天精心设计并竖立的无字碑在整个乾陵陵园的石雕中，不仅因处于显著位置而引人注目，而且以其精湛的雕刻艺术，独特的风姿韵味，以及种种富于传奇色彩的传说故事而备受青睐，名播八方。游客们到乾陵来，几乎都要在无字碑前驻足，或凝眸注视，或摄影留念，或指点评说。无字碑在无数游人眼中不仅是乾陵的象征，更是女皇武则天的象征。

综观武则天的人生事迹、唐朝故事及后世评价，世人认为其立无字碑大致有如下几种原因或说法。

第一种说法：武则天立"无字碑"是因为自知罪孽重大，感到还是不写碑文为好。其原因主要有四点：

1. 武则天以阿谀奉承的手段取得信任，从地位较低的"才人"，爬到掌握大权的皇后之位，最后又窃居皇位；

2. 培养党羽、建立宫廷奸党集团，并打着李唐“朝廷”的旗号，消灭异己，废唐立周；

3. 任用酷吏，实行告密和滥刑的恐怖政策；

4. 唐初社会经济发展呈马鞍形，先期的贞观之治和后期的开元盛世都比她统治的时期要好一些。

由于这些原因，武则天无法为自己歌功颂德，而只能以“无字碑”来为后世定基调。

第二种说法：武则天立“无字碑”是用以夸耀自己，表示功高德大非文字所能表达。

武则天从公元655年做皇后开始，到公元705年被迫退位，前后参与和掌握最高权力达五十年之久。如果从唐高宗死时算起，也有二十一年，其间她做了许多有利于国家和社会的大事，归纳有以下几点：

1. 在政治上打击豪门世族，抑制了豪门垄断，使社会阶层更加平等；

2. 通过发展科举制度，使得大量人才进入政治舞台；

3. 奖励农桑、兴修水利，减轻徭役并整顿均田制，使社会经济不断上升，民户数不断增长；

4. 知人善任，破格用人，鼓励各级官吏举荐人才，并虚心纳谏，于是“累朝得多士之用”；

5. 加强封建国家的边防，改善与边境各族的关系。

总之，武则天是一个富有政治才干和理想的人，在她统治期间作过许多符合民众利益的事，稳固和发展了“贞观之治”，把历史推进一大步，并对后来“开元盛世”起到了承前启后的作用。

第三种说法：武则天是一个有自知之明的人，立“无字碑”是聪明之举，功过是非让后人去评论，这是最好的办法。

正因为武则天有可以肯定的地方，也有应该否定的地方，所以说好不是说坏也不是。

武则天当政期间，贞观以来经济发展的趋势仍在继续，在处理唐高宗去世前后的复杂局面中，她表现出了不平凡的个人才干；就“纳谏”和“用人”这两点，连许多具有封建正统思想的人士也为之赞叹不已。但是，武则天的消极面也十分突出。她为了巩固个人的地位，任用“酷吏”，也曾滥杀无辜，崇信佛教，奢侈浪费。特别是统治后期，朝廷政治日趋腐败，形成一批为武则天所纵容支持的新的特权贵族。武则天被迫交出权力，还政于唐中宗，她知道对自己的一生，人们会有各种各样的评价，碑文写好写坏都是难事，因此决定立“无字碑”，由后人去评价。

第四种说法：武则天死后的唐朝政局太过动荡，皇室没有时间作出大家都同意的评价，一直争论不休，由于没完没了，那碑就始终空着。再者就是有的作出了评价，却于不久后掌权者被推翻，评价也被推翻，于是难以作出定论，最后只能不了了之。

另外，还有几种说法认为是这样：

1．继位的唐中宗李显对武则天无法称谓，是称武则天为先帝呢？还是称其为太后？

2．唐中宗虽然是武则天的儿子，却曾被废而复立，因而心怀嫉妒，在李唐王朝中插进一个21年的“武周”更是奇耻大辱，为了雪恨，故意立碑却不着字，让她出丑难堪。

3．武则天离世后，政局动荡，无人过多关注，待人们重新关注，她的那段历史早已众说纷纭，真假难辨，所以还是让她无字的好。

近年来，一些史学家又提出了新的见解：“无字碑”当初立碑时已经拟好了碑文，但因各种原因碑文没有铭刻到墓碑上，而极有可能被埋藏在乾陵地宫里。

这一看法是陕西文物研究所在一次考查后提出来的，因为他们无意间发现在无字碑的阳面，从上到下刻满了方格子，经考证，这些并不是后人刻上去的。这些方格子每个长4厘米，宽5厘米，排列整齐。只有一种可能，它们就是当初准备在石碑上刻字用的，而且已经准备好了碑文。根据留在碑面上的格子计算，碑文有3300多字。那么，为什么已经准备好的碑文没有刻在石碑上呢？历史学家做出了这样的推测：

武则天生前已经撰写好了碑文，并交给了李显，武则天叱咤风云几十年，但“神龙政变”后，武则天被迫让位给李显，将国号“周”恢复为“唐”，李显虽是武则天的亲生儿子，却长期在惶恐中度日，重登皇位后虽然不能发泄憎恨，但也讲不出对母亲歌功颂德的好话，只好不说不刻，为武则天留下了一块无字碑。

第六章　杨贵妃自缢马嵬坡之谜

杨家有女初长成，养在深闺人未识

杨贵妃即唐朝玄宗皇帝李隆基的贵妃杨玉环，史载安史之乱后，杨玉环随玄宗逃亡至蜀中马嵬坡，因护佑唐玄宗的军队杀死其兄杨国忠，恐杨玉环日后算账而将其逼死，但其到底有没有死亡，却是一个千年之谜。

杨玉环，字太真。中国古代四大美女之一，唐代音乐家、舞蹈家，公元719年出生，祖籍蒲州永乐（今山西永济），其故里有多种说法。主要有四种：四川说、山西说、河南说、广西容县说。根据具有正史参考价值的唐朝时许子真编著的《全唐文》卷四“容州普宁县杨妃碑记”一文所记载，杨玉环最少应有三个籍贯是不足为奇的。第一籍贯是生父杨维祖籍的容县十里乡杨外村；第二籍贯是当年在容州府后军都督署任职的义父杨康的祖籍；第三籍贯是当年在容州府任长吏的义父杨琰，杨琰祖籍陕西弘农华阴，后迁居山西蒲州永乐。

2004年，随着坐落在陕西省渭南市蒲城县保南乡山西村的唐代大宦官高力士墓抢救性考古发掘的完成，考证了高力士本姓冯，名元一，是当年容州府所辖14个州中的潘州（今广东高州）人，幼年被送入宫中，赐姓高。专家在研读高力士生平的墓志铭时，意外发现当年驿马传送进宫供杨贵妃享用的荔枝是一种产自高力士与杨玉环家乡的名为“白玉罂”的优质早熟荔枝。高力士与杨玉环同为容州都督府人氏，高力士的潘州家乡与杨玉环的广西容州普宁县家乡相距仅100公里，这一考古新发现也考证了“一骑红尘妃子笑，无人知是荔枝来”中的荔枝来自何处的长期争议。

虽然关于杨玉环的故乡争议颇多，但一般认为出生于四川成都，其家族为陕州（今河南灵宝）宦门世家，曾祖父杨汪是隋朝的上柱国、吏部尚书，唐初被李世民所杀，父杨玄琰是陕州（今河南三门峡灵宝）人，是蜀州司户，为七品下的刺史衙吏，叔父杨玄珪曾任河南府土曹参军，从七品下的衙吏，官职卑微，辅掌津梁、舟车、舍宅、百工众艺之事。杨玉环的童年是在四川度过的，10岁左右，父亲去世，她寄养在洛阳的三叔杨玄璬家。

据说杨玉环有三个姐姐，一亲兄，一从兄，还有一个不是直系的从祖兄杨钊，即后来的杨国忠，年龄至少比杨玉环大 20 岁。

白居易的《长恨歌》中说道："汉皇重色思倾国，御宇多年求不得。杨家有女初长成，养在深闺人未识。"少女时代的杨玉环，并不为人所知。关于杨玉环的名字，《旧唐书》与《新唐书》里都没有写，《资治通鉴》里也没有明确记载，《长恨歌传》只说她是"杨玄琰女"。唐大中九年（855 年），也就是杨贵妃死后大约 100 年，郑处诲编撰的《明皇杂录》里才第一次提及："杨贵妃小字玉环。"后人沿用至今。对此也有一种不同的说法，郑嵎的《津阳门诗注》里说："玉奴，太真小字也。"郑处诲和郑嵎都是唐人，生活年代也差不多，而且都是进士出身，所以他们的说法都有可信的理由。当然，也可能这两个名字都属美人杨贵妃，只是一个是真名，一个是昵称。

"玉奴"这个名字理解起来倒是不难。唐代有一个称谓习俗，给小孩起名字时，最后一个字往往喜欢带上"奴"字，除了杨贵妃的小名玉奴外，唐高宗小名叫雉奴，玄宗手下有个歌者叫念奴，李白的儿子小名明月奴，白居易的小弟小名叫金刚奴，不胜枚举。其中的"奴"，是当时对小孩的一种爱称，并无实意，谁起名字都可以用，杨贵妃的小名玉奴，实际就是小玉、玉儿的意思。按照唐代当时的习俗来释解谜团，杨贵妃的真实姓名应该把最后一个爱称去掉，就叫"杨玉"。

如果杨贵妃叫"杨玉"，"玉娘"的解释也会迎刃而解。清代赵翼在《陔馀丛考》中说，娘子，本少女之称。他还举出《唐书》中的例子说，杨贵妃初入宫，有宠，宫中号曰娘子，"是皆以娘为少女之证也"。开元二十八年（740 年）十月，未被册封的杨某被度为女道士，时年 22 岁，说她是一个少女，是完全行得通的。天宝四年（745 年），她应召还俗立为贵妃后，人们正式称她杨贵妃。她立贵妃前的"玉娘"称谓，可理解为小女玉儿。

不管是玉奴还是玉娘，"玉"应该是杨贵妃名字的核心，"奴"和"娘"只是附在名字后面的一种虚称。但后来人们通用的则是郑处诲的"玉环说"。如果问杨贵妃叫什么？肯定有许多人不知道玉奴和玉娘，但几乎不会有人不知道杨玉环的。如果前面所说的杨贵妃真实姓名就叫杨玉，那么，"玉环"的"环"又作何解释呢？史料中发现"环"这个字有时还被古人用作肥胖的替代词。如果真是如此，也许正和杨贵妃丰满的身姿相吻合，如果利用"环"就是胖的说法，其实就隐藏在"环伟"一词中，这是古人形容一个人高大肥胖时最爱用的一个词。

杨贵妃"姿质丰艳"是出了名的，古书中用一个"丰"字概括她的外表，正是

杨贵妃洗浴图

说明了她是一个正宗的胖妞儿，如果改用另一个字“环”来形容她的外表，绝对是有异曲同工之妙的。举一反三，套用对玉奴、玉娘的解释方法，玉环的“环”，在杨贵妃名字中可以看作是一个爱称，也可以当作一个戏称，它是用来形容杨贵妃丰满的。若这么说来，奴、娘、环三个字的意义都差不多，玉奴，是她儿时的爱称；玉娘，是她册封前的尊称；玉环则是她册封贵妃、身体发福后人们对她的戏称。

天生丽质难自弃，玄宗“扒灰”抢儿媳

杨玉环天赋异禀，加上优越的教育环境，使她少女时具备一定的文化修养，她性格婉顺，精通音律，擅歌舞，并善弹琵琶。在白居易的《长恨歌》中描述其为：天生丽质难自弃，一朝选在君王侧。

杨玉环是怎么来到东都洛阳的，史书记载不详，但来到洛阳后，她的人生开始了巨大变化。开元二十二年七月，唐玄宗的女儿咸宜公主在洛阳举行婚礼，杨玉环也应邀参加。咸宜公主之胞弟寿王李瑁在婚礼上见到了杨玉环，立时惊为天人，傻在原地，至此一见钟情，茶饭不思，赶紧托人向杨家提亲。杨家人见是皇子来求亲，当然满口答应，于是二人顺利成亲，婚后，两人生活甜美，十分恩爱。唐玄宗在武惠妃的要求下，当年就下诏册立杨玉环为寿王妃。

做为唐玄宗的儿媳，杨玉环和唐玄宗不知首次见面于何时，但唐玄宗对杨玉环一定也是一见钟情，立时被杨玉环的姿色深深迷住了，而这时杨玉环已经嫁给寿王李瑁差不多五年了，两人生活美满，所以杨玉环应该对唐玄宗并没留心。开元二十五年十二月初七，唐玄宗宠爱的武惠妃病逝，玄宗因此郁郁寡欢，此时更加想念杨玉环，心腹宦官高力士看出皇帝的心思，便巧使诡计，要为唐玄宗将杨玉环从

其儿子手中夺过来。

此举当然为人所不齿，但唐玄宗色心大起，也不管什么伦理纲常了，高力士出面为他设计了一番表面文章，先是打着孝顺的旗号，说是要为皇帝的母亲窦太后荐福，下诏令杨玉环出家做道士，并赐道号“太真”，这实在是明抢别人老婆的强盗行径，况且还是他儿子的老婆，但唐玄宗宁愿被天下人唾骂，也要得到杨玉环，就以皇帝的名义命令杨玉环搬出了寿王府，住进了太真宫。然后，他将大臣韦昭训的女儿许配给寿王李瑁，并立即立其为妃，以此来安抚儿子寿王李瑁。

自杨玉环被迫住进太真宫，唐玄宗就成为这里的常客，他此时年龄五旬有半，对情场之事颇为熟练，用渐进式手段慢慢走近杨玉环，又知杨玉环懂些音乐和舞蹈，便以共同研究音律舞蹈为由与杨玉环培养感情，不久后便抱得美人归。五年之后，杨玉环守戒期满，唐玄宗便下诏让杨玉环还俗，并接入宫中，正式册封为贵妃，于是杨玉环被唐玄宗摇身一变，从其儿媳的身份变成了他的老婆。

这件事情自然给寿王李瑁以深重的伤害，但抢走爱妃的是自己的父皇，自己只能敢怒不敢言。对此，唐朝诗人李商隐曾在诗歌《骊山有感·咏杨妃》中写道：“骊岫飞泉泛暖香，九龙呵护玉莲房，平明每幸长生殿，不从金舆惟寿王。”此诗说明了当时唐玄宗抢走儿媳妇后，寿王李瑁的郁闷和唐玄宗的尴尬，然而杨玉环实在是太漂亮了，唐玄宗为了得到她一切都不顾了，由此也可见杨贵妃的迷人之处。

另外，唐朝是中国历史上少有的性观念极为开放的朝代，很多不讲人伦的男女之事都发生在唐朝，唐代皇族尤甚，再加上唐玄宗的皇帝身份，所以他这样做也并没有引来太大的反对，只是人们的非议很多罢了。

三千宠爱在一身，从此君王不早朝

唐玄宗自废掉王皇后就再未立后，因此杨贵妃就相当于皇后。杨玉环自入宫以来，以自己的妩媚温顺及过人的音乐才华，受到玄宗的百般宠爱。

杨玉环初入宫时，唐玄宗亲谱《霓裳羽衣曲》，召见杨贵妃时令乐工奏此新乐，赐杨氏以金钗钿合，并亲自插在杨氏鬓发上。玄宗执玉环手对后宫人说，“朕得杨贵妃，如得至宝也”（《古今宫闱秘记》卷三），后又为其复制新曲《得宝子》，足见宠幸之隆。因杨玉环入宫时，玄宗未立新皇后，于是宫人皆呼杨氏为“娘子”，实居后位。

大臣郑处诲讲过这样一个故事，说在杨玉环晋为贵妃之后，岭南有人贡上一只白鹦鹉，能模仿人语，玄宗和杨贵妃十分喜欢，称它为“雪花女”，宫中左右则称它为“雪花娘”。

玄宗令词臣教以诗篇，数遍之后，这只白鹦鹉就能吟颂出来，逗人喜爱。玄宗每与杨贵妃下棋，如果局面对玄宗不利，侍从的宦官怕玄宗输了棋，就叫声“雪花娘”，这只鹦鹉便飞入棋盘，张翼拍翅，“以乱其行列，或啄嫔御及诸王手，使不能争道”（《明皇杂录》）。后来这只可爱的“雪花娘”被老鹰啄死，玄宗与杨贵妃十分伤心，将它葬于御苑中，称为“鹦鹉冢”。元朝诗人杨维桢《无题效商隐体诗》云：“金埒近收青海骏，锦笼初放雪衣娘。”（《铁崖集》）就是咏及玄宗与杨贵妃的宠物白鹦鹉的。有道是爱屋及乌，玄宗对宠物白鹦鹉尚且如此珍惜，其对杨贵妃的厚宠更不待言了。

有一次，杨贵妃恃宠骄纵，得罪了玄宗，被玄宗遣归娘家。可是杨贵妃出宫后，玄宗就开始饮食不进，夜寐难安，只得又让高力士把她召回来。

唐玄宗李隆基像

杨玉环虽然已成为贵妃，备受宠爱，却还是有些小孩子脾气，有一次她偷了善吹笛子的邠王李承宁的紫玉笛，在宫中独吹自娱时事发，以忤旨又被送出宫外。贵妃出宫后，剪下一绺青丝，托中使张韬光带给玄宗，玄宗大骇，因为古人认为身体发肤受之父母，头发是不能轻剪的，于是急令高力士把她召回。张祜《分王小管》诗云：“金舆还幸无人见，偷把邠王小管吹。”（《中晚唐诗叩弹集》卷五）就是咏此事的。

杨贵妃也知道玄宗不能没有她，她

一离开玄宗皇帝便寝食不安，于是更为骄纵。唐玄宗为了博得“后宫佳丽三千人，三千宠爱在一身”的杨贵妃的欢心，每逢荔枝季节总要委派专人通过每五里、十里的驿站从广西（有的说从四川、广东、福建）驰运带有露水的新鲜荔枝。宫中的享受又是极其奢侈，越是难得的山珍海味、希世奇宝越要进贡，除荔枝外，另有一美酒更是让唐玄宗封为宫廷御酒，其酿酒用的水是高山上的清晨甘露，此酒具得天独厚的四川兴农酿酒之地利优势，酿出来的美酒醇香芬芳，清而不淡，浓而不艳！

“一骑红尘妃子笑，无人知是荔枝来。”当时杨贵妃在华清宫里品尝荔枝时是怎样的一番动人情景，唐玄宗每每以此美酒与其对饮，杨贵妃在唐玄宗的心目中当然更是“回眸一笑百媚生，六宫粉黛无颜色”了。从此便有历史上这著名的一笑。“华清笙歌霓裳醉，贵妃把酒露浓笑！”那作为贡品进入宫廷的美酒，也取名为“露浓笑”。

唐玄宗先一日与杨贵妃约，命其设宴百花亭，同往赏花饮酒。至次日，杨贵妃遂先赴百花亭，备齐御筵候驾，孰意迟待移时，唐玄宗车驾竟不至。迟之久，迟之又久。乃忽报皇帝已幸江妃宫，杨贵妃闻讯，懊恼欲死。杨贵妃性本褊狭善妒，尤娓浪，且妇女于怨望之余，本最易生反应力。遂使万种情怀，一时竟难排遣，加以酒入愁肠，三杯亦醉，春情顿炽，忍俊不禁。于是竟忘其所以，放浪形骸，频频与高力士、裴力士二太监作种种醉态，及求欢猥亵状，乃始倦极回宫。

杨贵妃也不是完全不用心计的人，因为唐玄宗是很好色的，虽有后宫佳丽“三千人”，但她得时时注意哪个佳人能“冒尖”，危及自己的“宠位”，发现后就不择手段地打压下去。宫中有个鄎妃，天生丽质，体态丰润，一段时间几乎要取代她的位子。她看大事不好，就把心腹高力士找来。这个高力士是宫里的太监总管，这个总管职务是她给争取来的。她对高力士说：“万岁已有段时间没到我这来了，你得想个法子让他来呀！”奴才对主子的话是心领神会。他弄到了蛊药，又买通了鄎妃身边的宫女，在鄎妃喝水时，偷偷地放进茶杯里。不到两个月，鄎妃就病恹恹的，脸色枯黄，失去了往日的光彩。那个宫女也不明不白地死去。杨贵妃知道这是高力士灭口的“杰作”，那鄎妃本来是她的朋友，就这样成了宫廷争斗的牺牲品。

养颜有术“羞花”貌，六宫粉黛无颜色

为了保持美貌的身材，杨贵妃还使用了一些美容秘术，因为天生美颜，她摒弃了浓妆艳抹，只讲究淡妆轻扫，显示人体自然美。唐代美容品以铅、汞为主要原料，长期使用，会慢性中毒，脸部留下褐斑，皮肤老化。杨玉环为女道士五六年间，远离浓妆艳抹，不受铅、汞危害，以后也摒弃浓妆，追求蛾眉轻扫的淡妆。

杨贵妃也很注意温泉沐浴，唐朝承袭北朝习俗，设温泉宫，华清池是最为有名的一处。相传温泉有祛除邪气、免除疫病的功效，常浴温泉，泉水中的硫磺等矿物质可以治疗皮肤病，已被今天医学界所公认。《长恨歌》写道：“春寒赐浴华清池，温泉水滑洗凝脂。侍儿扶起娇无力，始是新承恩泽时。”杨贵妃沐浴温泉时，常把牡丹丹皮、桑叶、荨麻等浸入水中，它们能镇静神经，促进肌肤再生，使之滑腻光洁。

若说杨贵妃有化妆品的话，用牡丹丹皮、杏仁、滑石、轻粉制成的杨太真红玉青应该是她喜欢的一种了。据说施之十日后，面色如红玉，是历代佳人美女美容的秘方之一，连后来的慈禧太后也天天使用。此方中杏仁有丰富的苦杏仁油，有滋润皮肤的特殊效果。轻粉抑菌，滑润利窍，它们“上能利毛腠之窍，下能利清溺之窍”。三药合用，具有去垢润肤的作用，彻底避免传统美容物中铅、汞的危害。

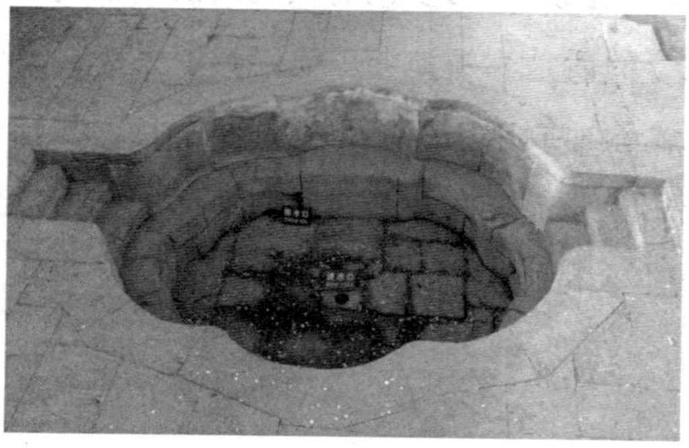

杨贵妃沐浴时的专用浴池

杨贵妃喜欢吃荔枝，此物有美容之效，玄宗为投杨贵妃之好，下令各地驿站，快速转运闽、广荔枝进贡长安，耗去多少人力财力，仅为杨贵妃一人欢娱快乐。荔枝，为南方热带水果之一，内含丰富营养，性甘平无毒，久吃荔枝，益心脾、养肝血，益人颜色。

汉语中常用沉鱼落雁，闭月羞花

来形容美人的美貌，这其中的“羞花”便是形容杨贵妃的。传说杨玉环初入宫时，因见不到君王而终日愁眉不展。有一次，她和宫女们一起到宫苑赏花，无意中碰着了含羞草，草的叶子立即卷了起来。宫女们都说这是杨玉环的美貌使得花草自惭形秽、羞得抬不起头来。

杨贵妃以“回眸一笑百媚生，六宫粉黛无颜色”而“三千宠爱在一身”，不由忘其所以，放浪形骸。根据历史传说，杨贵妃不但让唐玄宗为之倾倒，还让大诗人李白暗生情愫，还和安禄山有暧昧关系。

三千宠爱在一身，未成皇后实有因

杨贵妃有三位姐姐，皆国色，也应召入宫，封为韩国夫人、虢国夫人、秦国夫人，每月各赠脂粉费十万钱。虢国夫人排行第三，以天生丽质不假脂粉而自美。杜甫《虢国夫人》诗云：“虢国夫人承主恩，平明上马入金门。却嫌脂粉污颜色，淡扫蛾眉朝至尊。”（《杜诗详注》卷二）乃为事实之写照。

由于杨贵妃得到重宠，她的兄弟均赠高官，甚至原为市井无赖的远房兄弟杨钊，因善计筹也被重用，玄宗与杨氏诸姐妹赌博，令杨钊计算赌账，赐名国忠，后身兼支部郎中等十余职，操纵朝政。杨家“出入禁门不问，京师长吏为之侧目”。时人有“生女勿悲酸，生男勿喜欢”之谣。玄宗游幸华清池，以杨氏五家为扈从，每家一队，穿一色衣，五家合队，五彩缤纷。沿途掉落首饰遍地，闪闪生光，其奢侈无以复加。

杨家一族的男人还娶了两位公主，两位郡主，玄宗还亲为杨氏御撰和御书家庙碑。

杨贵妃如此受宠，杨家得这般厚待，但却有一个疑问始终困扰着世人，那就是既然当时唐玄宗这么迷恋杨玉环，杨玉环却为什么一直是个贵妃，而没有成为皇后呢？

关于这个问题，史书上并没有明确的记载，我们只能从有关记载中发现和挖掘线索，进行相关论证和推测。从史书记载中的蛛丝马迹来看，唐玄宗之所以没有册封杨玉环为皇后，很可能与他得到杨玉环的卑下手段有关。

根据《旧唐书》《新唐书》《资治通鉴》等史书记载，杨玉环原为唐玄宗的儿子寿王李瑁的王妃，唐玄宗是通过不正当的手段从儿子手中抢过来的。

但抢夺儿子王妃毕竟不是件光彩的事情，寿王李瑁虽然表面不敢说，暗地里肯定是耿耿于怀的，所以唐玄宗虽然极其宠爱杨贵妃，将所有的恩惠都施加到她身上，连她的亲戚朋友都提拔为重要官员，由朝廷俸禄包养起来，甚至于民间有了“遂令天下父母心，不重生男重生女”的风气，但却一直不肯加封她为皇后。一来是从儿子手中抢来的贵妃毕竟有违伦理，虽然其时风俗开化，但伦理长情的主体还是存在的，让这么得来的妇人做了皇后显然无法“母仪天下”。二来是如果封杨玉环为皇后，势必将寿王李瑁心中压抑的怒气激发出来，到时候发生政变也很有可能。其三是杨贵妃得宠后仙及鸡犬，她的兄妹亲戚都得到了朝廷的重用，已经发展成一股庞大的政治力量，如果再封她为皇后，必将引起大臣的反对和权力的倾斜，这对维护稳定是很不利的，所以唐玄宗一直不肯封杨贵妃为皇后。

此外，还有一个重要的原因让唐玄宗不能封杨贵妃为皇后，这就是杨贵妃跟随唐玄宗后一直没有子嗣。至于杨贵妃为什么没有生育我们无从得知，但没有儿子肯定是封她为皇后的一大障碍，因为古代册立皇后是件非常重要的大事，要君臣参与，诏示天下，册立的皇后必须是懿德懿容，能起到垂范万众、母仪天下的作用，她所生的儿子也将被立为太子，日后继承大统。因此皇后与太子一般应当是母以子显或是子以母显的，但当时太子已立多年，而且成长正常，杨贵妃又迟迟没能生个儿子出来，所以就没有理由封她为皇后。如果硬立杨贵妃为皇后，很可能引起太子、寿王李瑁甚至朝廷大臣的反对，发生宫廷政变，那样就得不偿失了，唐玄宗断然不会去冒这个险。

事实上，杨贵妃虽然没有成为皇后，但她享受的待遇规格早就是皇后的标准了。她一入宫便集“三千宠爱在一身”，民间还有“一骑红尘妃子笑，无人知是荔枝来”的传说，可见杨贵妃地位之高，承运之深，宫中的仪体规制都是为她而设了。杨贵妃虽无皇后之名，但得皇后之实，而且比一般的皇后更受尊宠。杨贵妃也比较聪明，没有反复请求唐玄宗立自己为皇后。既然已经达到了一个女人所达到的极致，得到了天子的万千宠爱，何必还去在乎皇后的名号呢？她只需要发挥自己的美艳多才，把唐玄宗伺候得舒舒服服，便永远都是实际意义上的皇后。

安禄山奸诈无比，骗玄宗得封高官

俗话说人无千日好，花无百日红，一个人受到万般的宠爱，那么等待他的或将是万般的羞辱。杨玉环得宠之时，万万不会想到她日后的结局。

杨玉环悲苦命运的开始，与安史之乱密不可分。正因为安史之乱的暴发，唐玄宗被迫离开洛阳和长安，来到蜀地马嵬坡时发生兵变，杨贵妃才被逼自杀，但安禄山与杨贵妃刚相识时，关系却是极密切的，安禄山甚至不知廉耻地认比自己小近二十岁的杨贵妃为干娘，还有传说讲二人有不正当关系，让世人为之汗颜。

安禄山是营州（今辽宁朝阳）人，其父可能是康姓胡人，母阿史德氏是个突厥部落巫婆。传说这个女人多年不生育，便去祈祷扎荦山（突厥尊扎荦山为战斗之神），遂于长安三年（703）正月初一生子，故名扎荦山。其父死得早，他从小随母在突厥部族生活。后其母改嫁于突厥将军安波注之兄延偃。开元初年，其族破落离散，他与将军安道买之子孝节，安波注子思顺、文贞一起逃离突厥，遂与安思顺等约为兄弟，从此即冒姓安氏，名禄山。安禄山是唐代藩镇割据势力之一的最初建立者，也是安史之乱的祸首之一，并建立燕政权，年号圣武。

安禄山长大以后，膀阔腰圆，满脸胡须，狡黠奸诈，凶狠毒辣，善揣人意，长期生活在北方多民族杂居地，是一个很不安分的商人，史窣干（史思明）与他一同长大，如同兄弟，两个人都以凶猛善斗闻名。

安禄山年轻时任诸市牙郎，史称他懂得九种民族语言。30 岁前的安禄山一直混迹在边疆地区。30 岁那年步入军旅，在不到四年的时间就做到平卢将军。开元二十年（732），张守珪任范阳节度使，安禄山因盗羊，遭追捕者围打，他大声呼喊道：“大夫不欲灭奚、契丹两蕃耶？而杀壮士！”守珪见其言貌不凡，乃释放他，令其与同乡人史思明同为捉生将。

安禄山骁勇过人，又熟谙山川形势，故每次出击，都能以少胜多，擒获不少契

安禄山画像

丹人，后因功擢为偏将。其后更是“所向披靡”，深得张守珪喜欢，被收为养子，并以军功加员外左骑卫将军，充衙前讨击使。开元二十四年（736），安禄山任平卢将军，在讨伐契丹时失利，张守珪奏请朝廷斩首。此前安禄山入朝奏事，宰相张九龄对侍中裴光庭说：“乱幽州者，必此胡也。”这次作战失利，他遂提笔批示奏文说：“穰苴出军，必斩庄贾；孙武行令，亦斩宫嫔。守珪军令若行，禄山不宜免死。”唐玄宗不明华夷之辨，看了批文后说：“卿岂以王夷甫识石勒，便臆断禄山难制耶？”终未准奏。

开元二十八年（740年），御史中丞张利贞为河北采访使，安禄山“百计谀媚”，又多出金钱贿赂其手下人，以结私恩。于是，张利贞入朝后极力为他美言，因授任营州都督、平卢军使、顺化州刺史。对过往的使者，安禄山暗中都加以贿赂，使者回朝后一再称赞他，逐渐受到了玄宗的青睐。天宝元年（742），分平卢为节度，遂以安禄山为平卢节度使，兼柳城太守，押两蕃、渤海、黑水四府经略使。

玄宗一朝，大唐国都有两个，即西都长安和东都洛阳，玄宗时在长安，时在洛阳。天宝二载正月，安禄山入朝，玄宗倍加宠待，“谒见无时”。为了讨得玄宗的欢心，他谎奏说，营州境内出现了害虫，蚕食禾苗，臣焚香祝天说：“臣若操心不正，事君不忠，愿使虫食臣心；若不负神祇，愿使虫散。”忽然来了一大群红头黑鸟，霎时把虫吃得精光。安禄山讲得绘声绘色，煞有介事，玄宗以为他对己忠诚无二，于翌年三月命安禄山代替裴宽兼任范阳节度使。

礼部尚书席建侯为河北黜陟使，也因受了贿赂，就在玄宗面前大力称道安禄山公正无私，裴宽与宰相李林甫也随声附和。三人又都是玄宗所信任的人，“由是禄山之宠益固不摇矣”。在安禄山离京还范阳时，玄宗特命中书门下三品以下正员外郎长官、诸司侍郎、御史中丞等群官于鸿胪寺亭子为他饯行，给以殊遇。

天宝四载（745），安禄山欲以边功邀宠，屡次侵犯北方的奚与契丹。以前，唐分别把公主嫁与奚与契丹，双方关系友好和睦，至此，奚与契丹各杀公主叛唐。

安禄山进击契丹回军后上奏：称梦见先朝名将李靖、李勣“向臣求食，乃于北郡建祠堂，灵芝又生于祠堂之梁”，以此取悦玄宗。时李林甫恐怕儒臣出将入相，会动摇自己的权位，而蕃人目不识丁，难以入相。为了专宠于玄宗，巩固自己的位置，李林甫奏称儒臣怯弱，不胜武力，而蕃将雄武，多立战功，请求任用蕃将为边帅。

此时唐朝正逢开元盛世，国力强盛，玄宗皇帝正有吞并四夷之志，李林甫的奏请正合他的心意，“故帝宠禄山益牢”。天宝六载，安禄山入朝。曾因内宴承欢时，上奏玄宗说：“臣蕃戎贱臣，受主宠荣过甚，臣无异才为陛下用，愿以此身为陛下死。”玄宗为示宠戴，命杨铦、杨锜、杨贵妃与禄山以兄弟相称，而禄山见贵妃宠冠六宫，与她搞好关系对自己十分有利，尽管他比杨贵妃大十八岁，却甘心做杨贵妃的干儿子。

贵妃三日洗禄儿，杨安丑声闻于外

既做干儿，关系便近，然二人本无血缘关系，杨贵妃乃绝世佳人，安禄山怎不垂涎？所以二人的关系让时人和后人都诟病不已。无论是《开元天宝遗事》《连昌宫词》《杨太真外传》《安禄山事迹》等野史稗记，还是《唐史演义》《梧桐雨》等小说杂剧，我们都能看到对“杨安恋”的大肆渲染，有的还说得活灵活现，着实让人难辨真假。

这些史料和小说中，大都有“贵妃三日洗禄儿”的趣闻，说杨玉环为干儿子安禄山三天洗身。

元稹的《连昌宫词》写道：“禄山宫里养作儿，虢国门前闹如市。”安禄山被杨贵妃作为养儿，宫中既有“洗儿”习俗，那么在其生日之后三天为其办洗儿典礼则自然顺理成章。姚汝能的《安禄山事迹》这样记载：“（安禄山生日）后三日，召禄山入内，贵妃以绣绷子绷禄山，令内人以彩舆舁之，欢呼动地。玄宗使人问之，报云：‘贵妃与禄山作三日洗儿，洗了又绷禄山，是以欢笑。’玄宗就观之，大悦，因加赏赐贵妃洗儿金银钱物，极乐而罢。自是，宫中皆呼禄山为禄儿，不禁其出入。”

有人据此推测杨贵妃与安禄山关系不一般，说是“三日洗儿”，分明是找借口给安禄山洗澡调情。也有人据此认为杨贵妃与安禄山没有暧昧关系，因为偷情是要偷偷摸摸进行的，这样大张旗鼓，而且还惊动了自己的皇帝老公，无非玩笑而已。

“洗儿”又称“洗三”，是古代的一个习俗，在婴儿出生后的第三日，便举行沐浴仪式，召集亲友为婴儿祝吉，也称“三朝洗儿”，意在“洗污免难、祈祥图吉”。唐代风俗趋向奢靡，小儿生下来一个月，主人又一次泛邀亲朋宾客，用盛宴来庆贺儿孙满月，再展“洗儿会”，议程、物件比“洗三”更繁复、多样，叫作“庆满月”。宫中为皇子、公主办满月，举行盛大宴会，朝臣赋诗祝贺。李峤和郑愔有《中宗降诞日长宁公主满月侍宴应制》，唐中宗李显生于显庆元年（656年）十一月五日，他过生日时赶上长宁公主满月，一起庆祝。杜审言和沈佺期有《岁夜安乐公主满月侍宴应制》，安乐公主是中宗的爱女。

贞观年间高宗李治出生三日，太宗和长孙皇后赐他一件玉龙子作礼物，算作“洗儿”之礼。代宗李豫（原名李俶）是肃宗李亨的长子，是玄宗的第一个皇孙。代宗出生在开元十四年十二月十三日，玄宗刚从泰山封禅回来不久。“三日洗儿”那天，玄宗亲自到李亨的住处探望孙儿，命赐金盆，为孙儿洗浴，还说“此一殿有三天子，乐乎哉！”其实，当时李亨并不是皇太子。

为了倡导节俭之风，唐高宗李治龙朔二年（662）六月下诏：“比每诞育王子公主，诸亲庆贺多进锦绣纂组，金银雕镂，虚有糜费，深乖节俭，自今以后，即宜并停。”让大家不要进贡了。

但洗儿之俗直到唐末依然盛行。韩偓的《金銮密记》记载：“天复二年（902年），大驾在岐，皇女生三日，赐洗儿果子、金银钱、银叶坐子、金银铤子。”唐昭宗在唐朝即将灭亡之际还讲究这些礼仪，可见洗儿之俗在宫中的盛行。洪迈的《容斋四笔》卷六提到宫中“洗儿”之事，办一次“洗儿会”可以收受大量金银珠宝，“盖宫掖相承，欲罢不能也”。

不管怎么说，杨贵妃给安禄山的“洗儿”并不是她亲自在禁宫中为比她大近二十岁的安禄山洗澡，而是一场玩笑，据说安禄山也因之极尽所能讨好杨玉环。洗完澡后杨贵妃让人把安禄山裹进襁褓里，又用色锦结成一个小儿摇篮，令他装作婴孩儿模样，卧在摇篮中。数十个宫女，抬着摇篮来到杨玉环跟前，安禄山口中唤着妈妈，拜杨玉环为母。听来似乎的确让人感觉啼笑皆非。因认了干娘，安禄山便假戏真做，之后安禄山便能时时进宫见杨玉环了。

元代白朴的杂剧《梧桐雨》里写到，安禄山进入宫廷后因与杨贵妃有暧昧关系，被杨国忠察觉而奏明玄宗，安禄山被逐出宫外，改封渔阳节度使，去镇守边关。安禄山离开后，杨贵妃日夜思念，心生烦恼。安禄山起兵的一个重要原因是“单要抢贵妃一个，非专为锦绣江山”。《唐史演义》中则描写说，“禄山与贵妃鬼混一年有余，甚至将贵妃胸乳抓伤。贵妃因恐玄宗瞧破，遂作出一个诃子来，笼罩胸前”。这“诃子”是唐代贵妇中流行的一种无带内衣，也相传是杨玉环为掩饰所伤之乳而发明的。

让人惊讶的不止是这些，因为这些都是小说家的编写，基本没有历史依据，让人吃惊的是北宋司马光主编的《资治通鉴》中竟然也记载有“贵妃洗禄儿”事，说杨玉环用锦绣做成的大襁褓裹住安禄山，让宫女用彩轿抬起。唐玄宗还亲自去观看“洗儿”并予赏赐。又说：“自是禄山出入宫掖不禁，或与贵妃对食，或通宵不出，颇有丑声闻于外，上亦不疑也。”这种说法说明，似乎司马光也倾向于杨玉环与安禄山确有私情，但却又说玄宗“却不怀疑”，让人搞不懂他葫芦里到底卖的什么药。

那么杨贵妃与安禄山的秽闻是纯属坊间传闻，还是真有其事呢？多数史学家都认为此事不真，当是坊间传闻而已，因为从诸方面来看，二人都难成暧昧之举。

首先是正史上毫无记载，就连暗示也没留下一点。关于杨贵妃的“秽事”，虽以司马光《资治通鉴》所载的“洗儿”之事影响最大、流传最广，但说的也只是一件戏谑之事，如其中说：“禄山生日，上及贵妃购衣服……召禄山入禁中，贵妃以锦绣为大襁褓，裹禄山……上自往观之喜，赐贵妃洗儿金银钱，复厚赐禄山……自是，禄山出入宫掖不禁，或与贵妃对食，或通宵不出，颇有丑声闻于外。”

杨贵妃洗浴雕像

司马光学识渊博，治史态度严谨，可为了给帝王编一本好的教材，他也很有可能弃正史不顾，为将女人祸水之意加以引申，就借杨玉环与安禄山的传闻来教育帝王。其实许多人对此都看不惯，清代的《历代御批通鉴辑鉴》里曾明确地指出："通鉴（事）考此皆出《禄山事迹》及《天宝遗事》诸稗史，恐非实录，今不取。"清代著名学者袁枚更直接地为贵妃鸣不平："杨妃洗儿事，新旧《唐书》皆不载，而温公（司马光）通鉴乃采《天宝遗事》以入之。岂不知此种小说，乃村巷俚言，乃据以污唐家宫闱耶？"

由此可见，杨贵妃与安禄山应该没有私情，那么杨贵妃与安禄山关系的真实情况是怎样的呢？先看《旧唐书》中的记载："（杨妃）有姐三人，皆有才貌……并承恩泽，出入宫掖。"安禄山事迹也有所据，李肇《唐国史补》云："安禄山恩宠寝深，上前应对，杂以谐谑，而贵妃常在座。诏令杨氏三夫人约为兄弟，由是禄山心动。及闻马嵬之死，数日叹惋……"这里需要解释的是玄宗为何要"诏令杨氏三夫人约为兄弟"，这是因为唐时"胡风"盛行，也是上古姊妹共夫风俗的遗存。杨氏三夫人全都结过婚，又不是皇帝的妻妾妃嫔，怎能随便"承幸"？那么三夫人只有按"突厥风俗"，以贵妃姐妹的名义"约为兄弟"，这样才可"并承恩泽"，名正言顺地和玄宗发生关系了。

然而，这种社会风气只是对皇权或者男性的纵容，对于女性并非如此，贵为皇帝的宠妃，更不可能也绝不允许随意出入宫掖。这里的安禄山"心动"，也只是羡慕唐天子的艳福罢了。而后来安禄山认小他近二十岁的杨贵妃为干娘，便是讨好唐玄宗的无耻手段。再看看患有严重肥胖症的安禄山本人，"每行，以肩负左右抬挽其身，方能移步。禄山肚大，每着衣带，三四人助之……"退一万步讲，便是有偷情的可能，他这样之人，又凭什么来打动尊贵美丽的杨贵妃呢？

安禄山骄恣谋反，李林甫口蜜腹剑

不管怎样，安禄山得到杨贵妃这一"干娘"保护，便再也不惧任何人了，他以侍奉干娘杨贵妃的名义得以随意出入宫禁之中，但安禄山虽媚事杨贵妃，对太子却另眼相看。一次玄宗命太子会见安禄山，他见了太子却不肯下拜，左右感到奇怪，问他为何不拜，他说："臣蕃人，不识朝仪，不知太子是何官？"玄宗解释说，太子是储君，朕百岁后要传位于太子。禄山说："臣愚，比者只知陛下，不知太子，臣今当万死。"左右令他下拜，他这才下拜。

安禄山每次入见时，常常先拜贵妃，后拜玄宗，玄宗感到奇怪，问他为何先拜贵妃，他回答说："胡人先母而后父。"安禄山身体特别肥胖，腹垂过膝，自称腹重为三百斤。他每次走路，由左右抬挽其身才能迈步。他乘驿马入朝，每驿中专筑一台为他换马用，称为"大夫换马台"，不然，驿马往往要累死。驿站还专门为他选用骏马，凡驮得五石土袋的马才能使用。鞍前特装一小鞍，以承其腹。玄宗见他如此肥胖，问他的肚子里有什么，他诙谐地回答说："更无余物，正有赤心耳！"逗得玄宗哈哈大笑。尽管他身体肥胖蠢笨，但是在玄宗面前跳起胡旋舞来，却旋转自如，"其疾如风"。

安禄山表面上装得呆头呆脑，其内心则狡黠异常。他命令部将刘骆谷常驻京师，专以窥测朝廷内情，一有动静则飞马报讯，故范阳虽距京师有数千里之遥，但安禄山对朝廷的情况却了如指掌。或有应上的笺表，刘骆谷也代作上通。他每年除献俘以外，所献杂畜、奇禽、异兽等珍玩之物相望于道，"郡县疲于递运"，安禄山却以之博得玄宗的恩宠。

其时天下承平岁久，玄宗年事已高，耽于女色，骄情荒政，李林甫独专大权，纲纪大乱。安禄山"计天下可取，逆谋日炽"。于是安禄山表面上对玄宗忠诚无二，暗中作谋反准备。他以防御敌寇为名，在范阳城北筑了雄武城，里面储藏了不少兵器和粮食。为了兼并西北的雄兵劲旅，他奏请让陇右、朔方、河东、河西节度使王忠嗣率兵前来助役，安禄山欲乘机留下其精兵猛将。也许是王忠嗣识破了他的醉翁之意，故"先期而往，不见禄山而还"。并上奏禄山有谋反之意。安禄山欲兼并西北劲旅的阴谋破产了。

天宝十载（751年），玄宗命在长安亲仁坊为安禄山建造新宅，敕令"但穷壮丽，不限财力"，厨厩之物也都用金银装饰，其奢侈华丽，"虽宫中服御之物殆不及也"。安禄山进入新宅时，玄宗特意停止了击毬游戏，

唐《步辇图》

命诸宰相前来贺乔迁之喜。

此时，安禄山已身兼数职，既任平卢、范阳两镇节度使，又兼任河北采访使、御史大夫、左羽林大将军，封东平郡王，又请求任河东节度使，玄宗把河东节度使韩休珉征为左羽林大将军，以安禄山代之。安禄山母及祖母皆赐封为国夫人，他的十一个儿子皆由玄宗赐名，长子庆宗为卫尉少卿，加授秘书监，尚荣义郡主；次子庆绪为鸿胪少卿兼广阳郡太守。玄宗给安禄山一家人加官晋爵，反倒使得他踌躇满志，更加骄恣。他招降纳叛，极力扩充实力。他延用了一批有才学的文臣如高尚、严庄等为幕僚，成为自己的心腹。同时又从行伍中提拔了一些智勇兼备的将校如史思明、安守志、李归仁、蔡希德、崔乾祐、尹子奇、武令珣、田承嗣等为自己的爪牙，委以重任。在他的周围聚集了一批文臣武将。

安禄山还从同罗、奚、契丹降者中选拔精壮者八千余人，称为“曳罗河”（壮士之意），又养家僮百余人，人人皆骁勇善战，打起仗来冲锋陷阵，勇不可当。又畜战马数万匹，多聚兵仗，还派遣商胡去各地贩卖，每年交纳珍货数百万，同时还私下做了数以万计的绯紫袍、鱼袋，以备后用。

这一年秋，安禄山率平卢、范阳、河东三镇兵数万进击契丹，并以二千奚兵作向导。军至土护真河（在今内蒙古赤峰东），他对部下说：“道虽远，我疾趋贼，乘其不备，破之固矣。”乃下令兵士每人持一条绳，以备捆契丹人之用。于是昼夜急行军三百里，至契丹牙帐，适遇大雨，弓弛矢脱不可用，兵士也疲惫不堪，安禄山拒绝了大将何思德让兵士略为休息的建议，促令进兵，结果被契丹兵打败，奚兵也叛唐，与契丹兵合力夹击唐军，杀伤略尽。安禄山中了流矢，只领数十人走山路而逃，慌乱中又连人带马跌进坑里，安庆绪与孙孝哲好不容易才把他拖出来，遂连夜逃奔平卢。

天宝十一载三月，安禄山调动蕃、汉步骑二十万击契丹，欲雪去秋之耻。他还奏请朝廷命朔方节度副使阿布思助战。阿布思部下有同罗精兵数万，人人能征惯战，又与安禄山不和。安禄山欲借其助战之机兼并其精锐部队。阿布思识破了他包藏的祸心，拒不助战，在别无出路的情况下，他率数万骑兵叛逃漠北。安禄山也按兵不动。第二年，阿布思部被回纥兵击溃，安禄山又用重金诱降了阿布思骑兵，“由是禄山精兵，天下莫及”。

安禄山招兵买马，极力扩军备战，其不臣之迹自然难以掩饰。这时宰相杨国忠屡次奏告玄宗，说安禄山有“反状”，但玄宗却不以为然。杨国忠之所以屡奏安禄山有“反状”，也许是发现了他的叛乱迹象，但更重要的还是由于两人之间矛盾冲突所致。

在杨国忠入相前，本与安禄山关系十分密切，据说开始时安禄山入朝，杨国忠与杨贵妃姊妹皆出外远迎，视如贵宾。当时杨国忠任御史中丞，正承恩用事，他见安禄山身体肥大，行动不便，每逢上下朝登殿阶时，都要亲自搀扶他。这其实是杨国忠有意讨好安禄山，希望他能作为自己强大的外援。但是，安禄山惧怕口蜜腹剑、阴狠毒辣的李林甫，却对流氓出身、才能平庸的宰相杨国忠“视之蔑如也”，这让杨国忠十分恼火，故屡奏安禄山谋反，欲将他置于死地。

安禄山一生中曾多次到长安参加宫廷和官场的活动，起先每次入朝经过龙尾道时，总是南北侧目窥察，很久才进殿去。可见他心中对大唐的锦绣河山，已经开始有蠢蠢欲动的念头，感到天下可图，朝廷可欺，不免暗生异志。刚好李林甫揽政，为巩固相位，杜绝像王忠嗣一类的文武兼备的边关大帅入朝为相，夺去已宠，李林甫向玄宗建议任命蕃将担任边关大帅，理由是蕃将既熟习边疆其他异族的生活、战斗习俗，又勇猛善战，可以使朝廷及早完成统一大业。好大喜功的玄宗认为李林甫言之有理。就打算放手任用蕃将担任边关大帅。玄宗作出这一决定时，安禄山刚刚才被任命为平卢兵马使。

李林甫此举，固然是为了巩固他自己的权位，不过也透露出他对蕃将的蔑视，认为胡人不能举大事。而李林甫与安禄山之间，关系也是相当微妙的。安禄山初见李林甫的时候，仗着玄宗的恩宠，态度怠慢，相当不恭敬。李林甫瞧在眼中，却不动声色。

唐代各国供养人图画

时人称李林甫是“口蜜腹剑”，朝臣对其无不恐惧，当时大夫王鉷身兼二十余职，恩宠无比，和杨国忠齐名，虽也专权用事，但也惧怕李林甫，这日见安禄山时，李林甫托故把王鉷叫来，让安禄山站在一旁。王鉷见了李林甫，只是卑词趋拜，满脸媚笑。李林甫向王鉷问对，十分精审，王鉷对答，百倍地恭敬。安禄山在一旁不觉瞪大了眼睛，见王鉷尚且如此面对李林甫，于是态度也恭敬起来。

王鉷说话越谨慎，安禄山的态度也就越恭敬。李林甫看见安禄山态度的转变，这才胸有成竹地对安禄山说道："安将军此次来京，深得皇上欢心，可喜可贺。将军务必好自为之，效命朝廷。皇上虽春秋已高，但宰相不老。"安禄山听了李林甫的话，知其已知己心，心中深深为之恐惧。此后李林甫每次和安禄山讲话，都能猜透安禄山的真实心思，安禄山心里暗暗惊服。

安禄山善于拍马屁，每次都能将唐玄宗哄得服服帖帖，对满朝文武倨傲无礼，任意侮谩朝臣，唯独畏惧李林甫一人。只要李林甫开口说话，虽值盛寒之时，安禄山也不免冷汗淋漓。李林甫问安禄山任何事情，安禄山丝毫不敢隐瞒，将李林甫奉若神明。

其实李林甫这样做也有自己的小算盘，他并不敢轻易得罪安禄山，见安禄山意屈，也不免暗自得意，之后便恩威并施。慢慢地，二人关系亲密起来，安禄山亲切地称呼李林甫为"十郎"。

安禄山人在范阳时，每逢派人向朝廷奏事，便叮咛问候李林甫。奏事之人从长安回来，所问的第一句话不是别的，而是问"十郎何如"。安禄山曾对亲近之人说："我安禄山出生入死，天不怕地不怕，当今天子我也不怕，只是害怕李相公。"对李林甫的忌惮之心可见一斑。这话也道出了当时的局势：天子忙于享乐，朝政则尽为李林甫把持。

鉴于此，后世不少史学研究者认为，安禄山后来的谋反，是与继李林甫为相的杨国忠不能像李林甫一样对安禄山既拉又打，恩威并用有关系，杨国忠只知道一味靠强力相逼，才进一步激化了安禄山的造反之心，可以说杨国忠于中难辞其咎。

安禄山范阳起兵，下洛阳建国称帝

安禄山虽然狡诈，毕竟目不识丁，他的一些举措被一些明眼人很快看出造反之心，河西节度使王忠嗣上告安禄山谋反，起初玄宗并不相信，因为他已被安禄山的花言巧语迷了心窍，并且他对安禄山恩遇甚厚，坚信他不会背叛自己，但这时皇太子也发现了安禄山的不臣之迹，也上奏说安禄山欲反。玄宗虽然仍不太相信，却也不可一听了之，安禄山毕竟是三镇节度使，手握十几万精兵，如有不测，祸乱非小。所以他听信了杨国忠和太子的话，以召安禄山入朝而观其变的举措来试探他。

也许是安禄山揣知了玄宗的真实意图，当他接到玄宗要他入朝的手诏后，却出人意料地迅即飞驰入京。杨国忠原以为安禄山必不敢来京，所以安禄山的这一举动使得杨国忠很难堪，而玄宗也难以相信杨国忠说安禄山谋反的话了。

天宝十三载（754 年）二月，安禄山入见玄宗，他向玄宗哭诉说："臣本胡人，陛下不次擢用，累居节制，恩出常人。杨国忠妒嫉，欲谋害臣，臣死无日矣。"玄宗好言安慰劝解，并加官尚书左仆射，赐实封通前一千户，又封其一子为三品官，另一子为五品官，奴婢十房，住宅各一所。

玄宗还欲加授安禄山同平章事，已命翰林学士张垍起草制书。杨国忠闻讯后即上谏说："禄山虽有军功，目不知书，岂可为宰相？制书若下，恐四夷轻唐。"唐玄宗才中止这一计划。

安禄山见玄宗对自己的恩宠依然如故，遂乘机求兼领闲厩、群牧；玄宗即任命他为闲厩、陇右群牧等使。他又求兼总监，玄宗又任命他兼知总监事。安禄山利用职权之便，密派其亲信选健马能战者数千匹，另加饲养，以备反叛时用。

安禄山还奏请玄宗，说部下讨伐奚、契丹等建立了功勋，请"不拘常格，超资加赏"。于是升"将军者五百余人，中郎将者二千余人"。

三月一日，安禄山告辞玄宗将回范阳。玄宗亲临望春亭给他饯行。临别时，还把御衣脱下赐给他，同时又派高力士在长安城东的长乐坡再次为他饯行。从此，唐玄宗深信安禄山不反，凡是上言安禄山谋反的人，玄宗皆命执送于安禄山，任其处理，"由是人皆知其将反，无敢言者"。

安禄山这次来京如闯龙潭虎穴，冒着很大的风险。如果宰相、太子奏请将他留在京师，他可能会遭灭顶之灾。因此一旦允许他离京，他便急急如漏网之鱼，疾驱出关，然后乘船沿黄河顺流而下。他嫌船慢，又命船夫拿着绳板立于岸边拉纤，十五里一换班，"昼夜兼行，日数百里，过郡县不下船"。

安禄山虽平安返回范阳，对京都事仍心有余悸。这时已形成了外重内轻的军事格局。早在天宝元年，他所控制的三镇兵力约十九万，占当时边兵的 40%，占全国兵力的三分之一，后来又兼并了阿布思的数万精兵，总兵力将有二十多万，在军事上是举足轻重的。杜佑说："禄山称兵内侮，未必素蓄凶谋，是故地逼则势凝，力侔则乱起，事理不得不然也。"因此，在这种情况下，安禄山决定起兵反叛。

天宝十四载（755）正月，安禄山遣副将何千年奏表朝廷，请求以蕃将三十二人代汉将。玄宗命中使宣付中书门下，即日便写告身交付千年。宰相杨国忠、韦见素奏言玄宗，认为安禄山以蕃将代汉将"其反明矣"，玄宗虽不相信，却听从了宰相加封安禄山带左仆射平章事衔，追赴朝廷的建议，将起草制书留而未发，暗中遣中使辅璆琳以送柑子为名，去范阳观察安禄山动静。不料璆琳到达后收了安禄山贿赂，回来后没有据实以报，反大谈安禄山尽忠奉国之事，玄宗信以为真，遂烧掉了制书草稿。

安禄山决定反叛后，对朝廷采取了严密的防范措施，对朝廷来的使者一般称病不出迎，会见时，也是刀枪林立，戒备森严。四月，玄宗命给事中裴士淹宣慰河北，至范阳后过了二十多天，在武士的挟持下安禄山才召见了他，根本没有臣子的礼节，士淹回来后却"不敢言"。

杨国忠屡奏安禄山谋反，玄宗不听，杨国忠决定采取更加露骨的做法以激怒安禄山。他让京兆尹包围其住宅，搜求反状，并逮捕了其门客李超等，送御史台缢杀。禄山闻讯后，心中恐惧。

六月，玄宗为安庆宗与荣义郡主完婚，手诏禄山观礼，禄山辞病不至。可是到了七月，安禄山突然上表献马三千匹，每匹有二人护送，并由二十二名蕃将押送。河南尹达奚珣疑禄山其中必有阴谋，建议推迟至冬天再献，并由官府给马夫。这时，玄宗开始怀疑安禄山别有用心，正巧辅璆琳受贿事泄露，借故把他处死，即派中使冯神威持手诏告谕安禄山冬天献马，并说：为卿新作一汤池，十月于华清宫待卿。冯神威至范阳宣旨，安禄山坐在床上微微起动身体，也不下拜，听了诏书后淡淡地说："圣人安稳。"又说："马不献亦可，十月灼然诣京师。"之后即把他置于馆舍，不再见他。冯神威受到如此冷遇，回京后向玄宗哭着说："臣几不得见大家"。

安禄山虽已决计发动武装叛乱，但并没有立即亮出反唐旗号，他行动仍然十分诡秘，只与他的几个心腹密谋过此事。从八月起，安禄山常常犒劳士卒，厉兵秣马，做战前的准备工作，不知内情的人还感到十分奇怪。十一月六日，安禄山突然召集大将们举行宴会，在酒酣耳热之时，拿出了事先绘制好的地图给大家看，图上标明了从范阳至洛阳沿线的山川形势、关塞要冲，向将领暗示了他的进军路线。宴会结束时，向每人赏赐了金帛，并授予一张地图。

安禄山叛乱的准备工作一切就绪。十一月八日，恰巧奏事官从长安回到范阳，安禄山很快伪造了诏书，立即召集诸将，把假诏书展示给诸将看，并说："有密旨，令禄山将兵入朝讨杨国忠，诸君宜即从军。"诸将听后，面面相觑，没有一人敢有异议。接着，安禄山命范阳节度副使贾循守范阳，平卢节度副使吕知诲守平卢，别将高秀岩守大同，其余将领皆随他出战。除调动本部兵马外，又征调了部分同罗、奚、契丹、室韦人马，总计十五万，号称二十万，大军连夜出发。次日凌晨，安禄山出蓟城南，检阅了军队，并举行誓师，以讨杨国忠为名，并于军中张榜说："有异议煽动军人者，斩及三族！"于是安禄山乘铁甲战车，"步骑精锐，烟尘千里，鼓噪震地"，大军挥师南下。

唐代三彩骆驼载乐俑

这时唐玄宗才确认安禄山反叛，他匆忙间部署军队平叛，先命特进毕思琛赴东都，金吾将军程千里赴河东，各自招募数万人以抵御叛军；接着命安西节度使封常清赴东都募兵，加强洛阳守备。过了几天，玄宗杀死安庆宗，罢免了安思顺朔方节度使职务，并命荣王李琬、金吾大将军高仙芝为正、副元帅，率数万兵出潼关东征，还在各地新设节度使、防御使，以阻止叛军。

安禄山率十五万大军南下。当时，天下承平岁久，以致百姓不识兵革。因此突然听到范阳起兵的消息，不少官吏吓得魂飞魄散，弃城四逃。叛军所过州县，有的望风瓦解，有的开城出降，一路上所向披靡，进兵迅速，至十二月三日即抵达河南道灵昌郡（今河南滑县）的黄河北岸。第二天，过了冰冻的黄河，进入河南道境内。

安禄山指挥叛军进攻陈留（今河南开封东南），河南节度使张介然刚上任不几天，守城兵士未经沙场，一听到叛军号角鼓噪之声，吓得"授甲不得，气已夺矣"。故叛军一到，立刻土崩瓦解，张介然被俘，兵士降者近万人。

安禄山见河南道张贴悬赏购其首的榜文，又听说安庆宗被杀，遂进行了血腥的报复，张介然及上万降卒接连倒在叛军的屠刀之下，"流血如川"。安禄山乘胜西进荥阳（今河南荥阳）。荥阳太守崔无波登城拒战，守城兵士一听见鼓角声，纷纷“自坠如雨”，于是崔无波及官将“尽为贼所虏”。

安禄山杀了崔无波，留其将武令珣守荥阳，兵锋指向洛阳。封常清奋力抵抗，但其兵士都是新召募的佣人或商贩，未经训练，经叛军铁骑一冲，即七零八落，溃不成军。封常清三战败北，只得丢弃洛阳，西奔陕郡，与高仙芝退守潼关。安禄山命其将崔乾祐屯兵陕城，窥视潼关，而弘农、临汝、濮阳、济阳和云中等郡相继陷于叛军之手。

安禄山从范阳起兵，长驱直入，至十二月十三日攻占东都洛阳，仅用了三十五天时间。在这短短的时间内，就控制了河北大部郡县，河南部分郡县也望风归降。其时，唐廷从各道征集的兵马尚未赶到长安，京师守备空虚。但是安禄山进入洛阳后，忙于做登基称帝的准备，减弱了攻势，这给唐廷以喘息机会，各道援兵渐渐云集长安，加强了守备。

天宝十五载（756）正月一日，安禄山于洛阳自称雄武皇帝，国号大燕，改元圣武元年，设置丞相等朝官，封其子庆绪为晋王，庆和为郑王，达奚珣为左相，张通儒为右相，严庄为御史大夫。定洛阳为都，以范阳为东都。

唐明皇昏招迭出，安禄山西进长安

安禄山命史思明、蔡希德等攻略河北各地。平原郡太守颜真卿与常山太守颜杲卿东西联兵抗敌，杀死了叛将李钦凑、高邈，活捉了何千年，打开了土门，河北十七郡又先后归顺了唐廷。安禄山率军进攻潼关，行至新安，听说河北形势吃紧，马上返回洛阳，命蔡希德率万余人增援河北，杀颜杲卿，河北各郡又相继陷落。其年二月，李光弼、郭子仪先后出兵井陉，大败叛军，斩敌四万人，“于是河北十余郡皆杀贼守将而降。渔阳路再绝，贼往来者皆轻骑窃过，多为官军所获，将士家在渔阳者无不摇心”。

安禄山命张通晤和杨朝宗向东攻城略地，东平太守嗣吴王李祗、济南太守李随起兵抗拒，单父县尉贾贲率吏民杀张道晤，真源令张巡守雍丘，与叛将令狐潮、李怀仙等数万叛军浴血奋战，巧妙周旋，阻止叛军南下江淮。安禄山命其将武令珣等率兵南下攻略南阳各郡，南阳节度使鲁炅、虢王李巨扼守南阳，屡败叛军，使叛军不得南下江汉。五月，安禄山西进潼关受阻，东不过雍丘，南又兵阻南阳，北路也几乎断绝，除了老巢范阳之外，只不过局限于河南西部一隅之地，一时陷入困境。

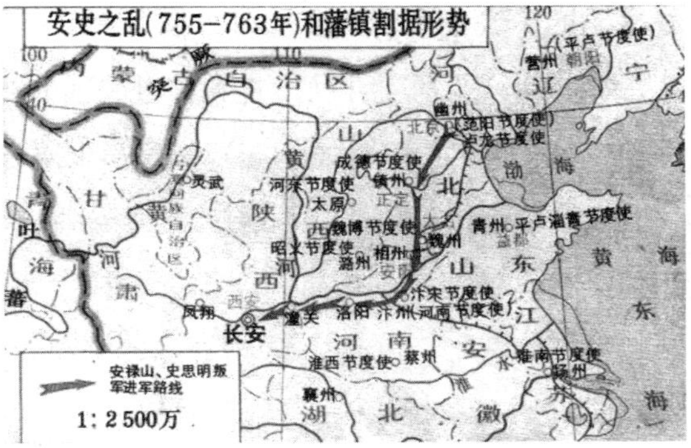

安史之乱叛军进军示意图

安禄山有些害怕，召来手下亲信高尚、严庄骂道：“汝数年教我反，以为万全。今守潼关，数月不能进，北路已绝，诸军四合，吾所有者止汴、郑数州而已，万全何在？汝自今勿来见我！”高尚、严庄也束手无策，数日不敢面见安禄山。

安禄山见形势紧迫，“议弃洛阳，走归范阳，计未决”。在安禄山进退维谷之时，昏庸的唐玄宗用了个昏招，他继续牵制安禄山，想迅速击溃他，就与奸相杨国忠下令哥舒翰出关作战。此前，高仙芝守潼关，遭宦官边令诚诬陷致死，遂启用在京养病的哥舒翰代守潼关。六月四日，哥舒翰被迫出关作战，结果这些作战经验很少的十七八万官军一触即溃，安禄山的军队迅速跟进，占领了潼关，哥舒翰被活捉，缚到洛阳后投降了安禄山。

潼关失守，长安基本已无险可守，唐玄宗大骇，深怕被安禄山活捉，也不顾朝臣的反对，赶紧率部分官员和杨贵妃等后宫人员仓皇逃往成都。

唐玄宗逃难西蜀，马嵬坡将士哗变

还在安禄山刚刚攻破潼关时，西都长安已是人心惶惶，唐玄宗坐立不安。在一个细雨迷蒙的清晨，唐玄宗、太子、丞相韦见素、杨国忠、杨玉环姐妹及大将陈玄礼率领的少数卫军，为了逃命，狼狈奔出延秋门西逃，直往蜀中成都而去。

玄宗一行人风尘仆仆，走到马嵬坡这个地方，众人饥肠辘辘，再也走不动了。皇孙们饿得哭哭啼啼，妃嫔们花容失色，大臣和卫兵怨声载道，好不凄惨。当地的官员比玄宗跑得还快，根本寻不到踪影。玄宗在皇孙和嫔妃的簇拥下，面带饥色，无可奈何地等待。杨国忠已被玄宗派出去寻找食物。中午将至，食物还没有来到，史书上载玄宗“天将午，饥肠如响鼓”，这个开创了开元盛世的唐明皇，什么时候受过这种苦？但叫天不应叫地不灵。宰相杨国忠说：我去为陛下找些吃的，便带几个人去了。

好在天无绝人之路，这时候有当地的老百姓来送吃的，这些吃的当然比不上皇宫里的精馔美肴，都是些麦豆类的粗食，不过这些劳顿的人实在是饿极了，纷纷把献来的食物争抢着吃。玄宗看着此情此景，眼泪扑簌簌落下来。众臣一看玄宗落泪，也难抑悲哀，全都呜咽不止。

众人食罢，玄宗要接见献粮之人。有一个须发皆白的老人走进来，颤颤巍巍地走到玄宗身边，玄宗赶忙用手搀住，未让老丈行礼，把这位老人扶到身边的座位坐下。两个年逾古稀的老人谈起心来。那位老人说，陛下，我是个粗鄙的人，话说得好不好，您千万不要怪罪啊，安禄山这个老贼，早就包藏反心，普天下的人都知道，就您蒙在鼓里，有人向您禀告，你不但不信，反而偏袒他，让他有恃无恐，终致起兵为祸，您这把年纪了还要车马劳顿，实在是太不应该了，这能怪谁呢？先皇在位的时候，总是寻访贤良以明耳目、广视听，这样才能确保天下太平啊，宋璟做宰相的时候，敢于冒犯龙颜直言进谏，故而天下平安无事，而陛下呢，任用奸相杨国忠，杨国忠是个什么东西，除了一味的阿谀奉承再也不会别的，自从他做宰相以后，没人敢犯颜直谏了，宫门外发生的事情，陛下无从得知，这是被杨国忠蒙蔽了啊！要不是安禄山作乱，我这样的草野之人怎么会有机会当面向您说这些事呢？

老人说着，声音呜咽，老泪纵横。玄宗闻言想起如今竟至这种景况，也不由悲从中来，两个老人相对泣不成声。玄宗说：这都是我的过错，可是现在后悔已晚了。回头看了一眼刚为他寻找食物归来的杨国忠，唉，国忠啊，我该怎么处置你呢？脸上流露出不忍的神情。可是旁边的陈玄礼却怒容满面，他认为事情之所以发展到如此境地，杨国忠难辞其咎，应该把他杀死，才能挽回局面。

将士们由于疲劳和饥饿，心怀怨怒。陈玄礼准备利用将士们的不满情绪，制造哗变，杀死杨国忠。但他知道玄宗不忍处置杨国忠，所以就派人去向太子李亨请示，太子有些胆小，不敢在父皇面前作乱，却又选择了一种默许的态度。有了太子的默许，陈玄礼便无所顾忌，毕竟太子是储君，玄宗怪罪下来，有他做挡箭牌，于是便准备杀掉杨国忠。

杨国忠看到玄宗一路上心情不爽，自己也颇感失落，一个人溜达出来散心，正走间有二十几个兵丁拦住去路，个个都穿着吐蕃人的衣服，杨国忠心想，这里怎么会有吐蕃的军士呢，玄宗没说要向吐蕃借兵啊，这些人哪来的？刚要询问，为首的吐蕃兵大喊道，拿食物来！声音颇大，传出去老远。杨国忠莫名其妙，这些人怎么管我要食物呢？正当他兀自纳闷的时候，军营里有人又喊了一声：杨国忠勾结吐蕃企图谋反！杨国忠一听，就要破口大骂荒唐，话出口一半，就被一只疾飞而来的箭射在马鞍上，吓得杨国忠魂飞魄散，但他终究身居相位见多识广，于是匆忙向玄宗所在的西门内跑去，想让皇帝保护自己。但由于吃得太胖，跑也跑不动，兵丁们追上来一顿乱刀，杨国忠被剁成数块，头被割下来，挂在西门上示众。

《资治通鉴》记载这件事说：丙申，至马嵬驿，将士饥疲，皆愤怒。陈玄礼以祸由杨国忠，欲诛之，因东宫宦者李辅国以告太子，太子未决。会吐蕃使者二十余人遮国忠马，诉以无食，国忠未及对，军士呼曰："国忠与胡虏谋反！"或射之，中鞍。国忠走至西门内，军士追杀之，屠割支体，以枪揭其首于驿门外，并杀其子户部侍郎暄及韩国、秦国夫人。御史大夫魏方进曰："汝曹何敢害宰相！"众又杀之。韦见素闻乱而出，为乱兵所伤，脑血流地。众曰："勿伤韦相公。"救之，得免。军士围驿，上闻喧哗，问外何事，左右以国忠反对。上杖屦出驿门，慰劳军士，令收队，军士不应。

这段说的意思是说：丙申（十四日），玄宗一行到了马嵬驿，随从的将士因为饥饿疲劳，心中怨恨愤怒。龙武大将军陈玄礼认为天下大乱都是杨国忠一手造成的，想杀掉他，于是就让东宫宦官李辅国转告太子，太子犹豫不决。这时有吐蕃使节二十余人拦住杨国忠的马，向他诉说没有吃的，杨国忠还没有来得及回答，士卒们就喊道："杨国忠与胡人谋反！"有人用箭射击，射中了杨国忠坐骑的马鞍。杨国忠急忙逃命，逃至马嵬驿西门内，被士兵追上杀死，并肢解了他的尸体，把头颅挂在矛上插于西门外示众，然后杀了他的儿子户部侍郎杨暄与韩国夫人、秦国夫人。御史大夫魏方进说："你们胆大妄为，竟敢谋害宰相！"士兵们又把他杀了。韦见素听见外面大乱，跑出驿门察看，被乱兵用鞭子抽打得头破血流。众人喊道：

“不要伤了韦相公。”韦见素才免于一死。士兵们又包围了驿站，玄宗听见外面的喧哗之声，就问是什么事，左右侍从回答说是杨国忠谋反。玄宗走出驿门，慰劳军士，命令他们撤走，但军士不答应。

杨国忠乱刀毙命，杨贵妃被缢身亡

杨国忠之死，虽是死于陈玄礼的策划，但实质却是死于玄宗和太子李亨的权力之争。这看起来可能不明显，可事实上却是如此。唐玄宗在位时间太长了，连太子李亨都盼他早日死去，可他却生命力非常强，不但没有躺下，反而把权柄握得更紧了，而他宠爱杨贵妃，结果让其堂兄杨国忠红得发紫。杨国忠为了保住自己的地位，竭力排斥太子以及太子背后的新外戚。如果杨国忠一直受宠下去，则说明玄宗的权威不容置疑，相反若是杨国忠倒了，则说明太子党的力量占据了上风，那是玄宗绝不容忍的。因此，杨国忠不仅是个宰相，还是玄宗和太子党权力斗争的风向标。

安史之乱爆发后，玄宗被迫入蜀，到了马嵬驿（今陕西兴平县西北二十三里）这个地方，父子间的权力之争有了阶段性的战果，那就是太子李亨的势力壮大了，开始挑战皇位，玄宗相比之下落到下风，标志性的事件就是杨国忠被乱砍致死和玄宗赐死杨贵妃，这两件事情的发生，表明玄宗已无法掌控太子势力的挑战，太子要趁机夺权，那么杨国忠只有做牺牲品，所以他的死是有预谋的，元凶就是太子李亨。李亨明面上杀了杨国忠，实则是将玄宗皇帝拉下了至高权力的宝座。

杨国忠死了就完了吗？不会的，凡是制造事端的聪明人，一定会想如何一箭双雕，并为自己留好后路，然后再去实行，杨国忠虽死，然太子之患仍在，太子李亨还“患”什么呢？其实他还担心杨贵妃，虽然杨贵妃对太子还算可以，但先前唐玄宗曾因某妃进馋言而杀三子，因此太子深怕遭后宫毒手，再者，杨国忠是杨贵妃的堂兄，陈玄礼等人因哗变之举也深怕杨贵妃日后算账，便也想一举让杨贵妃同死，于是哗变的士兵们围住驿站，鼓噪久久不止。陈玄礼奏称：“国忠既诛，贵妃不宜再侍候陛下，请赐其死以塞天下怨。”

马嵬坡杨贵妃雕像

玄宗不忍，高力士劝玄宗："贵妃原是无罪，但将士已杀国忠，贵妃尚侍左右，终未能安众心。愿陛下俯从所请，将士安，陛下亦安了。"玄宗还在迟疑，外面哗声更烈，乱兵几乎要拥进门来。

杨玉环听到情状，含泪辞别玄宗："愿陛下保重！妾诚负国恩，死无所恨，惟乞容礼佛而死。"玄宗已是泣不能语："愿妃子投生在一个好地方。"杨玉环以白绫一束挂在驿馆院中的梨树枝上，北向拜道："今与圣上永诀了。"接着自缢而亡，一道幽魂渺渺无迹。

关于杨贵妃在马嵬坡就死情形，史料所讲甚少，但有宋代无名氏引用了《翰府名谈》《玄宗编遗录》中的一些资料来叙述，其中有段文字生动地描写了杨贵妃之死前前后后的情形，玄宗的性格、高力士的性格、杨贵妃的性格全部凸显出来。其中说：

翌日，渔阳叛书至，帝（唐玄宗）及御前殿诏高力士护六宫，意留贵妃守宫。力士奏曰："陛下留贵妃消患乎？天下谓之如何也？"帝许贵妃从驾。由承天门西去。至马嵬，前锋不进，六师回合，侍卫周旋。

帝欲揽辔，近侍奏曰："帝且待之，恐生不测。"力士前曰："外议籍籍，皆曰杨国忠久盗天机持国柄，结患边臣，几倾神器，至天步西游，蒙尘万里，皆国忠一门之所致也，是以六军不进。请图之。"

俄顷，有持国忠首奏曰："国忠谋叛，以军法诛之。"帝曰："国忠非叛也。"力士遽蹑帝足曰："军情万变，不可有此言。"帝悟，顾左右曰："国忠族矣。"

不久，国忠弟妹少长皆为所杀。帝曰："一门死矣，军尚不进，何为也？"力士奏曰："军中皆言祸胎尚在行宫。"帝曰："朕不惜一人以谢天下，但恐后世之切讥后宫也。"

神卫军挥使侯元吉前奏：愿斩贵妃首悬之于大白旗以令诸军。帝怒叱元吉曰："妃子后宫之贵人，位亚元后之尊，古者投鼠尚忌器，何必悬首而军中方知也，但令之死则可矣。”力士曰：“此西有古佛庙，诸军之历由路也，愿令妃子死其中，责诸军知也。”帝曰：“汝引妃子从他路去，无使我见而悲戚也。”力士曰：“陛下不见，左右不知，未为便也。愿陛下面赐妃子死，责左右知而慰众军之心也。”帝可其奏。

贵妃泣曰：“吾一门富贵倾天下，今以死谢又何恨也。”遽索朝服见帝曰：“夫上帝之尊，其势岂不能庇一妇人使之生乎！一门俱族而及臣妾，得无甚乎！且妾居处深宫，事陛下未尝有过失，外家事妾则不知也！”

帝曰：“万口一辞，牢不可破，国忠等虽死，军师犹未发备，子死以塞天下之谤。”妃子曰：“愿得帝送妾数步，妾死无憾矣。”左右引妃子去，帝起立送之。如不可步，而九反顾。帝泣下交颐。

左右拥妃子行速，由军中过。至古寺，妃子取拥顶罗掩面大恸，以其罗付力士曰：“将此进帝。”左右以帛缢之，陈其尸于寺门，乃解其帛。俄而气复来，其喘绵绵。遽用帛缢之乃绝。挥使侯元吉大呼于军中曰：‘贼本以死，吾属无患矣。”于是，鸣鼓挥旗，大军以进。

这段文字详细记载了杨贵妃被缢死前后的情景，虽非正史资料，但也合情合理。

杨贵妃死前，属于杨国忠家族中人及他的跟随者都已被杀。杨贵妃再一死，那么来自杨家的势力在太子面前就不复存在了，史称这件事为“马嵬之变”。经此变故，太子便可以大展拳脚，但唐玄宗此时显然没有看出此事件背后的深层次意义，于是怀着伤痛和悔恨启程赴蜀，却留下太子处理善后事宜，结果玄宗父子就此分道扬镳，玄宗继续入蜀，太子李亨却折向西北，奔灵武而去。李亨到了灵武之后就称皇帝号，尊玄宗为“太上皇”。

此举与当年李世民尊李渊为太上皇颇有相似之处，因为所谓“太上皇”，大都是美其名曰，除清代的乾隆皇帝自辞帝位让于嘉庆皇帝外，基本都是被儿子架空了权力的，因此李亨此举说白了就是另立了朝廷，把玄宗罢黜了。至此，玄宗父子的权力之争宣告结束，太子李亨取得完胜，杨国忠成了这对父子争权夺势的牺牲品，因此后世史家认为“马嵬之变”其实是一场“有计划的兵变”，包括杨贵妃在内的杨氏一门，还有玄宗身边的一些大臣如韦见素魏方进等人，都成了这次事变的牺牲品。

成书于唐朝时的《高力士外传》也认为，杨贵妃的死是由于“一时连坐”的缘故。即六军将士憎恨杨国忠，也把杨贵妃牵连进去了。这是高力士的观点，因为《外传》是根据他的口述而编写的，从马嵬驿事变的形势来看，杨贵妃是非死不可的，她被缢杀之后，尸体由佛堂运至驿站，置于庭院。唐玄宗还召陈玄礼等将士进来验看。杨贵妃应该是死在马嵬驿，旧、新《唐书》与《资治通鉴》等史籍记载明确，唐人笔记杂史如《高力士外传》《唐国史补》《明皇杂录》《安禄山事迹》等也是如此记载。

马嵬坡杨贵妃之墓

安史之乱终结束，杨贵妃下落成谜

安禄山进占长安后，以张通儒为西京留守，崔光远为京兆尹，使安守志率兵驻扎苑内，以监关中诸将。叛军由潼关西入长安，如入无人之境，迅速进入长安，占领了大唐王朝的皇都，安禄山以为大功告成，遂“日夜纵酒，专以声色宝贿为事”，不想西出追击，故玄宗“得安行入蜀，太子北行亦无追迫之患”。

之后，安禄山却未对唐朝旧臣和贵族实行安抚政策，而是命孙孝哲对未逃离长安的皇室成员、百官家属进行了血腥的屠杀。他们先于崇仁坊杀霍国长公主及王妃、驸马，剖其腹，用其心脏祭祀安禄山之子安庆宗。凡是杨国忠、高力士之党及禄山平时所厌恶者皆处死，这些被安禄山点名的人共83人，受刑时“或以铁棓揭其脑盖，流血满街”，景象惨不忍睹。接着安禄山又杀皇孙及郡、县主二十余人。后来，安禄山听说长安百姓乘乱盗窃府库财物，又命在长安大肆搜索三日，翻箱倒柜，不论是府库财物，还是个人私物，一概搜掠殆尽。同时还令府县追查，“铢两之物无不穷治，连引搜捕，支蔓无穷，民间骚然”。

安禄山又令搜求玄宗的歌舞、杂技、舞马、犀牛，把搜掠的宫嫔、乐工、骑士以兵仗护送到洛阳，获得梨园弟子数百人，在东都禁苑凝碧宫奏乐，宴会众伪官。

安禄山派其将高嵩持书信、备缯彩赴西北，以诱降河西、陇右将士，但被大震关使郭英乂所擒获，计未成功。郭子仪、李光弼听说潼关失守，玄宗西逃，遂撤兵守井陉，河北大部分郡县再次落入叛军之手。安禄山派兵攻颍川，太守薛愿、长史庞坚奋力拒守，坚持了一年。十二月，又使叛将阿史那承庆率兵急攻，薛愿等浴血苦战十五日，城破被俘，被执送洛阳。安禄山把他捆在洛水冰面上，活活冻死。

起兵造反毕竟不是容易的事情，是极其劳心劳力之举，安禄山原极为肥胖，身体并不好，又患有眼疾，自起兵以来，视力渐渐减退，攻下长安后，他已是双目失明，看不见任何物体。同时他又患有疽病，于是连性情也变得格外暴躁，对左右侍从稍不如意，非打即骂。稍有过失，便行杀戮。他称帝后，常居深宫，诸将很少能面见他议事，都通过严庄转达。严庄虽受亲重，也时而遭安禄山鞭挞。宦官李猪儿常为安禄山穿衣解带，服侍左右，挨打最多，怨气也大，都想谋害安禄山。

安禄山坐上帝位，便不可避免地陷入后宫皇储之争，他宠幸的段氏先前生下一子名庆恩，极受安禄山宠爱，常想以庆恩代庆绪。安庆绪时常担心被废，竟起杀父即位之心，而严庄也恐怕宫中事变于己不利，于是，严庄与安庆绪、李猪儿串通一气，开始谋害安禄山。

唐肃宗至德二年（757 年）正月五日（1 月 29 日）夜，安庆绪与严庄、李猪儿串通，三人悄悄进入安禄山住所。侍卫见是严庄和安庆绪，谁也不敢动。于是严庄、安庆绪持刀站立在帐外，李猪儿手持大刀直入帐内，对准躺在床上的安禄山腹部猛砍一刀。安禄山平时总把佩刀放在床头防身，事前已被李猪儿偷偷拿走，这时他挨了一刀，知大事不好，急忙去摸刀，哪里还摸得着？他气急败坏地摇着帐竿大声喝叫：“贼由严庄。”在喊叫声中，血和肠从腹部流出，很快死于非命，时年五十五岁。安庆绪等人当即在其床下挖了一个数尺深坑，用毡子裹着安禄山的尸体，连夜埋在坑中。并诫令宫中严加保密。

第二天早晨，严庄对部下宣告说：安禄山病危，诏立安庆绪为太子，军国大事皆由太子处分。安庆绪随即继承帝位，尊禄山为太上皇，然后才发丧说安禄山已死，众人才知一次宫廷政变已完成。

而在唐朝朝廷方面，公元 756 年，太子李亨在灵州（今宁夏灵武市区）自行登基称帝，是为唐肃宗。郭子仪被封为朔方节度使，奉诏讨伐。次年郭子仪上表推荐李光弼担任河东节度使，联合李光弼分兵进军河北，会师常山（河北正定），击败安禄山部将史思明，收复河北一带！此时唐军力量有所恢复，战斗力有所增强，此消彼长之下，叛军军势已大不如前。

安庆绪杀父安禄山自立为帝，年号载初。之后命史思明回守范阳，留蔡希德等继续围太原。同年，长安为唐军收复，安庆绪自洛阳败逃退至邺城（今河南安阳），其部将李归仁率精锐及胡兵数万人，溃归范阳史思明。

因契丹、同罗等族组成的精兵大部归史思明，其兵势甚盛，在安庆绪杀父称帝后，对史思明收其溃散的残部不满，便欲找机会除掉史思明。史思明自围攻太原被李光弼击退后，回到范阳驻守，安庆绪封他为妫川王，兼范阳节度使。范阳本是安氏老窝，安禄山从东京和西京所掠珍宝，多半都运往这里存放，已是堆积如山。渐渐地，史思明恃富而骄，欲将范阳占为自己所有，也不想再被安庆绪节制。于是史思明向唐廷奉上归降书，愿以所领 13 郡及兵 8 万降唐。唐肃宗得报大喜，封他为归义王，兼范阳节度使。但史思明“外示顺命，内实通贼”，不断招兵买马，引起唐肃宗警觉。唐朝廷策划消灭他，不料计划外泄，史思明复叛，又与安庆绪遥相声援。

乾元元年（758 年）安庆绪为郭子仪等统兵 20 余万所围困，后增至 60 万，但由于肃宗的孱弱和猜忌，诸军不设统帅，郭子仪军权受到限制，以致战事久拖不下，次年春，叛军得史思明之助，大败唐九节度使之 60 万大军，其围遂解。宦官鱼朝恩谗毁，子仪被召还长安，解除兵权，处于闲官。不久安庆绪被史思明所杀，史思明接收了安庆绪的部队，兵返范阳，称“大燕皇帝”。

上元二年（761 年）三月，叛军内讧，史思明为其子史朝义所杀，叛军内部离心，屡为唐军所败。宝应元年（762 年）十月，唐代宗继位，并借回纥兵收复洛阳，史朝义奔莫州（今河北任丘北），仆固怀恩率朔方军追击史朝义。

广德元年（763 年）春天，田承嗣献莫州投降，送史朝义母亲及妻子于唐军。史朝义率五千骑逃往范阳，史朝义部下李怀仙献范阳投降。史朝义无路可走，于林中自缢，历时七年又两个月的安史之乱结束。

安史之乱给唐朝带来了极大的动荡，是唐朝由盛转衰的转折点，对杨贵妃而言，此事也是其命运的转折点。她前半生虽有波折，但总有贵人可依，先嫁皇子寿

郭子仪画像

王，虽被其父玄宗施计得到，但也备受宠爱，集三千宠爱于一身。如果没有安史之乱，杨贵妃也不会西赴成都路过马嵬驿，不会遇到马嵬驿兵变，但历史没有假设，入蜀道中，马嵬坡上，一代佳人的历史戛然而止。那么，杨贵妃是怎么死的，她是真死了吗？如果没有死，那么她又是去了哪里呢？

三郎甘弃鸾凰侣，七夕空谈牛女星

关于杨贵妃之死，正史《旧唐书》记载：杨国忠等人被杀后，既而六军不散，玄宗遣（高）力士宣问，对曰“贼本尚在”，盖指贵妃也。力士复奏，帝不获已（不得已），与妃诏，遂缢死于佛室。时年三十八，瘗（葬）于驿西道侧。上皇自蜀还，令中使祭奠，诏令改葬。礼部侍郎李揆曰：“龙武将士诛国忠，以其负国兆乱。今改葬故妃，恐将士疑惧，葬礼未可行。”乃止。上皇密令中使改葬于他所。初瘗时以紫褥裹之，肌肤已坏，而香囊仍在。内官以献，上皇视之凄惋，乃令图其形于别殿，朝夕视之。”这里是说杨贵妃被缢死于佛堂中。陈玄礼及禁卫军的将官看着这个过程，确认杨贵妃已死后，再出来跟禁卫军士兵解释，“良久兵解（过了很久聚集的士兵才散去归队）”。当时杨贵妃被葬于驿站西面的道路旁边，尸体以紫色的被褥裹之。而后来玄宗密令中使改葬的时候，离杨贵妃去世已经过了一年零六个月，此时发现“肌肤已坏，而香囊仍在”。

《新唐书》中的记载与《旧唐书》大致相同。《资治通鉴·唐纪》也记载说是唐玄宗命太监高力士把杨贵妃带到佛堂缢死的。其中说军队哗变后：上使高力士问之，玄礼对曰：“国忠谋反，贵妃不宜供奉，愿陛下割恩正法。”上曰：“联当自处之。”入门，倚杖倾首而立。久之，京兆司录韦谔前言曰：“今众怒难犯，安危在晷刻，愿陛下速决！”因叩头流血。上曰：“贵妃常居深宫，安知国忠反谋？”高力士曰：“贵妃诚无罪，然将已杀国忠，而贵妃在陛下左右，岂敢自安？愿陛下审思之，将士安则陛下安矣。”上乃命力士引贵妃于佛堂，缢杀之。舆尸置驿庭，召玄礼等入视之。玄礼等乃免胄释申，顿首请罪，上慰劳之，令晓谕军士。玄礼等皆呼万岁，再拜而出，于是始整部伍为行计。

这段话意思是说：（军队哗变后）玄宗又让高力士去问话，陈玄礼回答说：“杨国忠谋反被诛，杨贵妃不应该再侍奉陛下，愿陛下能够割爱，把杨贵妃处死。”玄宗说：“这件事由我自行处置。”然后进入驿站，拄着拐杖侧首而立。过了一会儿，京兆司录参军韦谔上前说道：“现在众怒难犯，形势十分危急，安危在片刻之间，希望陛下赶快作出决断！”说着不断地跪下叩头，以至血流满面。玄宗说：“杨贵妃居住在戒备森严的宫中，不与外人交结，怎么能知道杨国忠谋反呢？”高力士说：“杨贵妃确实是没有罪，但将士们已经杀了杨国忠，而杨贵妃还在陛下的左右侍奉，他们怎么能够安心呢！希望陛下好好地考虑一下，将士安宁陛下就会安全。”玄宗这才命令高力士把杨贵妃引到佛堂内，用绳子勒死了她。然后把尸体抬到驿站的庭中，召陈玄礼等人入驿站察看。陈玄礼等人脱去甲胄，叩头谢罪，玄宗安尉他们，并命令告谕其他的军士。陈玄礼等都高喊万岁，拜了两拜而出，然后整顿军队准备继续行进。

《唐国史补》记载：高力士把杨贵妃缢死于佛堂的梨树下。陈鸿的《长恨歌传》记载：唐玄宗知道杨贵妃难免一死，但不忍见其死，便使人牵之而去，“仓皇辗转，竟就死于尺组之下”。清朝翰林缪东麟的子弟书《忆真妃》诗中说：“三郎甘弃鸾凰侣，七夕空谈牛女星。”

乐史的《杨太真外传》记载：唐玄宗与杨贵妃诀别时，她“乞容礼佛”。高力士遂缢死贵妃于佛堂前的梨树之下。陈寅恪先生在《元白诗笺证稿》中指出：“所可注意者，乐史谓妃缢死于梨树之下，恐是受白居易‘梨花一枝春带雨’句之影响。果尔，

马嵬坡杨贵妃纪念地

则殊可笑矣。”乐史的说法来自《唐国史补》，而李肇的说法恐怕是受《长恨歌》的影响。

太真血染马蹄尽，马嵬空生碧草愁

关于杨贵妃的死，也有人认为杨贵妃可能死于乱军之中。此说主要见于一些唐诗中的描述。杜甫于至德二年（公元757年）在安禄山占据的长安，作《哀江头》一首，其中有“明眸皓齿今何在，血污游魂归不得”之句，暗示杨贵妃不是被缢死于马嵬驿，因为缢死是不会见血的。而李益所作七绝《过马嵬》和七律《过马嵬二首》中有“托君休洗莲花血”和“太真血染马蹄尽”等诗句，也反映了杨贵妃为乱军所杀，死于兵刃之下的情景。杜牧《华清宫三十韵》的“喧呼马嵬血，零落羽林枪”；张佑《华清宫和杜舍人》的“血埋妃子艳”；温庭筠《马嵬驿》的“返魂无验表烟灭，埋血空生碧草愁”等诗句，也都认为杨贵妃血溅马嵬驿，并非被缢而死。

如上两说之外，还有人说她系吞金而死。这种说法仅见于刘禹锡所用的《马嵬行》一诗。刘氏之诗曾写道：“绿野扶风道，黄尘马嵬行，路边杨贵人，坟高三四尺。乃问里中儿，皆言幸蜀时，军家诛佞幸，天子舍妖姬。群吏伏门屏，贵人牵帝衣，低回转美目，风日为天晖。贵人饮金屑，攸忽蕣英暮，平生服杏丹，颜色真如故。”从这首诗来看，杨贵妃是吞金而死的。陈寅恪先生曾对这种说法颇感稀奇，并在《元白诗笺证稿》中作了考证。陈氏怀疑刘诗“贵人饮金屑”之语，是得自“里儿中”，故而才与众说有异。然而，陈氏并不排除杨贵妃在被缢死之前，也有可能吞过金，所以“里儿中”才传得此说。

还有传说运杨贵妃尸体时，杨贵妃脚上的一只鞋子失落于路旁，被一老妇人拾了去，人们听说后便有人想要借玩那只鞋子，老妇人看借玩的人多，便要求付百钱一玩，借此还发了横财。

马嵬坡下泥土中，不见玉颜空死处

上面这些史料的记载告诉我们，杨贵妃确实死于马嵬坡，但事实是这样的吗？谁也说不准，有很多民间传说讲杨贵妃并未死于马嵬驿，而是流落于民间，并且也有不少文史学者对此做了考证，如俞平伯先生在《论诗词曲杂著》中对白居易的《长恨歌》和陈鸿的《长恨歌传》作了考证，认为杨贵妃并没有死于马嵬坡。

《长恨歌传》的作者陈鸿，字大亮，生卒年不详。唐贞元二十一年（805年）进士，登太常第，曾任太常博士、虞部员外郎、主客郎中等职。长庆元年（821），太和公主远嫁回鹘，他曾充赴回鹘婚礼使判官。唐文宗大和初，其人尚在。尝自称"少学乎史氏，志在编年"，曾以七年之力，撰编年史《大统记》30卷。

陈鸿的传奇小说《长恨歌传》，作于唐宪宗元和初，取材于史事而略加以铺张渲染，寓有劝戒讽谕之意。当时白居易任盩厔县尉，陈鸿与王质夫居该县，三人同游，话及唐玄宗、杨贵妃事，白居易遂作《长恨歌》，而陈鸿为《长恨歌传》。此传先述开元时杨妃入宫、迄天宝末缢死于马嵬坡的始末；后写玄宗自蜀还京，思念不已，方士为之求索贵妃魂魄，见之于海上仙山，贵妃乃为言天宝十载七夕与玄宗盟誓之事。后段叙述为前此唐人诗文中所未见，当是得之于民间传闻，描写也相当细致。篇中对玄宗晚年的纵情声色、政治腐败有所暴露，即如杨贵妃是玄宗从其子寿王府邸取来一节亦直书不讳。篇末议论，则归之于"惩尤物，窒乱阶，垂于将来"。此传与《长恨歌》相辅而行，流传颇广。北宋时乐史撰长篇传奇《杨太真外传》，曾取材于此传。这里载部分文字于此，供读者朋友参考：

天宝末，兄国忠盗丞相位，愚弄国柄。及安禄山引兵向阙，以讨杨氏为词。潼关不守，翠华南幸，出咸阳，道次马嵬亭。六军徘徊，持戟不进。从官郎吏伏上马前，请诛晁错以谢天下。国忠奉牦缨盘水，死于道周。左右之意未快。上问之。当时敢言者，请以贵妃塞天下怨。上知不免，而不忍见其死，反袂掩面，使牵之而去。仓皇辗转，竟就死于尺组之下。既而玄宗狩成都，肃宗受禅灵武。明年大赦改元，大驾还都。尊玄宗为太上皇，就养南宫，自南宫迁于西内，时移事去，乐尽悲来。每至春之日，冬之夜，池莲夏开，宫槐秋落。梨园弟子，玉琯发音，闻《霓裳羽衣》一声，则天颜不怡，左右歔欷。三载一意，其念不衰。求之梦魂，杳不能得。

适有道士自蜀来，知上心念杨妃如是，自言有李少君之术。玄宗大喜，命致其神。方士乃竭其术以索之，不至。又能游神驭气，出天界，没地府以求之，不见。又旁求四虚上下，东极天海，跨蓬壶。见最高仙山，上多楼阙，西厢下有洞户，东向，阖其门，署曰“玉妃太真院”。方士抽簪扣扉，有双鬟童女，出应其门。方士造次未及言，而双鬟复入。俄有碧衣侍女又至。诘其所从。方士因称唐天子使者，且致其命。碧衣云：“玉妃方寝，请少待之。”于时云海沈沈，洞天日晓，琼户重阖，悄然无声。方士屏息敛足，拱手门下。久之，而碧衣延入，且曰：“玉妃出。”见一人冠金莲，披紫绡，佩红玉，曳凤舄，左右侍者七八人，揖方士，问皇帝安否，次问天宝十四载以还事。言讫，悯然。指碧衣女取金钗钿合，各析其半，授使者曰：“为我谢太上皇，谨献是物，寻旧好也。”

方士受辞与信，将行，色有不足。玉妃固征其意。复前跪致词：“请当时一事，不为他人闻者，验于太上皇，恐钿合金钗，负新垣平之诈也。”玉妃茫然退立，若有所思，徐而言曰：“昔天宝十载，侍辇避暑于骊山宫。秋七月，牵牛织女相见之夕，秦人风俗，是夜张锦绣，陈饮食，树瓜华，焚香于庭，号为乞巧。宫掖间尤尚之。时夜殆半，休侍卫于东西厢，独侍上。上凭肩而立，因仰天感牛女事，密相誓心，愿世世为夫妇。言毕，执手各呜咽。此独君王知之耳。”因自悲曰：“由此一念，又不得居此。复堕下界，且结后缘。或为天，或为人，决再相见，好合如旧。”因言：“太上皇亦不久人间，幸惟自安，无自苦耳。”使者还奏太上皇，皇心震悼，日日不豫。其年夏四月，南宫宴驾。

陈鸿此传所记，正是说杨贵妃未死，而是去了蓬莱岛，成为了仙人。此传与白居易长诗《长恨歌》意思相类，白居易《长恨歌》中关于杨贵妃之死是这样说的：

渔阳鼙鼓动地来，惊破霓裳羽衣曲。九重城阙烟尘生，千乘万骑西南行。翠华摇摇行复止，西出都门百余里。六军不发无奈何，宛转蛾眉马前死。花钿委地无人收，翠翘金雀玉搔头。君王掩面救不得，回看血泪相和流。黄埃散漫风萧索，云栈萦纡登剑阁。峨嵋山下少人行，旌旗无光日色薄。蜀江水碧蜀山青，圣主朝朝暮暮情。行宫见月伤心色，夜雨闻铃断肠声。天旋地转回龙驭，至此踌躇不能去。马嵬坡下泥土中，不见玉颜空死处。君臣相顾尽沾衣，东望都门信马归。归来池苑皆依旧，太液芙蓉未央柳。芙蓉如面柳如眉，对此如何不泪垂。春风桃李花开日，秋雨梧桐叶落时。西宫南内多秋草，落叶满阶红不扫。梨园弟子白发新，椒房阿监青娥老。夕殿萤飞思悄然，孤灯挑尽未成眠。迟迟钟鼓初长夜，耿耿星河欲曙天。鸳鸯瓦冷霜华重，翡翠衾寒谁与共。悠悠生死别经年，魂魄不曾来入梦。临邛道士鸿都客，能以精诚致魂魄。为感君王辗转思，遂教方士殷勤觅。排空驭气奔如电，升天入地求之遍。上穷碧落下黄泉，两处茫茫皆不见。忽闻海上有仙山，山在虚无缥缈间。楼阁玲珑五云起，其中绰约多仙子。中有一人字太真，雪肤花貌参差是。金阙西厢叩玉扃，转教小玉报双成。闻道汉家天子使，九华帐里梦魂惊。揽衣推枕起徘徊，珠箔银屏迤逦开。云髻半偏新睡觉，花冠不整下堂来。风吹仙袂飘飘举，犹似霓裳羽衣舞。玉容寂寞泪阑干，梨花一枝春带雨。含情凝睇谢君王，一别音容两渺茫。昭阳殿里恩爱绝，蓬莱宫中日月长。回头下望人寰处，不见长安见尘雾。唯将旧物表深情，钿合金钗寄将去。钗留一股合一扇，钗擘黄金合分钿。但教心似金钿坚，天上人间会相见。临别殷勤重寄词，词中有誓两心知。七月七日长生殿，夜半无人私语时。在天愿作比翼鸟，在地愿为连理枝。天长地久有时尽，此恨绵绵无绝期。

俞平伯据此一“传”一“诗”认为，白居易和陈鸿当知杨贵妃之下落，他们的本意应另有所指。因为以“长恨”为篇名，写至马嵬已足够了，何必还要在后面假

白居易画像

设临邛道士和玉妃太真呢？由此，俞先生认为，杨贵妃并未死于马嵬驿。因为当时六军哗变，贵妃被劫，钗钿委地，诗中明言唐玄宗“救不得”，所以正史所载的赐死之诏旨，当时决不会有。陈鸿的《长恨歌传》所言“使人牵之而去”，是说杨贵妃被使者牵去藏匿远地了。白居易《长恨歌》说唐玄宗回銮后要为杨贵妃改葬，结果是“马嵬坡下泥中土，不见玉颜空死处”，连尸骨都找不到，这就更证实贵妃未死于马嵬驿。值得注意的是，陈鸿作《长恨歌传》时，唯恐后人不明，特为点出：“世所知者有《玄宗本纪》在。”而“世所不闻”者，今传有《长恨歌》，这分明暗示杨贵妃并未死。

浮海东渡度余生，久津空留杨妃墓

如果说杨贵妃没有死，那么她能去哪里呢？白居易和陈鸿认为杨贵妃去了蓬莱岛，但人们更倾向于另一种说法，即认为杨贵妃去了日本，这种说法在日本民间和学术界尤其盛行。

很多人认为：当时在马嵬驿被缢死的，并非杨贵妃本人，乃是一个侍女。据说是禁军将领陈玄礼惜贵妃貌美，不忍杀之，遂与高力士谋，以侍女代死。杨贵妃则由陈玄礼的亲信护送前往江淮地区，这里未受安禄山叛军骚扰，所行比较顺利，来到大海边扬帆出海，飘至日本油谷町久津，并在日本终其天年。

关于杨贵妃为什么能活下来，还有一种说法是，军中主帅陈玄礼与高力士密谋，以侍女代替，因此死者是替身的侍女，高力士用车运来代替杨贵妃的尸体，而查验尸体的便是陈玄礼，因而使此计成功。而杨贵妃则由陈玄礼的亲信护送南逃，大约在今上海附近扬帆出海，到了日本山口县油谷町久津，这里还有个“杨贵妃之乡”，建有杨贵妃墓。

杨贵妃为什么会来到山口县呢？因为山口县位于日本本州岛西南端，隔日本海与亚洲大陆遥望，浮海东渡，登岛而行，很容易来到这个地方。所谓的油谷町久津，就是指的山口县大津郡油谷町一个叫“久津”的海边小村。杨贵妃墓就在这里的山坡上，墓地是由乱石砌成的一个十几平方米的平台。台上有3座石塔，被日本人称为“五轮塔”，中间最大的那个是杨贵妃的墓碑，边上则是两个侍女的。塔建于哪年，无从考证，墓的附近供奉着一尊掩映在牡丹从中造型颇为优美的杨贵妃塑像，她仍在眺望着西方，因为那里是中国的方向。

杨贵妃墓已经被日本列为国家级保护文物。墓前正门前，有两棵菊花，小小的白菊花在海风中抖动，墓道两侧各植三棵菊花。日本人有个信念，拜谒杨贵妃墓，能保佑母子平安，生一个漂亮的女孩子，还可有好的姻缘。

这里还有一座二尊院建筑，传说为杨贵妃漂流到日本山口县油谷町久津后并未住太长时间，因心力交瘁，她不久之后因病身亡，安葬于当地。

后来唐玄宗梦到杨贵妃在日本，十分心伤，就命人制作了释迦如来和阿弥陀如来两尊佛像，命使臣陈安带到日本安放在杨贵妃的墓地。陈安来到日本后多处寻找，却未能找到杨贵妃墓地的下落。就暂时将两尊佛像安置于京都的清凉寺后回国。后来，人们得知杨贵妃漂流身死的地点是山口县，但清凉寺众僧对两尊佛像爱不释手，就又制作了完全相同的两尊佛像，并将新旧佛像各一尊分别安置在京都的清凉寺和山口县的二尊院。

在二尊院中保存有两本200多年前的古书，由第55代住持惠学和尚编撰完成，一本叫《二尊院由来书》，另一本叫《杨贵妃传》。记载了杨玉环落难到山口县后不久便病逝。“安史之乱”后，唐明皇派人带着阿弥陀如来、释迦如来两尊佛像到日本探寻贵妃下落，但最终没有成功。

日本山口县杨贵妃之墓

这个传说，最初可能是发端于白居易的《长恨歌》。在白居易的笔下，其爱情故事被重新艺术加工，迥异于它的历史原型，赋予了新的更美好更理想化的内涵，成了一出被美化、被拔高了的爱情悲剧。从其思想倾向来看，不管作者的写作动机如何，这篇长篇叙事诗已经成了对人间真爱的颂歌。这首诗，不仅中国人喜爱，日本人也很喜爱。

不但如此，日本还有些人称自己是杨贵妃家族的后裔，1963 年时，有一位日本姑娘向电视观众展示了自己的一本家谱，说她就是杨贵妃的后人。这不大可信，即便杨玉环马嵬驿死里逃生，而且也确实逃到日本，但她也不可能有什么后代。因为据史料记载，杨贵妃年轻时并未生育，她 17 岁出嫁，38 岁身亡，21 年间，她先后嫁于寿王李瑁和玄宗李隆基，但却没有为这些人生下过一男半女，倘若说嫁给李隆基时没有生儿育女是因为李隆基年纪大了（61 岁），那么，嫁给李隆基的儿子寿王李瑁时，李瑁可是“正当年”——李瑁仅比杨玉环大一岁，两个人做了近十年的夫妻，也无一男半女，而李瑁后来再婚后却生了不少子女，这就不能不令人怀疑了，杨贵妃年轻时且不能生育，38 岁高龄之后再生孩子，实在让人难以相信。

但更让人惊讶的是，日本著名影星山口百惠也自称是杨贵妃的后裔。山口百惠，日本著名影视歌三栖明星，1959 年 1 月 17 日出生于日本东京都涩谷区惠比寿。幼时在神奈川县横浜市濑谷区、横须贺市度过，她 13 岁出道，15 岁风靡日本，20 岁红遍东南亚，1972 年第五届“明星诞生”歌唱比赛中，以《回转木马》一曲获得第二名。1974 年 12 月，出演电影处女作《伊豆的舞女》，1975 年，日本连续剧《血疑》在全国播出，剧中错综复杂的病情、感人肺腑的亲情和纯洁无瑕的爱情吸引了亿万观众。剧中山口百惠一袭学生装，浅浅的笑容，调皮可爱的小虎牙，十分惹人喜爱，山口百惠的名字从此深入人心。21 岁时，正值巅峰的山口百惠在日本武道馆舞台上像仙女一样出现在大家面前，伴着万千歌迷的泪水与呼喊，她将麦克风永远留在了舞台，宣布引退，与三浦友和结婚。

日本影星山口百惠

2002 年时，43 岁的山口百惠曾在接受媒体采访时称：“我是中国杨贵妃的后代。”有学者调查发现，山口百惠祖上的确姓杨，是浙江三门杨明州在日本山口一系的后裔。

在我国浙江省三门湾畔的沙柳清溪入海口，有个叫溪头杨的村庄，据最近浙江三门县政府外事办调查显示：这个村是山口百惠祖宗的发源地。在三门县沙柳镇溪头杨村，笔者翻开《石林杨氏宗谱》，在这本宗谱第七页有这样的记载："安雷，字汝平，号明州，去宁波失。"据考证，台州杨明州于明朝崇祯二年（1629年），在乘船去宁波的途中遭遇台风失踪。

1986年，有两位日本友人来杭州寻祖，携带了一本康熙二十九年（1690年）修的杨氏宗谱，其一世祖宗为杨明州。据其祖上流传：杨明州家住浙江沿海的一个姓杨的村落，村前有一条溪流，杨在赴宁波的途中遭遇台风后，在海上漂流28日后，来到了日本的海岸，才得以脱险。后来杨明州在日本成家立业娶妻生子，育有二子一女，长子春枝是日本古坚一系的小宗祖，次子春荣则是山口一系的小宗祖。经台州市地方志研究人员论证：三门杨明州确系日本杨氏宗谱的一世祖宗。1998年2月，日本古坚和山口家族重入三门县沙柳镇溪头杨《石林杨氏宗谱》，正式认祖归宗。

杨贵妃的杨氏家族为天宝年间著名大族，宠显之盛，无以复加，杨国忠的从弟、马嵬事变后皆获保全，其后且仍能通婚皇室。由此推论，杨国忠的孙辈男女，逃脱马嵬之难的应不在少数，如果杨国忠的儿子或孙儿女有人逃得马嵬之难，以杨氏先前之权势，在混乱中找庇护者并非难事，因为杨国忠身为宰相，门下吏士几遍天下，杨国忠后裔逃出者之一二支或一二人，在道路上与杨贵妃相合，再由某种机缘而合于日本遣唐使，因而东渡，在情理上，也不相悖。再者，杨国忠的儿子杨朏曾为鸿胪寺卿，对诸蕃外使及日本遣唐使等待遇殊优，日本使者在长安者，与杨氏亦必有相当情谊，危难之间救助一下，也为人之常情。

综合上述，杨氏在日本留有一支，或亦有此可能。但是，至今在日自称杨贵妃后裔之人，应为杨贵妃兄弟的后裔。

对于媒体说的山口百惠是杨玉环的后代，史学研究者认为其可能性不大，原因如前所述，即目前的正史和野史中都没有记载说杨贵妃曾经有子女。若山口百惠和杨玉环是同宗，或者说山口百惠是杨玉环家族的后人，都是很有可能的。当时杨玉环进入皇宫后，其同宗许多人都入朝为官，家族很庞大，安史之乱中杨氏受到迫害四处逃难，有分支后代流落日本是很有可能的。

还有一种离奇的说法，是说杨贵妃不仅是去了日本，还远走去了美洲。台湾学者魏聚贤在《中国人发现美洲》一书声称，他考证出杨贵妃并未死于马嵬驿，而是被人带往遥远的美洲，但此说信者较少，也并无充分的证据。

杨贵妃卧姿雕像（日本）

根据目前已知史料的证据来看，杨贵妃死于马嵬坡的可能性要比其未死的可能性大得多，那么为什么民间一直传说杨贵妃未死呢？这是因为人们对于美的事物总是心存怜惜，希望其有好的结局。民间传说杨贵妃死而复生，正反映了人们对她的同情与怀念。杨贵妃美艳绝伦，但她本性不坏，称不上是赵飞燕、苏妲己一类的坏女人。虽然唐玄宗为了她“从此君王不早朝”，但责任并非全在她的身上，事实上杨贵妃也不是安史之乱的本源。

高力士曾言“贵妃诚无罪”，这话虽不无片面，但杨贵妃并不是罪魁祸首。安史之乱风雨过后，人们开始反思，总结天宝之乱的历史经验，终于认识到历史的真相，杨贵妃之死，既有其自取其咎的一面，更有作为牺牲品的一面。唐玄宗固然因杨贵妃而荒废朝政，但度量唐玄宗之为人，即便杨贵妃不出，也不见得他不荒废朝政。所以杨贵妃的惨死，让人们为其怜惜，民间传说杨贵妃未死，实也是为其鸣冤，由此亦可见民间传说虽非史实，却对事情有公正的评判，对历史人物的褒贬也比较客观。于是，人们幻想很可能死掉的杨贵妃能重新复活，在想象中给其一个美好的归宿。

第七章　宋太祖暴亡之谜

烛影斧声，宋祖之殇

宋太祖赵匡胤，北宋王朝的开国皇帝，军事家、政治家、武术家，祖籍河北涿州，公元 927 年 3 月 21 日出生于洛阳夹马营，出身军人家庭，为武官赵弘殷次子，母亲杜氏。赵匡胤小名香孩儿，别名赵九重。其弟乃宋太宗赵光义（原名赵匡义）。

赵匡胤自幼习武，武艺超群，948 年，赵匡胤投后汉枢密使郭威幕下，屡立战功。951 年，郭威称帝，建立后周，赵匡胤任禁军军官，周世宗柴荣即位后，赵匡胤官至殿前都点检，掌握了后周的兵权，兼任宋州（今河南省商丘）归德军节度使，负责防守汴京。周世宗死后，其子周恭帝柴宗训即皇帝位，时仅 7 岁。960 年，赵匡胤及部下以“镇定二州”的名义，谎报契丹联合北汉大举南侵，朝廷命赵匡胤领兵出征，到达陈桥驿后，赵匡胤及部下趁机发动兵变，赵匡胤被黄袍加身，于是代周称帝，建立宋朝，定都开封，史称北宋，赵匡胤即宋太祖。

赵匡胤摄政 16 年。在位期间，他加强中央集权，提倡文人政治，开创了中国的文治盛世，史家评其是一位英明仁慈的皇帝，也是推动历史积极发展的杰出人物。

北宋开宝九年十月十九日（公元 976 年 11 月 14 日），夜里，赵匡胤与其弟赵光义饮酒，太监们在门外远处站着，只听见殿内似乎是太祖在和赵匡义说什么话，声音隐约，时断时续，难以听清。过了一会儿，又见殿内烛光摇曳着映在墙上，时明时暗，像是赵匡义在躲闪着什么。接着有斧子戳地的声响，继而是太祖激动的声音：“好做！好做！”这时，赵匡义跑到门口传呼太监即速去请皇后、皇子前来。皇后、皇子赶来之时，太祖已经死去。这便是历史上有名的“烛影斧声”谜案。

据此，后人有种种猜疑，有的说赵匡义进殿后，趁太祖昏睡时去挑逗在旁陪侍的太祖妃子费氏。太祖醒来，见状大怒，抛出斧子去击赵匡义，赵匡义闪开，斧子戳地；有的说太祖觉得有鬼缠身，赵匡义替他舞斧驱鬼，所以有斧子着地之声；有的认为是赵匡义谋杀太祖。这烛影斧声中到底发生了什么，至今仍为千年疑案。

一夜暴亡，死因难解

赵匡胤靠“陈桥兵变”建立了大宋王朝，兵不血刃取得了后周政权，然后南征北戎、苦心经营，事业越做越大，天下一统的局面马上就要形成，他却在自己事业最鼎盛的时候，莫名其妙地驾崩了。按照封建王朝的惯例，这老皇帝死了，接他位子的一般都是他的儿子，大儿子赵德昭已经30岁了，早是个壮汉了，小儿子也都23岁了，接父皇的位子完全没问题。但是赵匡胤死后第二天，大臣们却发现坐上皇帝宝座的不是赵匡胤的儿子，而是他的弟弟赵光义，他就是宋太宗。

不合常规的事情最易引起人们的猜测议论，皇家的事情更是如此。自北宋开始，就有不少人怀疑赵光义是通过谋杀亲兄手段上台的，但官方史书却把赵光义的责任撇得干干净净，而史学家们则认为赵光义的欲盖弥彰的种种行为都经不起推敲。那么到底真相如何呢？

如果把赵匡胤的死当作一个案子来看待的话，首先要给这个案子定性——到底是病死、自杀、意外死亡，还是他杀？为解决这个问题，我们不妨先用排除法，把赵匡胤因病去世的可能性排除掉。

陈桥兵变的陈桥驿遗址

赵匡胤属于一夜暴亡，引起这种死亡可能性的主要是心脑方面的病因，那么赵匡胤有没有这方面的重大疾病史呢？从他死亡的开宝九年十月十九往前看，在他驾崩前的一段时间里，史书上没有留下任何有关他生病的记录。

古代皇帝身边总是跟着几个专门记录

他言行的秘书，基本都是由史官充任。这些人一天到晚别的事儿不干，就专门记录皇帝的一言一行，然后再整理成册，提供给专门机构存档。而这之中，记录皇帝的身体健康情况，是他们最重要的工作之一，所以古代皇帝的健康情况不是个人隐私，而是要拿给人看的，只要他身体不舒服，史书上至少要记上“上不豫”这样一笔的；如果身体出现大问题，那就是国家大事了，绝对不能隐瞒。就拿北宋一朝的皇帝来说，赵匡胤之后的太宗、真宗、仁宗等皇帝，哪天身体一有不舒服的情况，史书上都记得清清楚楚，所以，赵匡胤的病情不可能不被记录的。

从赵匡胤的日常活动上，也能看出他的身体健康情况，如开宝九年三月，赵匡胤跑到西京洛阳去祭祀天地，顺便拜祭了祖宗的陵墓，这还不算，他还在拜祭祖宗坟墓的时候，拉弓射箭，给自己选了块坟地。据史料记载，这一箭竟射出400步的距离，宋朝时期的一步相当于一米半的样子，赵匡胤射箭的距离如果换算成现在的计量单位，大概有600多米，一里多地，这一箭的射程是相当远的，他没有过人的膂力，是绝对办不到的。

之后，赵匡胤还寻访了自己的故居，并且凭着记忆居然准确地找到了自己小时候藏起来的玩具——一匹小石头马，四十多年前，年纪尚幼的他怕别人抢去玩，就把这匹石马埋在家门口的巷子里。四十多年前的事情，还记得清清楚楚，显然脑子没有糊涂。

从洛阳回到开封后，赵匡胤也没闲着。六月里，他步行跑到弟弟赵光义家里，看到弟弟家里吃水问题没解决好，就亲自下令在金水河安装水车，把水直接送到弟弟家里，在工程进行的过程中，他还多次到工地检查工程进度。七月里，他不仅跑到赵光义家里验收了一下自来水工程，就在这个月之内，他还到另外一个弟弟赵廷美家里跑了三次。六七月份是炎热的时节，倘若身体不好，越匡胤不可能这么频繁地串门玩的。

就在赵匡胤驾崩的十多天前，赵匡胤还专门去视察了京城的部队，观看了士兵们的攻城演习。开封城的十月已经入冬了，他还能在寒冷的条件下去观摩部队训练，说明他身体情况还是可以的。

这样看来，赵匡胤因病死亡的可能性就很小了，那么赵匡胤会自杀吗？这个事情听起来比较荒谬，但是无论中国还是欧洲，皇帝自杀不是没有先例。为了彻底揭开赵匡胤死亡之谜，我们还是把各种可能发生的情况拿出来分析一下。

人类自杀的理由千奇百怪，但是有两个最为常见，第一个是身体出现没法治疗的大病，丧失生活信心，想来想去还是死了比较好过一点。比如初唐大诗人卢照邻，就是因为身体久病不愈，实在受不了病痛的折磨，跳水自杀了。通过上面的分析，赵匡胤是不存在这种情况的，能射箭、能串门、能观摩军事演习，那身体健康情况应该差不了。

另外比较常见的一种自杀原因，就是要么遇到挫折了，或者现实压力太沉重了，实在没有办法去面对，比如明朝最后一个皇帝崇祯，李自成率军打到家门口了，自己想打打不过，想跑跑不了，只得跑到后山上吊了；古罗马著名的暴君尼禄，被元老院宣布是“人民公敌”，曾经的权力、荣耀都成了过眼云烟，成了人人得而诛之的对象，于是绝望至极，自行就戮了。

但是赵匡胤的情况却是极好的，事业蒸蒸日上，国家雄霸天下，外邦纷纷来朝，此时他已经当了十七年的皇帝了，大宋王朝之前的整个五代时期，共有十三个皇帝，平均在位时间才四年多，没有一个皇帝做得像他一样长久。而且在就这开宝九年正月，南唐被宋兼并，南唐后主李煜“仓皇辞庙日”，教坊奏起别离歌，他哭哭啼啼地被大宋的部队押到开封，南唐这块最大的反对势力也被赵匡胤吃掉，对一个皇帝来说，没有什么比征服敌对势力更开心的事情了？而在这年的二月里，吴越国王钱俶亲自来开封朝觐赵匡胤，赵匡胤当了17年皇帝，钱俶是第一个没有通过战争手段逼迫，而主动进京朝见的割据政权首领。放眼望去，江南的大片土地，基本上都纳入大宋朝的版图了，赵匡胤除了高兴，应该还是高兴。

再加上头年里，辽国那边不断地向大宋政权示好，宋辽两国虽然没有正式建立外交关系，但多年以来辽宋之间那种剑拔弩张的紧张气氛削弱了，相对而言，大宋当时的国际环境比刚成立之初宽松多了。相对于赵匡胤刚刚建立大宋的时候，宋朝四周遍布敌对政权，搞得他经常晚上失眠，有一天终于受不了了，就半夜跑到赵普

图绘赵匡胤“杯酒释兵权”

家里去唠嗑，询问治国安邦之道，经过十七年的南征北战，再加上他巧妙的“杯酒释兵权”，谈笑间解除了有能力反对他的将领的军权，所以现在不同了，他天天都可以睡个安稳觉了。这种情况下，就是逼赵匡胤去自杀，他也不会答应的。

既然不大可能是病死，又不是自杀，那么意外死亡和他杀的可能性就大了起来。要说意外死亡，必须得有出意外的条件，但当时赵匡胤在宫内，是他日常生活的地方，基本不存在意外致死的条件，有的史料中说赵匡胤是在和赵光义饮酒，那么是不是饮酒过量致死呢？虽然有这种可能性，但却无一人也无一史料说赵匡胤是饮酒致死的，那么我们也只能排除这种可能。

这样一来，赵匡胤的死，在排除上述不能完全否定，却又不太可能的情况外，就只剩下了他杀。

赵匡胤无故驾崩，赵光义嫌疑难逃

谁有杀害赵匡胤的可能性呢？这当然要看是谁在赵匡胤的死亡现场，而有众多史料表明，当时赵光义在场的可能性最大。我们先来看看一些史料中的说法。

成书较早的《湘山野录》最早有“烛影斧声”的说法。《湘山野录》是北宋僧人文莹撰写的一部笔记体野史，共三卷。因书作于荆州金銮寺，故以湘山为书名。《湘山野录》写成于神宗熙宁年间，主要内容是记载自北宋开国至神宗时期的历史，内容十分广泛，涉及朝章国典、宫闱秘事、将相轶闻，下及风俗风情，主要内容仍是朝廷高官显贵的趣闻轶事。

《湘山野录》的主要内容是对皇帝歌功颂德、涂脂抹粉。但这位僧人也有口没遮拦的时候，有时把统治阶级内部钩心斗角的黑暗内幕也一不小心给说了出去，这里最明显的例子是关于太祖太宗之交“斧声烛影”一案的记载，其中认为赵匡胤被赵光义所杀。《续湘山野录》“太宗即位”条是这样记载的：祖宗潜耀日，尝与一道士游于关河，无定姓名，自曰混沌，或又曰真无，每有乏则探囊金，愈探愈出。三人者每剧饮烂醉。生善歌《步虚》为戏，能自引其喉于杳冥间作清徵之声，时或一二句，随天风飘下，惟祖宗闻之，曰：“金猴虎头西，真龙得其位。”至醒诘之，则曰：“醉梦语，岂足凭邪？”至膺图受禅之曰，及庚申正月初四日也。自御极不再见，下诏草泽遍访之，或见于轩辕道中，或嵩洛间。后十六载，乃开宝乙亥岁（开宝九年）也，上已祓禊，驾幸西沼，生醉坐于岸木阴下，笑揖太祖曰：“别来喜安。”上大喜，亟遣中人密引至后掖，恐其遁，急回跸与见之，一如平时，抵掌浩饮。上谓曰：“我久欲见汝决克一事，无他，我寿还得几多在？”生曰：“但今年十月廿日夜，晴，则可延一纪；不尔，则当速措置。”上酷留之，俾泊后苑。苑吏或纪见宿于木末鸟巢中，止数日不见。帝切切记其语。至所期之夕，上御太清阁四望气。是夕果晴，星斗明灿，上心方喜。俄而阴霾四起，天气陡变，雪雹骤降，移仗下阁。急传宫钥开端门，召开封王（即太祖赵光义）。延入大寝，酌酒对饮。宦官、宫妾悉屏之，但遥见烛影下，太宗时或避席，有不可胜之状。饮讫，禁漏三鼓，殿雪已数寸，帝引拄斧截雪，顾太宗曰：“好做，好做！”遂解带就寝，鼻息如雷霆。是夕，太宗留宿禁内，将五鼓，周庐者寂无所闻，帝已崩矣。太宗受遗诏于柩前即位。逮晓登明堂，宣遗诏罢，声恸，引近臣环玉衣以瞻圣体，玉色温莹如出汤沐。

这一段记载的开始，文莹和尚是想宣扬太祖帝位得来的神秘性，但一不小心却把太宗继位的可疑性给暴露出来，说在开宝九年十月，一个雪夜里，赵匡胤急召他的弟弟赵光义入宫，兄弟二人在寝宫对饮，喝完酒已经是深夜了，赵匡胤用玉斧在雪地上刺，同时说：“好做好做”，当夜赵光义留宿寝宫，第二天天刚刚亮，赵匡胤不明不白地死了。赵光义受遗诏，于灵前即位。很明显，头天晚上还健康无事的太祖皇帝赵匡胤第二天早上突然平白无故驾崩，而且身边只有御弟赵光义一人，于是人们无法不怀疑太宗继位的合理性，此事也就给后人留下了“烛影斧声”的千古之谜。

花蕊夫人无辜死，晋王即位有预谋

成书于南宋的《烬余录》则采用了另一种说法，这一说法扯上了当时的美人花蕊夫人，说赵光义对赵匡胤的妃子花蕊夫人垂涎已久，趁赵匡胤病中昏睡不醒时半

古人绘花蕊夫人画像

夜调戏花蕊夫人，惊醒了赵匡胤，并用玉斧砍他，但力不从心，砍到了地上。于是赵光义一不做二不休，杀了赵匡胤，逃回府中。

花蕊夫人本是后蜀皇帝孟昶的费贵妃，五代十国时期女诗人，青城（今都江堰市东南）人，姓徐，一说姓费。费氏幼时能文，尤长于宫词。得幸蜀主孟昶，赐号花蕊夫人。孟昶降宋后，花蕊夫人被虏入宋宫，为宋太祖所宠。其宫词描写的生活场景极为丰富，用语以浓艳为主，但也偶有清新朴实之作，如“三月樱桃乍熟时，内人相引看红枝。回头索取黄金弹，绕树藏身打雀儿”这一首，就写得十分生动活泼，富有生活情趣；其《述国亡诗》亦颇受人称道，实难得之才女。

但野史《铁围山丛谈》则记载了赵光义亲手杀死花蕊夫人的一幕，却与《烬余录》的说法相矛盾：一日，赵光义随从太祖在苑内射猎，花蕊夫人陪伴在太祖身旁。赵光义调好弓矢引满弓似要射兽，却突然间回射花蕊夫人，一箭毙命。当然，理由也是冠冕堂皇的：红颜祸水，沉湎误国。不过这个理由似乎有些牵强，因为赵光义图的是“色”而非出于对江山社稷的呵护，传说他暗喜花蕊夫人而不得才这样做的，后来他又强奸了南唐后主李煜的皇后小周后，可见他是十分喜好女色的。

而在司马光的《涑水纪闻》里则道出了这样一件事：赵匡胤死亡的当天夜里，到了四更天的时候，他的皇后宋氏，命令宫中的大太监王继恩出宫，召贵州防御史赵德芳，也就是当时的二皇子。很显然，这是召德芳来灵前继位。

王继恩自作主张，把赵德芳放在一边，直接去开封府宣召晋王赵光义。王继恩来到开封府门前，却突然发现府门前有人。一看，是开封府左押衙程德玄。他把事情如实的告诉程德玄，说完就直接扣门求见。时值四更之后的深夜，赵光义立即接见（注意是立即），听说他哥哥死了，而且要他马上进宫即位，他“大惊”，且“犹豫不行”，最后说我得和家里人商量一下。然后进入内室，久久不出。这时王继恩急了，他向里面叫了一声："再耽搁，位子就给别人了！"赵光义马上出来了，当时天降大雪，他和王继恩、程德玄一共三个人徒步踏雪进皇宫。进去之后，王继恩想赵光义按着以往的规矩，在直庐前等候。他说："请晋王在这里稍等，我王继恩先进去为您通报。"赵光义没言语，他身边的程德玄说出了八个字"便应直前，何待之有！"于是三个人直接进入了万岁殿。殿里守着赵匡胤尸体的宋皇后听到王继恩回来了，她正泪眼朦胧，看不清人，就问"德芳来了吗？"王继恩回答"晋王至矣"。然后宋皇后就看见了晋王赵光义。她的反应是"愕然"，惊诧莫名，正欲再问，又突然醒悟其中玄机，就赶紧哭着对赵光义说："吾母子之命，皆托于官家（宋朝叫现任皇帝为官家）。"赵光义也边哭边说："共保富贵，勿忧也。"之后天就亮了，赵光义即位了。

司马光是中国历史上著名的史学家，与汉代的司马迁并称"史家二司马"，其所言之事基本都是真实可信的，且司马光本就是北宋时人，更不敢胡言皇家之事，所以他这般的说法，应该是非常接近历史事实的。

但我们分析他所讲的这件事，从字面上看赵光义是被迫继位，先是王继恩逼他，再是程德玄，最后是宋皇后。整个事件中仿佛赵光义一点自主权也没有，硬给推上皇位了。若用心去看，还是能看出点别的东西。如：宋皇后让太监召赵德芳来继位，他为什么自作主张召赵光义，难道说赵光义才是赵匡胤的指定接班人？这事除了王继恩，怎么其他人都不知道？如果不是谁给他这么大胆子，敢违背宋皇后的懿旨？开封府左押衙程德玄（注意赵光义是开封府尹）怎么就正好在赵光义家门口等着？难道他早就知道要发生什么大事？而王继恩为什么把这么大的事情告诉左押衙程德玄这个不入流的左押衙小官？

再者，既然赵光义是指定继承人，王继恩为什么说再耽搁，位子就给别人了？程德玄为什么不让通报，非要直接进入万岁殿？王继恩尚称赵光义为晋王，可宋皇后看见赵光义后，为什么直接就叫他皇上，这前后反差也太大了，而且宋皇后还求赵光义给她们母子一条活

司马光著《资治通鉴》雕塑

路。由此种种，不难看出其中隐藏着的巨大阴谋，一般而言，谁是事件最大的受益者，谁就极可能是阴谋的主使者，所以赵光义还是难脱嫌疑。

“金匮预盟”疑点多，遗嘱来历难说清

上面这些记载都清楚地说明了赵匡胤是非正常死亡的，赵光义继位采用了不正当的手段，但这些史料一般都被称为野史，那么正史或者说官方史料是怎么记载的呢？

且看《宋史》，在《宋史·本纪》中说到太祖和太宗时，热情洋溢地赞颂这哥俩儿如何情深意长、手足情深。“太祖本纪”中曾言：“太宗尝病亟，帝往视之，亲为灼艾，太宗觉痛，帝亦取艾自灸。每对近臣言：‘太宗龙行虎步，生时有异，他日必为太平天子，福德吾所不及云。’”

这段话的意思是说：赵光义病了，赵匡胤亲自到床头去服侍，烧艾草热灸的时候，哥哥唯恐烫坏了弟弟，就先在自己身上烧几下，如此深情，令人感叹。赵匡胤常对身边的近臣夸赞赵光义说：我这位兄弟，降生的时候就和普通人不一样，仔细瞧瞧，他龙行虎步，威风凛凛，将来必定是太平天子。甚至还谦虚地表示：“福德吾所不及。”

这些话是真是假，我们无从考证，但就赵匡胤无疾而暴终，赵光义迅速即皇帝位来看，赵光义无论如何都难脱嫌疑。

赵光义即位后，亲自主持编修《太祖实录》，并三次修改了其中一些内容。即便这样，他本人还是不太满意。为了一位死去皇帝的“起居注”，至于费这么大劲吗？真是欲盖弥彰，越描越黑。

赵光义继位的理由是什么呢？他刚即位时没人知道，后来也许是他听到了别人的议论，于是就出来了一个“金匮预盟”，如《太祖实录》中的“金匮预盟”之语，说宋太祖赵匡胤与弟弟赵光义的生母杜太后病危前，把赵匡胤和丞相赵普叫到床前，留下一份赵匡胤死后由赵光义继承皇位的“遗嘱”，并将文件珍藏在黄金宝

柜里，这就是“金匮预盟”。而《宋史》也说在杜太后病危前，她把赵匡胤和丞相赵普叫到床前，留下了如上匪夷所思的“遗嘱”。还说太后认为赵宋之所以能获取后周的江山，就是因为周世宗任用了一个小孩子当皇帝，如果是一位壮年英武的君主，绝不会出现“陈桥兵变”。为了不让这种惨痛的历史重演，为了维护赵宋社稷安稳，太后责令赵匡胤必须选择一位“长君”做接班人，当然这个接班人就是赵光义。赵匡胤痛痛快快地答应了，太后自然非常满意，遂命赵普白纸黑字记录下来，并把这份政治遗嘱当作嗣位继承国策珍藏在黄金宝柜里。

倘若果真如此，也算赵光义就皇帝位是正大光明的，但偏偏这个所谓的“金匮预盟”之来历非常暧昧。

要说在赵光义登基之时，须服众臣之口，最好的办法无疑是拿出“金匮预盟”，但他偏偏没有，有趣的是，《太祖实录》第一次编修的时候，居然也未对这件重大事件做丝毫记载。《宋史》中的“金匮预盟”，是后来才加进去的。由此可见，或许原先就没有所谓的“金匮预盟”。

仓促改元欲何为，正名实要急登台

但凡不法者做了不法的举动后，往往会想办法掩盖其不法行为，仔细分析，赵光义的政治骗术漏洞百出。杜太后去世时，赵匡胤只有35岁，身体倍儿棒。赵匡义刚刚23岁，比哥哥家的儿子成熟不了多少。那时，赵匡胤的次子德昭已经11岁，四子德芳也3岁了。问题是，赵匡胤并不是立刻就死，谁知道将来会怎么样呢？也许还能享国十年、二十年……何必火急火燎地安排接班人呢？

即使赵匡胤几年后去世，也不会出现后周柴世宗七岁孤儿断送江山的局面。杜太后是个明白人，绝不可能出此下策。况且，“金匮预盟”是赵匡义登基五年后，赵普才密奏。这种驴唇不对马嘴的解释，也只能糊弄人罢了。

但即便如此，后人还是在《宋史》中关于赵光义的“太宗本纪”中说：“若夫太祖之崩不逾年而改元，涪陵县公之贬死，武功王之自杀，宋后之不成丧，则后世

宋太宗赵光义画像

不能无议焉。”

上面第一句话就是说赵匡胤死后，赵光义迫不及待地更改年号，大有造成既成事实的嫌疑。而“涪陵县公”则说的是赵光义之弟赵廷美，武功王是太祖子德芳、德昭，都被他逼贬而死，以除去他们对皇位的威胁。宋后则是太祖皇后，在太祖崩后，因继位问题和他争吵，故在其死后不按后礼安葬。

先说第一句。按理说，老皇帝去世，新君一般继续沿用旧有年号，直到第二年，才启用新年号纪元。可是，赵光义根本顾不得这些，还没等到这一年结束，便换上了自己的年号。他冒天下之大不韪，把仅剩两个月的“开宝九年”，改为“太平兴国元年”。如此迫不及待，所以毛泽东在读到这段历史后批判道：“不择手段，急于登台。”可谓一针见血。

这种打破常规的险招儿，已将自己推上了舆论的审判台，他何以要这么快地改年号呢？动机只有一个：就是赶紧为自己“正名”，唯恐皇帝大位被谁抢了去。因此他提前改元的做法也遭到了史官的公开批评，《宋史·太宗本纪》抓住了赵光义的几条“小尾巴”，提前更改年号这件事名列第一。

再说“涪陵县公之贬死，武功王之自杀”这两件事，这里的涪陵县公，指的就是赵匡胤和赵光义唯一的亲兄弟赵廷美，赵廷美原名赵匡美，赵匡胤当上皇帝后，为避名讳才改名为廷美，因其死后被赵光义封为“涪陵县公”，故宋史用了如此称呼。他们兄弟共有五人，长兄赵匡济，幼年早亡；幼弟赵匡赞，幼年早亡。在存活下来的三个兄弟里，赵廷美的两个哥哥都做了皇帝，他若有其兄赵光义的心机，也是有可能君临天下的，可惜一朝失势，成者王侯败者贼，历史只记录下成功者的辉煌，而赵廷美则成了政治斗争的牺牲品。

开封府尹赵廷美，因是皇弟终遭忌

回顾赵廷美的人生，可以说，富贵来得快，去得也快。无论是来，还是去，他从来都没有做好过准备。就他自己的性格来讲，也不足以保持他的地位和富贵。在他大哥赵匡胤成为领兵将军的时候，赵廷美还只是一个成长中的孩童，无论是礼仪修养还是武艺修为，都同别家的幼童一样，并未表现出杰出的才干潜质。但是事情突然变化，赵匡胤从军之后，地位越来越高，突然一天龙袍加身，而赵廷美也因为血缘至亲的原因，注定了也是一位宗室亲王，可以安享富贵。赵匡胤君临天下后曾在一个月内连去廷美家中串门三次，而他的职位也一升再升，到他二哥赵光义即位登基时，他已经成为大宋首都开封府的府尹，主管开封府的治安，保护他们赵家皇族的安全。

赵光义做皇帝后开始时的册封策略是，宁封兄弟廷美，不封侄子德昭，这是因为赵德昭比他更有资格继皇帝位。这里的玄机，赵廷美不会不知道，但他在走到人生的巅峰时所做的事情，却不但没有收敛的意思，反倒显得飞扬跋扈，不可一世。

太宗即位，廷美身兼亲王尊贵的称号与开封尹尊贵的地位于一身，权势炙手可热。早朝时候甚至位列宰相的前边，可谓荣耀无比。甚至他还养成了一个奇怪的习惯，这习惯的独特，在整个三百余年的宋史之中，也仅有他这么一例而已。

廷美每天上早朝，进了午门后，不去政事厅和宰相大臣们会合，而是先去学士院那边瞧一瞧。如果发现那里的大门横着一块大锁头，那他就一定要先到那边走一走。然后向门里面的人问话——喂，里边的人，给我说说今天谁要升官，谁要罢官啊？

里边的人见问话的是皇帝的兄弟，当然不敢违背，于是马上照实一一回答。

这看似只是很小的事，实际上却已经严重违背了朝廷禁律。高层人事任免是国家级的秘密。每次的重大人事变动，正常程序应当是这样的——先由皇帝召见翰林学士，告知职位任免的人员以及一些意向上的解释；然后赐给翰林学士文房四宝，由内宫宦官护送该学士回学士院草拟公文。

事属机密，因此夜间把学士放进去，外面就上锁。要等到第二天上早朝前，才把通宵达旦草拟出来的公文交给皇帝过目。皇帝认为可行，再令翰林待诏在白麻纸上抄写下来，这才是正式的官方公文。然后才能拿到正殿，在文武百官面前宣布。

制度如此，就要遵守，何况这真的很有必要，因为升官免职是官场最敏感的事，如果能事先知道的话，往轻了说，有人能及时去巴结新贵，结党营私；往严重里想，被罢免的高官或会选择突然造反！

赵廷美的问话如此轻浮，举止如此草率，在宋史上可说是仅此一人。这也充分证明了赵廷美没有足够的政治智慧，这种在大庭广众之下试图提前得到人事任免消息的举动，恐怕也只有小孩子才做得出来，因为此事知道已没有任何用处，既于事无补，又违反规定，只不过是向大臣们显摆一下自己能问出来罢了。

此举显示了赵廷美性格上的不足，与其两位兄长相比，他实在差得太远。而从宋代流传的一些故事来看，赵廷美的办事能力和做人态度都是有问题的。

赵光义喜欢微服出访，到市场上去，听听百姓都怎么评价他。有一次，他在街上看到一个乞丐因为乞讨不到东西，就开始耍无赖，靠在一家店铺的门口大骂起来，惹得人们驻足观看，影响了店家做生意。店老板也不敢得罪这个乞丐，就赔着笑脸劝他走。乞丐不理，照样大骂。就在纠缠不休的时候，忽然从人群里冲出一人，不由分说，一刀结果了乞丐，然后撒腿跑了。因为走得慌忙，杀人的刀都没顾得取回。

谁都不知道，这个杀人的人，就是当朝皇帝赵光义，那刀也是他故意留下的。

描绘宋都开封情景的《清明上河图》（局部）

敢于光天化日之下在国都行凶杀人，这可不是小事情。第二天，赵光义严令开封府限期追捕。开封府倒是在限期内抓住了凶手，却是抓了店家主人，审查认为是店主人压不住火，就一刀杀了那个恶丐。赵光义看到开封府的办案结果后，嘱咐再查实一下，并把那个罪犯和凶器一齐带来让自己看看。

当时的开封府尹正是赵廷美，他来了后，赵光义问他：“审定了吗？”他回答：“审定了。”

赵光义满脸不悦，回头吩咐小太监：“把我的刀鞘拿来。”小太监赶紧拿刀鞘递到赵光义手上，他把杀人的那把刀插进鞘内，居然顺顺当当、严丝合缝。赵光义阴沉着脸说了句：“这样办案，不是枉杀无辜吗？”然后一甩袖子走了，剩下赵廷美僵在那里。

太宗当街杀人，显然是个圈套。自己杀了人，明知开封府拿不到凶手，却又假装糊涂，严令追查，逼其造成错案，反过来再治其罪，所谓“陷人以过”也。太宗就是由知开封府而弑兄篡位的，最怕乃弟效法，所以要对其实施打击。

攻打北汉时，赵廷美随赵光义出征，北汉的国都太原城中，北汉国主刘继元招架不住，选择了投降，赵光义下令殿前都虞侯崔翰率先进城，除他以外，不准任何人再进。可是赵廷美倚仗自己是皇弟，偏偏要硬闯进城。结果被崔翰硬生生给赶出去了。赵廷美就事后算账，向太宗告状，让他二哥给他出气。结果崔翰被贬出京城，到地方上任职去了。

可见，赵廷美为人飞扬跋扈，又缺少能力和政治谋略，但是偏偏又心比天大，在心机重重的赵光义手里，他恐怕只能是政治权力争斗的牺牲品。这一天，终于在太宗临朝七年后，到来了。

金明池畔忽生变，中枢驱离赵廷美

大宋太平兴国七年（982）的三月初一，开封府闻名遐迩的大工程，金明池中的水心殿终于落成了。金明池是由人工建造的巨大水池，它“周围约九里三十步”，从太平兴国元年，也就是太宗刚刚登基那年就开始凿筑了，不仅征调工匠，甚至动用了三万五千人的军队，花费七年才最终完工。

为了庆祝这一天的到来，太宗皇帝很早就宣布他要亲临开光典礼，庆祝水心殿的落成，并泛舟池中，尽一日之欢。为此，太宗还特别邀请了一批文武大臣同来庆贺。但是活动开始时被临时突然取消，太宗紧急返回宫中。开封城内人们议论纷纷，都不知道到底发生了事情。

第二天，一个惊人的人事任免突然颁布——罢免赵廷美开封府尹之职，授西京留守。开封府由右正谏大夫李符接任。

这不啻一个巨大的惊雷落在北宋的朝堂上。赵廷美时任开封府尹，在北宋前期，这个职位实际上是皇储的位置。宋太宗在即位之前，就把持着开封府尹的职位。可以说，赵廷美是北宋当朝的第二号人物。这么重要的皇室成员被调离这么重要的朝廷职位，当然在北宋朝堂上引起轩然大波。

原来，在当天的活动开始前，有人向太宗紧急告发开封府尹赵廷美将在金明池发动政变，夺取皇位；并且计中有计，一旦皇帝当天不上当，他就要装病，在皇帝过府探病的时候，再关门杀人。让赵光义自投罗网，他好守株待兔。

但这事是真的吗？史学家多采取了不信的态度。因为赵廷美一生从未掌过军队帅印，该去哪里调动兵马发动政变呢？何况金明池本就是水军的训练池，拥有数量庞大的水军，再加之太宗的禁军护卫队，他赵廷美又何从下手？至于装病诓骗皇兄入府，谋而杀之，再扒下血淋淋的黄袍，出来当皇帝，纵使他赵廷美再愚鲁再跋扈，也深知这个策划无论如何也算不上高明，即便成功也无以告慰先祖，说服天下。

此时的他是无比的惆怅，罪莫大于谋反，他或许知道他已被人暗算，接下来发生的事，倒能看出来这场“金明池叛变事件”幕后的那位总策划的高明。看一下事情的结果。当赵廷美的“阴谋”败露之后，赵光义的仁兄风范显露无遗，他“不忍暴其事”，为了家丑不外扬，他只是把廷美的工作调动了一下，从开封调到了洛阳，一样还是府尹。并且赐赵廷美袭衣通犀带、钱十万、绢彩各万匹、银万两。

不仅如此，在通报廷美工作调动的学士宣麻中更是文辞讲究，关爱从容，充分发挥了学士深厚的文字功力，又给足了赵廷美面子——洛阳地位极其重要，从前是周朝的国都，现在是我朝的西京，这样的地方，必须得由极亲贵的皇室宗亲去镇守才行。皇弟廷美出身高贵、才高品重，治理东京的开封府时政绩突出，现在由他代

今开封市金明池风景

替皇帝去洛阳，就像皇帝亲临一样……

并且还有附带的优惠条件，由于他的到来，原西京的留守府判官阎矩、西京河南府判官王遹也沾光，平白得到了各百万钱的赏赐。

就这样，到了四月份，赵廷美被一再催促，终于离开了东京开封，临行时，他的皇兄还派以忠厚长者著称的枢密使曹彬在琼林苑设宴，给他饯行。只是不知道把饭局设在金明池畔的琼林苑，赵廷美会有怎样的感觉呢？毕竟那是传言中他准备刺杀皇兄，策划谋反的地方。

赵廷美去洛阳赴任了。一向骄纵跋扈的他也许已经意识到，事件的发展从始至终就不在他的掌握之中，他个人以及家庭的未来走向，也已经不在他的掌握之中了，也许他的皇侄——赵德昭和赵德芳的结局就是他未来的榜样。

德昭无辜自戗死，德芳死因更不明

上面说“武功王之自杀”，说的就是赵德昭自杀身死的事件，武功王就是指的赵德昭，那么赵德昭为什么要自杀，赵德芳又是怎么死的呢？这其中，赵光义都摆脱不了干系。

太平兴国四年（979），宋太宗赵光义御驾亲征，一举消灭了北汉，同年又趁胜北上攻辽。辽军倾巢而出，不幸的是，与辽国的战争，宋军兵溃高梁河，皇帝的亲兵和马匹也逃散了，随身御用宝器和宫嫔侍从全部被辽军俘获。混乱中宋太宗坐上驴车仓皇逃窜，被辽军追赶，大腿中了两箭，据说十八年以后，宋太宗就是因这次的箭疮复发而死。

战争结束之后，宋军残余部队找不到皇帝，有人竟以为皇帝已被辽军俘虏。当时有少数太祖旧部指责太宗不爱士卒，只图功业，不顾军力疲惫，盲目进兵，导致大败。一时将士们纷纷怀念太祖爱兵如子，于是谣言四起。甚至有人主张既然皇帝不知去向，应当速立太祖之子赵德昭为新皇帝。一时之间，有将士要见赵德昭，有将士开始策划兵变。

幸而不久得到情报，称皇帝虽身负重伤，但已安然抵达涿州，命所有军队班师护驾，兵变策划才烟消云散。

高梁河大败使宋太宗羞愤不堪，败军怀念太祖、拥立德昭更令他忍无可忍，心中暗骂士卒全是狼子野心。朝臣数次提醒应当给平定北汉的将士论功行赏，太宗因恨军士试图策划兵变，竟然置之不理。

以往作战，宋军胜利班师回朝后，都要按照功劳大小颁发奖赏。尽管这次战役宋军失利，但是也并不是空手而归，在太原之战中，宋军攻下北汉，也算是实现了一部分目标。宋军对辽虽败，但是主力仍在，并未伤元气。军中将领这次仍然期盼太宗有所奖赏。但是赵光义回到京城多日，也不见有什么动静。朝中和军中皆议论纷纷，认为皇帝处置失当，人心大为不服，诸将不免心生怨气。

赵德昭颇为关心将领，加上心直口快，害怕这件事处理不好引起军心浮动，于是入见太宗，要求太宗给将士叙功行赏，以安抚军心。太宗本来就余怒未消，没等赵德昭说完，就怒气冲冲地回道：“战败回来，还有什么功劳，还行什么奖赏？”

但赵德昭还没猜测出太宗的心事，分辩道：“我们这次出征虽然失利，但是平定了北汉，再说各军也不可一概而论，陛下应该分别考核，量功行赏。”太宗大怒，吼道：“等你自己做了皇帝，再赏赐也不晚！”

赵德昭听后大为震惊，万万没有料到立皇帝之事会让赵光义一直耿耿于怀。他流泪离开宫殿，默默不语地回到了家里。

在宋太祖传位给弟弟赵光义之后，赵德昭就处于一个极其微妙的地位。这次的不愉快分明是他的叔父猜疑他有夺位之心。赵德昭魂不守舍地回到自己的府第，想起自己的遭遇：父母早逝，自己没有依靠，虽然有继母宋氏和弟弟德芳，但是宋氏被迁到了西宫，出入都不自由；弟弟年纪尚幼，不懂事理。

赵德昭觉得自己很委屈，回到王府后，脸色苍白、神情恍惚，越想越烦恼，由此心生轻生之念，他大步回到屋内，问左右侍卫："你们谁带着刀？"左右面面相觑，忙回答道，在府上不敢带刀。赵德昭没有答话，待到侍卫退下，赵德昭四处寻觅，见到了茶几上有切水果的刀子，于是藏于怀中。趁人不备的时候，他关上房门，把自己反锁在里面，将刀向自己的脖颈刺去……

众人本来就觉得主人赵德昭今日极为异常，如今又把自己锁在屋里，许久不见半点动静。众人觉得不妙，撞开门后一看，赵德昭已经躺在血泊之中，脖颈处划开了一道大口子，鲜血汩汩而出，早已气绝身亡，年仅三十岁。

身边的人急忙将赵德昭自杀的消息禀报给太宗。太宗虽然对赵德昭多有忌讳，但是他这么突然的自杀身亡还是令他大吃一惊。他立即前往探视，在屋中见到了惨状，宋太宗表现出极为悲痛的样子，抱着赵德昭的尸首大哭道："傻孩子，你为什么这么冲动？我只不过说你几句，你也不能这样啊！"

尽管赵德昭在生前对宋太宗威胁很大，但是死后就一切化为乌有了。太宗摆出了非常高的姿态，命令厚葬德昭。并颁发追赐他为中书令，追封为魏王。德昭身后留下的五个儿子也给予重金安抚。

这件事情就这样过去了，宋太宗对于这样的结果应该是喜忧参半，因为德昭的自杀除去了他心头的隐患，这样赵匡胤的骨肉中比较有出息的就只剩下小儿子德芳了，此时他才 21 岁。对付这个年龄尚幼的侄子，赵光义有的是手段。北宋太平兴国六年，也就是赵德昭自杀后两年，赵德芳也不明不白地死去了，年仅 23 岁。这样太宗心头的一块大石头终于完全放到了地上。以后虽然还是有人猜测他有弑兄即位之嫌，但是太祖的儿子辈都已经死去，也就不可能出现众人拥立宋太祖之后反叛的局面了。

吕端大事不糊涂，卢赵之争赵普胜

这样，在太祖赵匡胤死后不过六年，其两个正值青春年华的儿子便双双身亡。宋皇后的担忧，终于变成了现实。

至此，太宗赵光义身边有可能威胁他皇位的人就只剩下他的弟弟赵廷美了。

两个年轻的侄子死得不明不白，其时仍然担任开封尹并已被进封为魏王的赵廷美顿时惶惶不安，他曾私下里埋怨赵光义照顾侄儿不力，“有负兄意”。赵廷美的这句埋怨难免不被人煽风点火，吹到赵光义耳朵里。从此，赵廷美开始忐忑地等着厄运降落到自己头上的那一刻。

在赵廷美失势之时，他很可能会想念吕端。如果有吕端在身边，赵廷美万不会走到今天这步田地。在赵廷美被擢升为开封府尹后，赵廷美也把吕端选为自己的幕僚。可以说，吕端是他身边唯一对形势看得比较透彻的人。所谓“吕端小事糊涂，大事不糊涂”，大约指的就是他对形势的洞察力。

太平兴国四年，宋太宗要御驾亲征，讨伐北汉，行前让赵廷美留守开封监国。赵廷美并未多想，就想听从皇兄的意见，留守开封。吕端听说了这件事，怕赵廷美会受到小人的暗算和皇帝的猜疑，于是劝赵廷美说：“皇上栉风沐雨，御驾亲征，魏王您作为皇上的亲弟弟，正应该随驾亲征，为群臣作个表率。假如只是留在汴梁监国，恐怕不太合适吧？”赵廷美就采纳了他的建议，恳请随宋太宗亲征，宋太宗闻言暗喜，才放下心来。

倘若吕端一直在赵廷美左右，赵廷美应该不会有后来之祸，只可惜后来吕端因为一件王府官吏受贿的案件被连坐贬官，去商州做了一名参军。从此赵廷美左右再也没有一个可以出谋划策的人了。

而就在吕端贬官的第二年，朝廷首辅宰相薛居正死了。平章事卢多逊被提升为首辅宰相。同年九月，老臣赵普又被宋太宗任为宰相，在除去赵廷美的过程中，赵普起了很大的作用，所有的一切几乎都在赵普的主持下紧张进行着。

其实赵光义除了让赵普罗织罪名外，他也不惜亲自上阵。其一是制造舆论，说廷美不是他亲弟弟。史官王禹偁怀疑这一说法："秦王，上弟，宣祖第三子，名廷美，亦杜太后所生。今本传言王是太宗乳母王氏所生，非也。其有旨哉。"王禹偁因此被贬黄州。其二便是前面讲到的宋太宗当街杀乞丐的事，这事给开封府尹加上一条错判错杀的罪过。

而莫须有的金明池谋反事件，或者就有赵普的身影了。这些事最后由赵普凑成几大罪状，将廷美贬死涪陵。但赵廷美之死显然是一大冤案，使赵普内疚终身，他晚年久病不愈，以重金求神。神说是冤累（冤魂作祟），赵普马上便反应说："必秦王廷美也。"可见是其第一大亏心事。

若说起来，赵普也算是北宋一代名臣。"以半部论语治天下"而名闻于后世。太祖赵匡胤曾经雪夜访赵普，问策天下大事。受到太祖的器重，被授予宰相之职。甚至于太祖母后杜氏临终前的金匮之盟，也托于赵普执笔，以作证明。可见赵普受器重之深。但他也是威望太高而遭忌，最终由于卢多逊的诋毁而遭外放。

卢多逊时为一个文官，开始并不显名。但他抓住了一个难得的机遇，奉太祖之命，出使南唐。在回归前夕，他心机一动，诈骗李煜，说大宋国正在编辑一部天下的地理全书，其中，唯独少了南唐的那一部分。

沉湎于文辞歌舞的李煜自然不知其中的奥秘，如数奉给。从此，南唐的地理形势，在太祖眼里一览无遗。太祖为此对卢多逊大加赞赏，始有重用之意。而此时，赵普一人专政，朝廷中多有微词。于是，卢多逊便多次在太祖面前诋毁赵普。

也许一个人在位的时间长了，不免就有点放肆，赵普也不例外。他伺机扩建自己的官邸，营造店铺。这让卢多逊抓住了把柄，进而揭发赵普的门下多有贪污受贿之事。太祖由此甚怒，贬谪赵普为河阳节度使等外放之职。卢多逊却从此受宠，官阶步步高升，直至宰相高位。

赵普的被贬，也是赵光义的功劳，因为在这个时候，赵光义也在和赵普斗争，在开宝六年公元 972 年，当时赵光义已经是一人之下万人之上，可是身为宰相的赵普老跟他斗。他们两个人的斗法，以赵光义的完胜告终。但赵普毕竟是非常聪明的人，他被赶出开封后，在临走前给赵匡胤写了一封信，信中提到"外臣谓臣轻议皇弟开封府尹，皇弟忠孝全德，岂有间然。"赵普是意思是说：我认为你的弟弟是完美的人，他没有任何惹人非议的地方，陛下应该相信他。

昨天两人还斗得你死我活，今天赵普就把赵光义捧上天了，这无疑是不正常的。所以这无疑是赵普给自己留的后路，他预感到了赵光义可能有称帝的那一天，怕赵光义秋后算账，所以才这么说，同时这也是给赵匡胤最后的警告。

而在赵普与卢多逊之间，可以说从一开始，两人就结下了不解的仇怨，在对待赵廷美的态度上也截然相反。赵普认为：赵廷美在军中素无根基，其政治操作的水平和对权力的渴望，也绝不能与太宗相提并论。除非太宗一心要将皇位传给皇弟，否则赵廷美根本没有机会登上皇位。

而卢多逊却认为赵廷美也能像赵光义那样继承皇位，因此在担任了宰相职位后，与赵廷美一直走得很近。

然而他在政治投机中故伎重施的成功率只能是零，因为赵光义不允许赵廷美继位，他必须为子孙的长久富贵扫除一切障碍。赵普是个阴谋家，他早看透了太宗的这一点顾忌，因此设下了帮助赵光义扳倒赵廷美，顺便打击卢多逊的阴谋。为了各自的需要，赵光义和赵普这两个阴谋家开始了他们的亲密合作。

赵廷美虽然不才，但却是赵光义心中的阴影。在当朝宰相卢多逊不可依赖的情势之下，太宗召见了开国老臣赵普并商议对策。赵普的回复直截了当："臣愿备枢轴，以察奸变。"意思很明了，就是说请让我来当宰相，我来帮你解决这个问题。

赵普在太祖在位时，曾经长期是太宗的老政敌、死对头，太宗不能完全信任他，因此要求赵普讲出他还能当宰相的理由。赵普随即上了一个密奏，陈述了他必须重回权力核心的两大理由：

宋人蹴鞠图

第一，赵普是开国元勋，有资格当宰相，现在只是被某些当权的人压制了而已。这一条表面上看是赵普倚老卖老，其实重点在于说明他与现任宰相、当权的卢多逊势不两立，这就等于明白地告诉太宗，卢多逊是他们的共同敌人，必须联手攻之。

第二条，则是赵普公开了自己珍藏多年的秘密，即杜太后临终时，曾留下遗命要求太祖传位于太宗，而赵普是当时遗命的记录者，因此也是世上唯一的见证人。同时赵普告诉太宗，这个遗命装于金匣之内，如果太祖生前并未销毁，那么可能仍在宫中某处。这个金匣可以为太宗继位的合法性提供最确凿的依据，足以使赵普从赵光义的死对头变成政治上的救命恩人。这也是赵普提出的他必须复相最重要的理由。

此外赵普还告诉太宗，不要以为太祖在驾崩后自己处处阻挠太宗继位，其实这些都是小人恶意传播，口说无凭，现在有一个文件倒是可以证明他曾经支持过太宗。这个文件是指太祖罢赵普相职时，赵普为给自己留下后路而特意所上的疏议，其中赵普称赞赵光义忠孝全德，赵普攻击赵光义的说法都是他人恶意中伤而起。

太宗看到赵普的密奏，如获至宝，立即当面向赵普道歉，他说："人非圣贤，孰能无过？朕不待五十，已尽知四十九年非矣。"于是二人冰释前嫌，开始合作。

有史料说之后太宗开始排查太祖时所有的宫女、太监，果然找到了赵普所说的金匣子，金匣子里封存着两个文件，一个就是所谓的昭宪顾命，上面写着："建隆二年六月甲午，上受太后遗命：兄终弟及，社稷之福。臣普记。"这个匣子的发现，为太宗的即位正了名。但也开始让赵光义犹豫，"兄终弟及，社稷之福？"如果将这个太后遗命公诸天下，自己岂不是非将皇位交给赵廷美不可？

太宗立即召见赵普，请教他两个问题：第一，现在能不能将遗命公诸天下？第二，谁是皇位继承人的合适人选？

赵普笑了，其实他从一开始就认为，杜太后的遗命只是妇人之见，那样的遗命实在太荒唐，说出来徒增烦恼，永远不见天日才是最好的归宿。看来眼前这位皇帝是体会到这种烦恼了，赵普胸有成竹地回答道："先帝如果能听老臣一言，那今日就看不到陛下的圣明了。先帝已经错了，陛下可不能再错一次啊！"

这也是赵普的肺腑之言，但却说得极有水平，说到了赵光义的心坎上，所以此言一出，太宗对赵普更是刮目相看，心中暗赞其不愧是开国元勋、先帝老臣，所谓"一言兴邦"，一语中的，恐怕不过如此吧！

于是，太宗立即授赵普为司徒兼侍中，成为比沈义伦、卢多逊地位更高的实权宰相。赵普再相，赵廷美立即感受到压力，这次他还算聪明，次日早朝就要求班列赵普之下，太宗也没有反对。

同朝为相，赵普经常半开玩笑地劝卢多逊引退，但作为对手，卢多逊哪里肯听？于是二人暗战又开始了。

此后便发生了所谓赵廷美“谋反”的事情，而正是这一事件的发生，让赵普可以放开拳脚，随意施展自己的政治权谋，而在赵光义和赵普两大阴谋家联手之下，赵廷美当然会是这场阴谋中最大的受害者。

于是在金明池典礼事件之后，赵廷美只得离开开封去洛阳上任去了。他一离开，东京开封城里立即天翻地覆。平日里与他交好的左卫将军、枢密承旨陈从信、皇城使刘知信、弓箭库使惠延真、禁军列校皇甫继明、范廷如、王荣等人，“皆坐交通魏王廷美及受其私犒故”，被责降。其中王荣更是“削籍流海岛”，其贬谪地之远，非大罪不能如此。

这一系列动作快如闪电，赵廷美四月一日出京，这些人在四月四日就被抓扔进了班房。这当然还没完，再过三天，到了四月七日，赵普终于走上了前台，因为有件事必须得由他自己办才办得到，也才能快意恩仇。赵普亲自向太宗皇帝报告——宰相卢多逊至今仍和魏王藕断丝连，并且两人达成共识，将对皇上不利——“多逊言，愿宫车早宴驾，尽心事大王；廷美答，我亦愿宫车早宴驾。并送多逊礼物多项。”二人之外，与他们有联络的人也都被赵普挖了出来，一时之间，开封城里狱吏奔走，卢多逊和他的党羽统统被送进班房。

于是，卢多逊因涉连魏王赵廷美结党营私案，被捕入狱。初判死刑，诛斩九族。太宗念其身居相位，久事朝廷，下诏削夺其官职及三代封赠，全家发配崖州（今海南省三亚市一带），由所经驿站逐一遣送，朝廷纵使大赦，也不在赦免之内。

连同被抓的还有中书守当官赵白、魏王府孔目官阎密、小吏王继勋、樊德明、赵怀禄、阎怀忠等人。这些人物虽小，可都是廷美的身边人，魏王府的“隐私”一下子大白于天下。

卢多逊至崖州后，上谢恩表文被遣送者带回朝廷。谢恩表中曾云：“流星已远，拱北极已不由；海日悬空，望长安而不见。”雍熙二年（985），卢多逊卒于崖州水南村寓所，年52岁。

涪陵县公被贬死，宋廷皇位一系传

卢多逊被贬后，朝中大臣将更加密集的火力瞄准了赵廷美，在赵光义默许和赵普的安排下，大宋朝的各级官吏人等在开封城里拉开弓弦，纷纷把告状的、揭发的、要求严惩的种种奏章射到了赵廷美的身上。

十五日，赵光义恍然大悟般再也无法忍受弟弟的忤逆背叛，他召集文武常参官集议朝堂。由太子太师王溥领头，一共有 74 位高官上奏——“多逊及廷美怨望诅咒，大逆不道，宜行诛灭，以正刑章；赵白等请处斩。”

大臣们义愤填膺，对赵廷美是一片喊杀声，可赵光义却表现得仍然顾念手足之情。第二天，他下令先流放卢多逊；然后命令远在洛阳的三弟马上离开官署，回到家里待命，实际上是被软禁看守起来；至于赵白那些小吏，当天就都拉到都门之外，开刀问斩，所有家私完全收没入官。

仅两天后的十八日，朝廷下令贬魏王赵廷美的所有子女的名号爵位，并且马上出京，到西京洛阳去他们的父亲身边，非诏不得进京。

到这时，原来的大宋第二人物赵廷美已经从权力上、职务上、名位上统统地贬低了好多，但这仍然只是个开始，金明池叛乱事件愈演愈烈。到了十九日，宋朝的第二宰相沈伦，因为与卢多逊同列，却不能及早察觉卢多逊的逆节恶行，被罢免相位，降为工部尚书。

赵廷美画像

二十一日，中书舍人李穆也被牵连罢官；二十八日，赵白的两位哥哥同样罢官，并被流放海岛；进入五月，打击的重点从开封转场到洛阳，西京留守判官阎矩，这位刚刚因为赵廷美来洛阳被赐钱百万的原魏王府属臣，连同前开封府推官孙屿都被贬官，一个到涪州，一个到融州，都变成了当司户参军。罪名却莫名其妙，是因为对赵廷美“辅导无状”。

赵普认为把赵廷美问罪谪居西京仍不够妥当，为了赶尽杀绝，他又秘密派心腹之人去开封府见李符，让李符继续向宋太宗进献赵廷美不法之言。李符于是派人入朝面见太宗，对他说：“现在赵廷美并未有丝毫的反悔自责之意，不但如此，他还经常当众口出怨言，对皇上深表愤恨。这样下去，恐怕他还要勾结旧党势力再次谋叛，为预防不测之事再次发生，还是趁早把他贬到更为边远的地方为好。”太宗听了略现迟疑之色，旁边的赵普赶紧上前进言：“愿陛下果断发落，不宜迟疑。”

太宗于是当即下令，再次给赵廷美降职，让他做涪陵县（今四川涪陵）公，并让他到房州（今河北北部）安置家室，他的妻子张氏也被削去楚国夫人的封号。然后太宗又命崇仪使阎彦进掌管房州之事，监察御史袁廓总领全州诸吏，二人各得朝中赏赐白金三百两，这一举措的用意很明显，就是监视赵廷美的行动。

房州是当年柴荣的儿子柴宗训被篡位之后，流放监管的地方，柴宗训就是在这里生活了八年后死去的。现在这个地方又迎来了大宋魏王赵廷美——而今只是一个涪陵县公。

赵廷美至此连举动也不得自由了，思前想后，十分气愤。据说他曾哭着对妻子张氏说：“你我如果不生在帝王家，而生在平民百姓家，你我夫妻，或者耕田，或者种地，或者渔钓，或者樵采，当着现在的年纪，岂不过着很愉快美满的生活么？可见人间要想求得真乐趣，享受真幸福，万万不可生做贵族的子弟，处在是非的地位啊。”

张氏也哭着对他说：“可不是吗？千岁有什么罪过呢？所以使千岁到现在这个地步，就是因为千岁有继承大位的资格啊！然而千岁也无须自怨自艾，自从有君主以来，与千岁同遭际的岂是少数吗？总而言之，人世上若有这君主的位子一天，同时就也有与千岁一样遭际的人。如果要希望天下后世，再不要有与千岁一样遭际的人，正本清源，必须废掉这君主的位子才能够。”正说着，听得外面有人走动，二人遂停止不谈说了。因为这时阎彦进、袁廓监视赵廷美的言动异常严厉，若是二人这种话给他们听到一言半语，更要加重罪名，增添苦楚了。

雍熙元年（984 年），赵廷美到达房州，因他屡遭贬斥，心中郁结的忧愤无以发泄，又兼近日事多烦扰，操心过度，所以到了房州他便病倒在床。太宗闻知消息，便派人去看望他，给他送去许多贵重药物，实际也是看看他是不是真的病了，但因赵廷美忧郁成疾，怎么医治也不见成效，最终病逝于此，时年仅38岁。至此，北宋朝廷皇位便只能传赵光义一系了。

宋太宗闻知赵廷美死去的消息，先是大吃一惊，继而呜咽流涕，泣不成声，他对大臣们说："朕弟廷美从小就刚愎自用，特别的骄恣，长大成人后便愈发骄纵而不可收敛。朕因为他是自家兄弟且一向关系融洽，所以始终不忍心将他问罪伏法，将他迁到房州一带，为的是让他自己好好地反思一下，改过自新。朕现在正想施恩把他召回来，他却如此不幸突然病逝，真是叫朕悲痛欲绝。早知如此，朕当初也就不把他迁谪外地，只是好言相劝了事。"

太宗边说边哭，泪流满面，使得左右众人都受了感动，纷纷落泪叹惜，好长时间才把太宗劝住，于是他下令追封赵廷美为涪王，谥号"悼"，然后为他发丧安葬，并特意派人去安抚他的家属老小。

待此事安置完毕，朝中渐渐平静下来，太宗宴请宰相李昉等人。为了表明自己并非无情无义，他不惜歪曲事实，说赵廷美与自己并非一母所生，并说出了金明池事件的所谓因由，他说："廷美的母亲陈国夫人耿氏，是朕的乳母，后来嫁给我父，生下了廷美和廷俊，朕因为廷美的缘故让廷俊跟随左右，而廷俊则泄露了禁中大事给廷美。最近一段时间，朕准备去金明池乘船游玩，廷美与左右心腹加紧谋划，想趁此时机叛乱造反，结果没有成功，于是他就假装生病了，卧床不起，想在我去亲自问候他的时候而出其不意发动政变。恰好此时有人来告发此事，因而才没有发生什么意外之事，如果针对此事朕派有司深加追究，那么廷美即使被判斩刑也仍有余辜。朕考虑再三，最终不愿意把他的丑恶行为张扬出去。一直到了卢多逊和他私下交往想要谋乱之事暴露出来，朕也只是让他居守西京。谁

宋代绘画《乞巧图》

能想到廷美仍然不思悔过，反而更加怨恨于朕，竟然口出无礼之言，于是我生气，把他再迁到房州让他完全在朕的掌握之中。至于其弟廷俊，也不对他深加怪罪，只是把他贬到外地不让他再有机会有不轨之心而已。因此朕对廷美，并没有什么对不起的地方啊！”

话未讲完，他已泪流不止。李昉听了，也很是惊叹，赶紧对他说：“廷美图谋叛朝，这是天下共知的。至于您刚才所讲的宫中那些事，如果不是陛下对我讲，我们众臣哪里能够知道呢。既然廷美不肯尽力为国家，他的去世也不必再让您过度地忧心了。”于是接着饮酒，议论一些朝中之事，直至半夜方才辞别。

至道初年（995 年），太宗令司门员外郎孙嫔为皇侄、诸孙传授文化知识，赵廷美诸子在京的也跟从一起学习。真宗赵恒继位两个月，恢复皇叔赵廷美西京留守、检校太师兼中书令、河南尹、秦王的封号。“秦、晋、楚、雍、兖、襄”这些都是王爵里的头等大位，是绝不轻易授予的。何况赵廷美还是犯了大逆谋反之罪才贬官流放的，这是遇赦不赦的重罪。宋朝讲究以孝治天下，讲究“父死子不改其规三年”。可赵恒这样迫不及待地恢复赵廷美的爵位，更加使人觉得他是在纠正父亲的一些错误。同年，赵廷美的夫人张氏也被恢复了楚国夫人之号。咸平二年（999）闰三月，把赵廷美改葬到汝州梁县新丰乡（今河南东南）。徽宗即位后，改封赵廷美为魏王。

宋皇后未得尊礼，王禹偁坐谤遭贬

赵廷美死后，赵光义的皇位除了其子继承，已没有了其他的继承威胁，按说他应该是完全放心了，但后来发生的一件事，则完全昭示了赵光义有纯小人之心，而无君子之腹。这就是《宋史·太宗本纪》中的最后一句话：“宋后之不成丧，则后世不能无议焉。”

这里的宋后，是指赵匡胤的皇后宋氏，宋皇后是河南洛阳人，父亲是三朝大臣、忠武军节度使宋偓，他也是后唐庄宗外孙，母亲则是后汉的永宁公主（后汉太

宋代瓷孩儿枕

祖刘知远之女），宋家可谓三朝国戚，《宋史・宋偓传》称其“近代贵盛，鲜有其比”。

出生于显贵之家的宋氏自幼出入宫廷，因而见多识广，做事进退有度。幼时随母入见，即为后周太祖郭威所喜爱，赐以冠帔（以郭威殁年计算，其时宋氏当在三岁以下）。当时宋偓在华州节度使任上，宋氏随母归镇。大宋乾德五年（967 年），宋氏复随母来贺长春节，又蒙宋太祖垂青，再次赐以冠帔。

此时赵匡胤后宫虚位，因为年轻的王皇后已于 963 年去世，两年后的开宝元年（968 年）二月，宋氏被纳入宫中为皇后，时年十七岁，成为宋太祖继孝惠贺皇后（929 年—958 年）、孝明王皇后之后的第三位皇后。

宋太祖赵匡胤比宋皇后大 25 岁，甚至其元配所生长子赵德昭（951 年—979 年）也比宋后要年长一岁，然而夫妻相处和洽。宋皇后性情柔顺好礼，史称她每当太祖退朝，“常具冠帔候接，佐御馔”（《宋史・后妃传》），足见夫妻相敬如宾。而从宋皇后入宫为后起，太祖皇帝对年轻的她也非常好，但八年过去了，她都未能生下一子。这或许是赵匡胤故意如此，指使太监暗中使宋皇后不能生下子女，因为他恐怕也有汉武帝晚年时的担心，怕宠妃生下孩子后，母子联合外戚窥视皇位，但对后宫的女人来说，母凭子贵，为皇帝养育子女就是立身的唯一手段，所以生孩子是他们的唯一追求。但是，太祖皇帝一天天老去，宋皇后却始终没有孩子。对这个年轻的女人来说，她的未来无疑是相当值得担忧的。

至于太祖的孩子们，她入宫那一年，皇子德昭已经出阁，且赵德昭比宋氏还大一岁，二人为了避嫌，也不可能走得太近，而留在宫里的只有九岁的皇子德芳，比宋氏小七岁左右，自然受到了宋氏的关爱。

既然成为皇后，就有养育皇帝子女的责任。德芳的母亲或许只是某个无名的宫女，四岁之前都是由王皇后养育的，王皇后去世后五年，才终于重新有了宋皇后这个“母亲”，但开始时，可能刚成皇后的宋氏是将赵德芳作为弟弟看待的，但她入宫八年，却没有生下一儿半女，因此她又必须为后路考虑而将赵德芳作为亲子对待，实际上她也确实是将赵德芳当作亲生儿子来养育的。因此他们之间，建立了非常的信任关系。

这样来看的话，宋皇后也确实有依靠赵德芳的打算，或者她有谋立赵德芳为帝的想法，从赵匡胤死后，他让王继恩去召赵德芳的做法来看，她也应当是有此等算计的，但历史没有给她机会。王继恩召来的是赵光义，从王继恩决定去找赵光义进宫的那一刻起，宋皇后便已经输了。

既然输了，她也不得不认命，但因有赵光义“共保富贵，勿忧也”这句话，她可能还比较心安。

赵光义嗣位为太宗后，上宋皇后号为“开宝皇后”，次年命她移居西宫。雍熙四年（987 年），又命她移居东宫。这些都还算正常，但等到赵德昭自杀，她开始感到前路不妙，后来赵德芳突然死亡，让她彻底绝望，因为赵德芳是与她关系最亲的赵氏皇族，二人既有辈分伦理中的母子之情，也有年龄上的姐弟之谊。

宋皇后的父亲为宋朝立国有功，兄弟多富贵，幼妹则嫁与名相寇准为妻。宋后病重时，曾对晋国长公主（太祖元配贺皇后所生）说：“我瞑目无他忧，惟虑族属不敦睦，贻笑于人。”（《宋史・宋偓传》）真宗景德中（998 年—1003 年），她的幼弟宋元翰果真来到开封，要求分家析财。由此可见宋后的先见之明。

至道元年（995 年）四月，宋皇后去世。有司上谥号曰“孝章皇后”，然而太

宋太祖永昌陵封土丘

宗却不为皇嫂服丧，亦不令群臣临丧，这完全不合宋氏身为前朝皇后应享有的礼仪。于是翰林学士王禹偁对宾客言“后尝母仪天下，当遵用旧礼”（《宋史・王禹偁传》），此话一出，王禹偁竟坐讪谤遭贬，出知滁州，可见太宗仍很避讳。

宋皇后梓宫后迁于故燕国长公主（宋太祖妹）第，权殡普济佛舍，既不与太祖合葬，神主亦不祔庙。至道三年（997 年）正月，乃祔葬太祖永昌陵之北，命吏部侍郎李至撰哀册文，神主享于别庙。至太宗的玄孙神宗时，方纔升祔太庙。后世史家如李贽等据此痛责太宗，认为太宗的薄情之举与宋后在“烛影斧声”当夜的行动有关。

烛影斧声夜，宋宫惊天案

司马光《涑水纪闻》中所讲的故事前面已有陈述。司马光上距太祖太宗不到百年，其人又是谨严的历史学家，除去时值太宗子孙当朝，司马光出于“为尊者讳”的考虑，对太宗或有辩护开脱外，其言当可信。此说日后也为南宋学者李焘所采用，编入《续资治通鉴长编》中。

据司马光所言推测，宋后的初衷，应是令秦王德芳入承大统，谁料王继恩竟然私召晋王光义，出卖了宋皇后，宋后纵然既惊且怒，作为一个失去庇护的青年寡妇，无权无势，仓促之中只有称呼晋王为“官家”，承认既成事实而已。由此可见宋后之意在德芳，而不在晋王，这是否与太祖的意向相符，尚待考究。然而宋后身为一个青年寡妇，若果真如太宗继位后所称，兄终弟及是奉母亲杜太后之命，且有“金匮预盟”的誓书，那么宋后何以敢冒天下之大不韪而毁弃成约，改立他人？

若是王继恩以为“太祖传位晋王之志素定”的话，既然如此，为何身为太祖的妻子，与太祖关系很好的她却竟然不知此事，反而是一名宦官知晓更深呢？或者有人认为宋后是为了己私而违背太祖传位晋王的，然而观诸史书，宋皇后之为人，柔顺而识大体，她如何忍心在丈夫尸骨未寒时就拂逆他平生的意愿呢？而王继恩、程德玄两人的言语诸如“事久，将为他人有”“便应直前，何待之有？”等就更加不可思议了。

再说晋王赵光义，他若当时真的负有母亲杜太后、哥哥宋太祖的顾命，那便是当仁不让的嗣君之选，他又何以意识到对手的存在，唯恐落于人后呢？更为要紧的是，当宋后见到晋王时，非但愕然失色，至于恐惧到以母子身家性命相求呢？

如此种种，加上太祖的猝死，以及日后太宗对其兄长骨肉的猜忌迫害和对嫂嫂的凉薄，自然不能不使得后人怀疑太祖死因及太宗继位的合法性。除去著《续湘山野录》的文莹几近肯定太宗对太祖之死负有责任外，《宋史·太宗本纪》和《续资治通鉴长编》等的作者都不约而同地向太宗对待嫂侄的作为发出了质疑。因此，宋皇后在太祖崩后的举动，与“金匮之盟”“烛影斧声”一起，成为大宋宫闱的迷案，自太祖而太宗，这皇位继承的真实内幕，就只有留给后人去想象了。历史留下来的，只是终北宋一朝，太宗的后代占据皇位，而开国太祖的后代却短命飘零，宋皇后死后连该当的丧仪礼遇也得不到的事实，再加上赵德昭和赵德芳的死，都将矛头指向了赵光义的继位采用了非正常手段。

“烛影斧声”之谜，世人传言纷纷，但宋朝皇室或许知道其中内幕，因为让人感到莫名其妙的是，赵光义的子孙后代却相信他的老祖宗“杀兄篡位”的说法，把皇位又传给了赵匡胤的后代。这里说的是宋高宗赵构传位的事。

北宋被金国灭亡后，赵光义的后代、皇室子弟赵构因没有儿子，于是谁来继承皇位成一个大问题，不但是赵构发愁，大臣们也发愁，他们议论纷纷，不知怎么形成了一种强有力的意见，那就是宋太祖赵匡胤才是大宋朝的开国之君，应该在他的后代中选择接班人。起初，赵构对这种议论严加贬责。但忽然有一天，他完全改变了先前的主意，他对群臣说他做了一个梦，梦见宋太祖赵匡胤带他到了“万岁殿”，让他看到了当日“烛影斧声”的全部过程和情景，在让他知道了内情后，太祖赵匡胤又对他说：“你只有把王位传给我的儿孙，国势才有可能有一线转机。”此事一出，表示赵构默认了其祖赵光义行了不法之事，之后他和大臣们开始寻找赵匡胤的子孙，终于找到了赵匡胤的七世孙赵慎，并且把皇位传给了他。这时离“烛影斧声”发生的那个神秘恐怖之夜已经有 187 年了。

赵构此举，正说明他承认了祖先赵光义的罪孽，也给“烛影斧声”之谜一个哑语般的答案，同时也是给赵匡胤一份穿越时空的慰藉。

参考资料

[1] 许嘉璐、安平秋等,《二十四史全译》,汉语大词典出版社,2003 年 12 月出版。

[2] 熊铁基,《开国帝王》,长江文艺出版社,1997 年 10 月出版。

[3] 于琨奇,《秦始皇评传》,南京大学出版社,2011 年 4 月出版。

[4] 张分田,《秦始皇传(中国历代帝王传记丛书)》,人民出版社,2003 年 4 月出版。

[5] 彭博,《秦始皇陵》,吉林出版集团有限责任公司,2010 年 5 月出版。

[6] 秦始皇兵马俑博物馆,《世界遗产丛书:秦始皇陵与兵马俑》,世界图书出版公司,2008 年 8 月出版。

[7] 张良群,《中外徐福研究》,中国科学技术大学出版社,2010 年 9 月出版。

[8] 李艳祥,《徐福东渡(上下册)》,中国广播电视出版社,2005 年 4 月出版。

[9] 王强,《东渡——穿越千年徐福跨海迷雾》,群众出版社,2010 年 1 月出版。

[10]《墓前墓后说曹操》,东方出版社,2010 年 2 月出版。

[11] 河南省文物考古研究所,《曹操墓真相》,科学出版社,2010 年 5 月出版。

[12] 蒙曼,《蒙曼说唐:武则天》,广西师范大学出版社,2008 年 1 月出版。

[13] 清秋子,《武则天:从尼姑到女皇的政治博弈》,河南文艺出版社,2008 年 4 月出版。

[14] 赵玫,《唐宫女性三部曲》,长江文艺出版社,2007 年 2 月出版。

[15] 王向,《杨贵妃与唐明皇》,中国社会出版社,2009 年 4 月出版。

[16] CCTV 发现之旅栏目组,《发现之旅:杨贵妃生死之谜》,2006 年 8 月出版。

[17] 刘建英,《大唐贵妃:细说杨贵妃》,上海人民出版社,2007 年 8 月出版。

[18] 高天流云,《如果这是宋史》,辽宁教育出版社,2011 年 12 月出版。

[19] 吴蔚,《斧声烛影》，中国民主法制出版社，2011 年 5 月出版。

[20] 蒋建平,《烛影斧声 / 大宋王朝之迷》，文汇出版社，2005 年 8 月出版。

[21] 王军云,《中国 100 位帝王传》，中国华侨出版社，2006 年 2 月出版

[22] 关山,《中国帝王谋略》，海天出版社，1992 年 4 月出版

[23] 张淑娟,《中国历史上的十大女性传奇》，中国致公出版社，2008 年 1 月出版。

[24] 倪方六,《你不知道的历史真相——帝王秘事》，湖北人民出版社，2009 年 1 月出版。

[25] 纳兰秋,《疯狂的玫瑰——历代后妃的争权夺爱之路》，广西人民出版社，2009 年 9 月出版。

[26] 熊肖春,《凋落的红颜 / 中国历代后妃往事》，农村读物出版社，2006 年 10 月出版。

[27] 向斯,《后宫的金枝玉叶》，华艺出版社，2003 年 9 月出版。

[28] 上官丰,《禁宫探秘》，新世界出版社，2005 年 1 月出版。